PARALEGAL PRACTICE

律师助理实务

主　编　胡　琴

副主编　许晓峰

法律出版社

LAW PRESS · CHINA

北京

图书在版编目(CIP)数据

律师助理实务 / 胡琴主编 ; 许晓峰副主编. -- 北京 : 法律出版社, 2023
ISBN 978-7-5197-8198-9

Ⅰ. ①律… Ⅱ. ①胡… ②许… Ⅲ. ①律师业务-中国 Ⅳ. ①D926.5

中国国家版本馆 CIP 数据核字(2023)第 151849 号

律师助理实务
LÜSHI ZHULI SHIWU

胡 琴 主 编
许晓峰 副主编

责任编辑 冯高琼
装帧设计 李 瞻

出版发行 法律出版社
编辑统筹 法规出版分社
责任校对 张红蕊
责任印制 耿润瑜
经 销 新华书店

开本 710 毫米×1000 毫米 1/16
印张 20 字数 336 千
版本 2023 年 8 月第 1 版
印次 2023 年 8 月第 1 次印刷
印刷 三河市龙大印装有限公司

地址:北京市丰台区莲花池西里 7 号(100073)
网址:www.lawpress.com.cn
投稿邮箱:info@lawpress.com.cn
举报盗版邮箱:jbwq@lawpress.com.cn

销售电话:010-83938349
客服电话:010-83938350
咨询电话:010-63939796

书号:ISBN 978-7-5197-8198-9
定价:78.00 元

凡购买本社图书,如有印装错误,我社负责退换。电话:010-83938349

作者简介

主　编

胡　琴　女，先后在西南政法大学、中国人民大学和天津财经大学获得法学学士、经济学硕士和经济学博士学位。北京政法职业学院专职教师，北京市尚公律师事务所兼职律师，有丰富的教学科研和律师实务工作经历。第四届北京市东城区律师协会金融、证券、财税业务研究会委员，行业发展与律师事务所管理指导委员会委员。参编司法部精品课程教材《进出口合同风险管理技能训练》，参编北京市高等教育精品教材《国际私法原理与实务》，多篇文章在核心期刊（含 CSSCI 来源期刊）发表并获奖。

副主编

许晓峰　男，获中国政法大学法学硕士学位。北京政法职业学院专职教师、副教授，法律事务（律师事务）专业教研室主任。主编教材 3 部，参编教材 6 部，发表论文 10 余篇。曾获北京市优秀青年骨干教师称号，获北京市职业院校技能大赛教学能力比赛二等奖。

编委会成员

王晓林　男，先后在中国政法大学和悉尼科技大学攻读民商法专业，获得法学学士学位、法学硕士学位。北京政法职业学院专职教师，北京市普华律师事务所兼职律师，有丰富的教学科研和律师实务工作经历。参编司法部精品课程教材《宪法》、全国司法职业教育“十二五”规划教材《法律援助实务》。

郭　雷　男，获中国政法大学法律硕士学位。北京政法职业学院专职教师、副教授，北京市中喆律师事务所兼职律师。北京市职业院校优秀青年骨干教师。参加市级以上科研课题十余项，编写教材论著多部。

刘章林　男，先后在西南政法大学获得法学学士学位，英国萨塞克斯大学法学院获得法学博士学位。北京金诚同达（深圳）律师事务所合伙人。1995 年成为执业律师，有丰富的律师实务经验。

杨　莉　女，获中国政法大学法律硕士学位。北京市京广律师事务所高级合伙人，有多年法律工作经验。第四届北京市大兴区律师协会财税法律研究会主任、行业发展与律师事务所管理指导委员会副主任。高级企业合规师。

万正国　男，获中国社会科学院研究生院工商管理硕士学位。北京市京广律师事务所执业律师，第四届北京市大兴区律师协会企业法律顾问与合规管理研究会委员。

杨　虹　女，获重庆理工大学知识产权管理专业硕士学位。北京市京广律师事务所执业律师。第四届北京市大兴区律师协会公司法律研究会秘书长、知识产权法律研究会委员。参编图书《商标注册与保护实务》。

写作任务分工

本书由胡琴统稿，体例由许晓峰设计，全书各章节撰写分工如下：

章	节	作者
第一章	全部	胡　琴
第二章	全部	许晓峰
第三章	全部	许晓峰
第四章	第一节	刘章林
	第二节	胡　琴
	第三节	胡　琴
	第四节	胡　琴
	第五节	刘章林
	第六节	胡　琴
	第七节	王晓林
	第八节	王晓林
	第九节	胡　琴
第五章	全部	郭　雷
第六章	第一节	杨　莉　万正国
	第二节	杨　莉　杨　虹
	第三节	王晓林
	第四节	王晓林

自　序

我国律师助理目前的工作状况堪忧,主要表现为三大困境:一是薪资普遍偏低。在律师界流传着一句话:“五千元招不到一个司机,但是三千元可以招到律师助理,还可以兼职给律师开私家车。”严峻的就业形势导致律师助理生活窘迫,很多律师助理工作期间还需要父母进行一定的经济资助才能维持正常生活。二是人身依附性较强。很多律师助理属于律师个人聘用的助理,工作由律师安排,工资由律师决定,如果律师助理是实习律师,实习期满还需要实习指导律师出具考评意见。因此,律师助理对于律师具有较强的人身依附性。三是实务技能欠缺。律师助理是辅助律师办理法律业务的人员,法律业务的专业性强,且对律师助理的综合素质要求较高。但是,很多律师助理刚通过法律职业资格考试,甚至有的律师助理是尚未从大学毕业的法律专业的实习生,属于职场小白,实务技能欠缺。

律师助理如何缓解上述三大困境?笔者认为,导致这三大困境产生的原因既有律师助理就业市场供需关系的因素,也有律师事务所管理机制的因素,还有律师助理实务技能欠缺的因素。其中,实务技能的欠缺又会进一步加重律师助理对律师的人身依附性,以及限制律师助理的晋升加薪。

对律师助理而言,如果有一本针对律师助理提升其实务技能、修炼内功,使其成为高素质多技能的律师助理人才的书,无疑是缓解这三大困境的一项有效措施。通过学习该书,一则律师助理的业务技能可以从诉讼和非诉讼多个法律业务领域得到多维度的训练,其业务技能得以系统地提升,有助于其成为高素质多技能的律师助理人才;二则高素质多技能的律师助理作为律师的好帮手,不仅会减少律师助理对律师的人身依附性,而且会反过来使律师对律师助理形成工作上的依赖;三则高素质多技能的律师助理将会提高律师的办案效率和办案质量,增加律师的业务收入,律师助理的薪资自然也会随之增加,从而使其生活质量进一步提升。

基于上述创作目的,本书作者精心编撰了本书。本书与市场上介绍律师实务技能书籍的最大区别是:其他书籍是从律师独立办案的角度,而本书是从协助律师办案的角度,介绍办理法律业务的实务技能。此外,市场上虽然也有一些书与律师助理实务技能相关,但是那些书涉及律师助理实务技能的内容较为零散,系统性不强,且没有项目化的技能训练内容;本书则是针对律师助理这一工作岗位量身定做的、具有系统性、项目化的业务技能训练内容的实务书籍。

具体而言,本书以律师助理的工作任务为导向,涵盖诉讼和非诉讼多个法律业务领域,既有针对律师助理的传统技能训练项目,如协助接待咨询、协助法律文书起草、协助立卷归档等技能训练项目;也有针对律师助理的新兴技能训练项目,如协助制作类案检索报告、协助破产管理人工作等技能训练项目。

本书融法律基本知识和技能训练项目为一体,共分为六章,分别是:律师助理制度概述与律师助理的基本素质,律师助理职业道德与行为规范,律师助理与律师事务所、律师的关系,律师助理协助办理民事诉讼业务的工作技能,律师助理协助办理刑事诉讼业务的工作技能,以及律师助理协助办理非诉法律业务的工作技能。每一章又根据技能训练项目分为若干节,每一节均设计有知识导图、案例引入、学习目标、基本知识、引例分析、沙场练兵和拓展阅读七个方面的内容,强调实务指导,突出律师助理协助律师办理法律业务的技能训练,旨在培养高素质多技能的律师助理人才。

本书在内容上与时俱进,具有一定的创新性,填补了我国律师助理实务这一领域的教材空白,既可供高校法学专业学生使用,也可供律师助理岗位人员使用。书中不足之处,欢迎批评指正!

律途漫漫道路崎岖,一分耕耘一分收获;律海无边学无止境,进一寸自有一寸的欢喜。希望每一位读者都能从本书中有所收获,心生欢喜!

胡　琴

2023 年 8 月 6 日

目 · 录

CONTENTS

第一章　律师助理制度概述与律师助理的基本素质

第一节　律师助理制度概述

知识导图

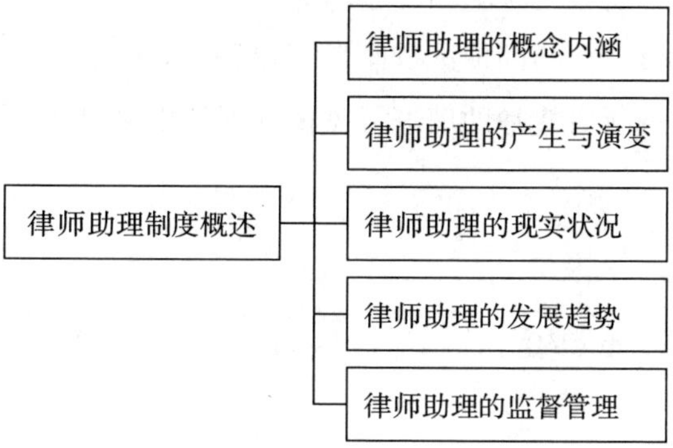

案例引入

小张于2022年7月大学毕业后，应聘进入北京市一家规模中等、小有名气的律师事务所做合伙人王律师的律师助理。进入律师事务所之前，小张做了职业规划：先在这家律师事务所跟从王律师学习两三年的高端商事诉讼业务，再跳槽到红圈律师事务所，独立做执业律师。即使不能成功跳槽，在现在这样一家律师事务所里做合伙人王律师的助理也是很风光和有前途的。

但是跟从王律师做助理后，小张很失望。每天小张都要按要求去律师事务所打卡上班，整理那些看起来永远也整理不完的卷宗，同时还要书写不断增加的各种法律文书，而写完的法律文书还经常被王律师修改乃至要求重写。而且，小张有时随同王律师一起开会或者参加所里活动时，还被其他律师甚至律师助理提醒要给王律师倒水、擦桌子、买饮料、食品。

律师助理的工作到底该怎么做？小张想：律师行业的竞争压力这么大，王律师不仅不给自己一些精华“秘籍”和业务介绍，还有意无意地用重复、烦琐的事情来消磨自己，难道这就是律师助理的工作？小张跳槽的想法更强烈了。[①]

问题：你认为小张跳槽的想法是否正确？

学习目标

1. 了解实习律师和实习生的相同点和不同点
2. 了解实习律师申请律师执业的流程
3. 了解律师助理的现实状况和发展趋势
4. 掌握律师协会对律师助理进行监督管理的相关规定
5. 了解律师事务所对律师助理进行监督管理的相关制度

基本知识

一、律师助理的概念内涵

（一）概念

1. 律师助理

目前我国法律、行政法规并未对“律师助理”的概念进行准确界定。通说认为，律师助理是指与律师事务所建立聘用关系，辅助律师从事法律业务的人员。就我国律师助理的现状而言，律师助理既包括未获得律师执业证的律师助理，也包括已获得律师执业证的律师助理。未获得律师执业证的律师助理不能成为独立执业的律师，已获得律师执业证的律师助理既可以选择继续做律师助理，也可以选择成为独立执业的律师。

① 参见雷绍玲、陆俊松主编：《律师实务》，中国政法大学出版社2020年版，第280页。

鉴于本书旨在提升律师助理辅助律师处理法律业务的工作技能，因此，本书提及的律师助理是指未获得律师执业证、不能独立执业的律师助理，既包括已获得“申请律师执业人员实习证”的实习律师，也包括未获得“申请律师执业人员实习证”的其他人员，其他人员包括入职律师事务所的法律辅助人员和在律师事务所实习的法律专业的学生。

2. 三种证书

法律职业资格证、申请律师执业人员实习证和律师执业证是三个有紧密关系，但又容易混淆的概念。

(1)法律职业资格证

根据2018年4月28日施行的《国家统一法律职业资格考试实施办法》(司法部令第140号)第2条第1款、第2款的规定，国家统一法律职业资格考试是国家统一组织的选拔合格法律职业人才的国家考试。初任法官、初任检察官，申请律师执业、公证员执业和初次担任法律类仲裁员，以及行政机关中初次从事行政处罚决定审核、行政复议、行政裁决、法律顾问的公务员，应当通过国家统一法律职业资格考试，取得法律职业资格。

国家统一法律职业资格考试(以下简称法考)的报名条件以2018年4月28日为界实行“新人老办法，老人新办法”。2018年4月28日之后，符合以下学历要求的人员可报名参加法考：具备全日制普通高等学校法学类本科学历并获得学士及以上学位；全日制普通高等学校非法学类本科及以上学历，并获得法律硕士、法学硕士及以上学位；全日制普通高等学校非法学类本科及以上学历并获得相应学位且从事法律工作满3年。[①] 2018年4月28日之前，已取得学籍(考籍)或者已取得相应学历的高等学校法学类专业本科及以上学历毕业生，或者高等学校非法学类专业本科及以上学历毕业生并具有法律专业知识的，可以报名参加法考。[②]两相比较，新办法对报考人员法律素质的要求更高。

参加法考成绩合格，且不具有《国家统一法律职业资格考试实施办法》第10条第1款规定情形的人员，可以按照规定程序申请授予法律职业资格，由司法部颁发法律职业资格证书。[③]

---

① 《国家统一法律职业资格考试实施办法》(司法部令第140号)第9条第5项。

② 《国家统一法律职业资格考试实施办法》(司法部令第140号)第22条。

③ 《国家统一法律职业资格考试实施办法》(司法部令第140号)第18条。

(2)申请律师执业人员实习证

中华全国律师协会修订发布的《申请律师执业人员实习管理规则》(以下简称《实习管理规则》)自2021年5月1日起施行。根据该规则,在获得法律职业资格证或者律师资格证后,申请律师执业的人员需要经历以下流程,并实习满1年才能获得律师执业证[①]:

①与律师事务所签署实习协议。

②通过律师事务所向该所住所地设区的市级律师协会申请实习登记。

③领取"申请律师执业人员实习证"。

④参加实习人员集中培训。

⑤参加律师事务所实务训练。

⑥参加实习人员期满考核。

⑦领取考核登记表。

⑧申请律师执业证。

(3)律师执业证

律师执业证是律师接受委托或者指定,依法从事执业活动,为当事人提供法律服务的证书。未获得律师执业证的人员,不能以律师名义从事法律服务活动。

通过实习考核拟申请律师执业的人员,应当向设区的市级或者直辖市的区人民政府司法行政部门提出申请,并提交下列材料:

①国家统一法律职业资格证书;[②]

②律师协会出具的申请人实习考核合格的材料;

③申请人的身份证明;

④律师事务所出具的同意接收申请人的证明。

申请兼职律师执业的,还应当提交所在单位同意申请人兼职从事律师职业的证明。[③]

受理申请的部门应当自受理之日起20日内予以审查,并将审查意见和全部

---

① 《实习管理规则》第4条第1款规定:"实习人员的实习期为一年,自《申请律师执业人员实习证》签发之日起计算。"

② 2017年《律师法》第5条第2款规定:"实行国家统一法律职业资格考试前取得的国家统一司法考试合格证书、律师资格凭证,与国家统一法律职业资格证书具有同等效力。"

③ 2017年《律师法》第6条第2款。

申请材料报送省、自治区、直辖市人民政府司法行政部门。省、自治区、直辖市人民政府司法行政部门应当自收到报送材料之日起10日内予以审核，作出是否准予执业的决定。准予执业的，向申请人颁发律师执业证书；不准予执业的，向申请人书面说明理由。

（二）内涵

1. 律师助理是律师事务所的聘用人员或实习人员

律师助理入职律师事务所时，需要和律师事务所签署聘用合同或者实习合同，律师助理和律师事务所按照上述合同相关条款各自行使权利和履行义务。律师助理通常情况下是专职担任，但也有兼职担任，如在读法学专业学生也可以兼职做律师助理。

2. 律师助理是律师事务所的辅助人员

律师事务所的收入直接来源于律师，律师是律师事务所的主要人员。律师助理是律师事务所的辅助人员，相比律师而言，律师助理对律师事务所的创收和发展仅起次要作用。

3. 律师助理是协助律师从事法律业务的人员

律师助理是辅助律师从事法律业务的人员，而不是辅助律师从事非法律业务的人员。这一特征使律师助理区别于律师事务所的其他辅助人员，如行政人员、财务人员。

（三）人员

在担任律师助理的人员中，最容易混淆的是实习律师和实习生这两类人员。在从事律师助理工作时，二者既有相同之处，又存在诸多区别。

1. 实习律师和实习生的相同之处

（1）均不是执业律师

二者均没有获得律师执业证，均不能独立承办律师业务，均不能以律师的名义从事律师业务。

（2）均系实习人员

二者均系律师事务所的实习人员，均有一定的实习期。实习律师的法定实习期为 1 年,实习期满后须考核合格后才能成为执业律师。实习生没有法定的实习期,其实习期由实习生和律师事务所自行约定。

(3)均系辅助人员

二者均系律师事务所的辅助人员,工作职责均为辅助律师承办律师业务,所以,二者均可以协助律师从事以下工作:

①文件收发整理;②案件咨询接待;③法条案例检索;④外出调查取证;⑤撰写法律文书;⑥协助庭前准备;⑦督促案件执行;⑧准备上诉材料;⑨申请民事再审;⑩案卷归档整理。

2. 实习律师和实习生的不同之处

(1)所获证书不同

实习律师是已获得“申请律师执业人员实习证”的实习人员,只需要在律师事务所实习 1 年并通过实习考核,便可以获得律师执业证,成为执业律师。

实习生没有获得“申请律师执业人员实习证”,因此,即便实习时间超过 1 年,实习生也不能获得律师执业证成为执业律师。

(2)身份地位不同

虽然《律师法》*《民事诉讼法》《行政诉讼法》《刑事诉讼法》均规定律师可以成为诉讼代理人,没有规定实习律师可以成为诉讼代理人,但是,在司法实践中,有的法院认可实习律师可以和执业律师一起作为共同诉讼代理人,而实习生则不可以和执业律师一起作为共同诉讼代理人。

(3)工作事项不同

虽然实习律师和实习生所从事的工作有很多相同之处,但是以下两项工作对实习律师和实习生而言,存在重大区别:

①现场提交立案材料

根据自 2016 年 4 月 25 日起施行的最高人民法院联络工作办公室《关于对〈请求准予实习律师协助办理立案手续的报告〉的答复意见》的相关规定,实习律师受委托代理律师指派,并持有关手续,可以一个人到法院立案窗口递交立案材料。但是,实习生不能一个人到法院递交立案材料,只能随同执业律师一起去法

---

* 为便于阅读,本书中的法律法规均使用简称。——编者注

院递交立案材料。究其原因，笔者认为，提交立案材料属于诉讼代理行为，实习律师具有共同代理人的身份，而实习生不具有共同代理人的身份，因此，实习生不能一个人到法院递交立案材料。此外，虽然实习生可以受执业律师的指派，将立案材料邮寄到法院立案庭，但是寄件人必须写承办律师的姓名。同理，律师助理在网上立案亦必须以承办律师的名义来进行。

②参加庭审活动

2021 年《实习管理规则》第 23 条规定："律师事务所及实习指导律师不得指使或者放任实习人员有下列行为：……（三）以律师名义在法庭、仲裁庭上发表辩护或者代理意见……"对这项规定，不同的人存在不同的理解。有人理解为实习律师不能以律师名义，但是可以实习律师的名义，在法庭、仲裁庭上发表辩护或者代理意见；有人则认为我国《律师法》和三大诉讼法均未赋予实习律师担任诉讼代理人的资格，因此，实习律师既不能以律师名义也不能以实习律师的名义在法庭、仲裁庭上发表辩护或者代理意见。

如前文所述，在司法实践中，有的法院实际上认可实习律师可以和执业律师一起成为"共同的诉讼代理人"，因此，有的法院允许实习律师以"共同的诉讼代理人"的身份和执业律师一起参加庭审活动，并且允许实习律师以实习律师的名义在庭上发表法律意见。也有一些法院虽然允许实习律师可以和执业律师一起参加庭审活动，但是实习律师参加庭前会议和庭审主要从事记录等相关辅助工作，不得发表代理、辩护意见。

对于实习生而言，其没有在庭审时发表代理、辩护意见的权利，其通常只能作为旁听人员进入法庭，其是否可以和执业律师一起出庭，从事庭审记录的辅助工作，目前仍存在很大的争议，各地法院的具体规定也不一致。因此，实习律师和实习生在担任律师助理工作时，除要遵守法律法规的相关规定外，还要认真查阅各地司法局、律师协会、法院的具体规定，切勿想当然地认为各地的具体规定均相同。

此外，根据最高人民法院、最高人民检察院、公安部、国家安全部、司法部颁布的《关于依法保障律师执业权利的规定》（司发〔2015〕14 号）第 7 条、第 14 条、第 25 条的规定，在刑事案件中，申请律师执业实习人员可以在律师带领下协助律师从事以下三项工作：第一，会见犯罪嫌疑人、被告人；第二，去检察院、法院阅卷；第三，参加庭审，从事相关辅助工作，但是不得发表辩护、代理意见。由于该规定中的律师助理没有将未取得“申请律师执业人员实习证”的实习生包括在内，因此，实习生在刑事案件中，不能随同执业律师参加会见、阅卷和庭审工作。

需要说明的是，本书各章节介绍的律师助理从事的工作，如无特别注明，是指实习律师和实习生均可以协助律师从事的工作。

二、律师助理的产生与演变

（一）律师助理的产生背景

律师助理在美国是一个相对成熟的终身化职业，但是，在我国，律师助理是很多律师在获得律师执业证之前的过渡性工作岗位，并没有成为一种稳定的职业，更没有律师将其作为终身化职业。

我国之所以产生律师助理这一工作岗位，主要是人们对律师服务需求不断扩大的结果。随着人们的法治意识加强，人们对律师服务的需求也越来越旺盛，推动了律师业务的迅猛发展。律师不仅承办的业务越来越多，而且律师业务也日趋多元化、专业化和精细化，律师需要将更多的精力用于提升办案的专业能力，因此，律师事务所需要聘用律师助理来辅助律师处理一些法律业务，以提高律师的办案效率，增加律师事务所的盈利能力。于是，律师助理这一工作岗位应运而生。

（二）律师助理的职务变迁

我国司法部曾于1987年10月22日发布《律师职务试行条例》，该条例第2条将律师职务设为一级律师、二级律师、三级律师、四级律师、律师助理，一级律师、二级律师为高级职务，三级律师为中级职务，四级律师和律师助理为初级职务，并在第6条规定了律师助理的任职条件：高等院校（系）法律专科毕业生和中等法律学校毕业生见习1年期满，经考核，初步掌握法律基础知识，了解律师各项业务的内容及工作程序，能完成律师业务中的各项辅助性工作。

1988年1月6日，司法部进一步发布《律师职务试行条例实施细则》（已失效），该实施细则第3条中规定，1983年年底以前高中毕业，从事律师工作3年以上，尚未取得律师资格的人员，可以申报律师助理职务。

但是，上述条例及实施细则在实践中并未得到广泛实施，我国的律师职务制度并未建立起来，律师助理并未成为律师职务序列的组成部分，《律师职务试行条例实施细则》也于 2002 年 8 月 6 日被废止。

三、律师助理的现实状况

（一）我国法律法规没有规定律师助理的任职条件

目前我国《律师法》及其他法律法规没有规定律师助理的任职条件，由各地自行制定政策规定律师助理的任职条件。如北京市司法局颁发的《北京市律师事务所管理办法实施细则》（京司发〔2021〕18 号）没有对律师助理的任职条件作出规定，实际上是允许各律师事务所自行制定律师助理的任职条件。

（二）律师事务所没有限制律师助理的学历层次

近年来，笔者对全国多家律师事务所的律师助理岗位进行了需求调研。被调研的多家律师事务所表示，律师助理岗位没有学历限制，法学专科生也可以从事律师助理工作，是否招聘法学专科生从事律师助理工作，取决于律师事务所或者律师的工作需求。

（三）高素质多技能的律师助理人才稀缺

调研结果显示，一些通过法律职业资格考试的实习律师和已获得律师执业证的新手律师虽然也从事律师助理工作，但是他们大多只在律师助理岗位短暂停留，很快便转为独立的执业律师，导致律师助理更换比较频繁，律师助理队伍不稳定，高素质多技能的律师助理人才尤其稀缺。

四、律师助理的发展趋势

（一）律师助理岗位需求增加

调研结果显示，绝大多数律师事务所设有律师助理岗位，很多合伙人律师以及执业达到一定年限的律师需要律师助理协助其完成律师业务中的一些基础工作，如咨询接待、法律检索、整理材料、立卷归档、起草文书等，律师助理岗位需求旺盛。

（二）法学专科生的就业优势

调研结果显示，不仅多家律师事务所不拒绝法学专科生担任律师助理，而且有的律师事务所更是明确表示了对法学专科生的迫切需求。例如，一家律师事务所在调研问卷中写道："因为法学本科毕业来所的不是考研，就是考公务员，或者考法律职业资格，很少能安心下来做律师助理工作。曾想招法学专科毕业生做内勤、文秘、前台接待或者加入破产管理人团队工作，但很难招到。"

根据我国目前法律职业资格考试报考条件规定，法学专科学生因为是专科学历，按照现行政策不能参加全国法律职业资格考试，无法进入律师行业，因此，他们只能面对现实，一心一意地做好事律师助理工作，这恰好有助于律师事务所走出律师助理队伍不稳定的困境。有的律师坦言，他更愿意招一名法学专科生做他的律师助理，可以跟着他长期干下去。显然，从就业心态这个角度看，法学专科生相比法学本科生从事律师助理工作具有明显的优势。

（三）律师助理日趋高素质多技能

近年来，随着社会经济的发展，科技水平的提高，传统法律业务的不断深化，新类型的法律业务不断出现，以及律师人数的快速增长，律师行业的竞争日趋激烈。相应地，律师事务所以及律师对律师助理的素质和技能的要求也越来越高。就工作技能而言，咨询接待、法律检索、调查取证、起草文书、督促执行、沟通交流、卷宗归档……律师助理不仅要掌握这些工作技能，而且要精益求精；就工作内容而言，律师助理协助律师办理的法律业务十分广泛，不仅要协助律师办理诉讼业务，而且要协助律师办理非诉讼业务。相应地，高素质多技能的律师助理的就业前景十分广阔。

需要说明的是，相较于民事诉讼业务和刑事诉讼业务而言，律师助理目前协助律师办理行政诉讼业务的案件较少。因此，限于本书篇幅，本书暂未介绍律师助理协助律师办理行政诉讼业务的工作技能，笔者以后将视律师助理协助律师办理行政诉讼业务的发展情况，在本书再版时增加相应内容。

五、律师助理的监督管理

律师助理是律师事务所的一种工作岗位，担任律师助理的人员可以是实习律师，也可以是未获得“申请律师执业人员实习证”的其他人员。中华全国律师协会2001年修订的《律师职业道德和执业纪律规范》第46条规定：“实习律师、律师助理参照本规范执行。”该规范不仅适用于律师，而且适用于律师助理（含实习律师和其他人员），因此，律师协会有权依据该规范对律师助理进行管理。此外，律师助理作为律师事务所聘用的人员，律师事务所也有权根据内部规章制度对律师助理进行管理。

因此，我国对律师助理的监督管理通过两个途径来实现：一是律师协会对律师助理进行监督管理，二是律师事务所对律师助理进行监督管理。

（一）律师协会对律师助理的监督管理

1. 对律师助理的监督管理

参照2001年修订的《律师职业道德和执业纪律规范》的相关规定，各地律师协会对律师助理的职业道德，在执业机构中的纪律，在诉讼、仲裁活动中的纪律，对委托人、对方当事人的纪律，以及与同行之间的纪律等方面进行监督管理。

2. 对实习律师的考核管理

根据2021年《实习管理规则》的规定，各地律师协会从以下几个环节对实习律师进行考核管理：

（1）实习登记

拟申请实习的人员，应当通过同意接收其实习的律师事务所向该所住所地设区的市级律师协会申请实习登记，并提交实习申请表、实习协议、书面承诺、资格证书复印件、身份证复印件以及免冠照片等资料。拟兼职律师执业的人员还应当提交从事法学教育、研究工作的书面承诺和所在单位同意其实习的证明。（《实习管理规则》第7条）

设区的市级律师协会对于符合规定条件的，准予实习登记，并向申请实习人员颁发“申请律师执业人员实习证”。（《实习管理规则》第12条第1款）

（2）集中培训

实习人员应参加律师协会组织的集中培训，且每期集中培训的时间不得少于一个月。（《实习管理规则》第15条第1款）

集中培训结束时，实习人员应参加考核，考核合格获得《实习人员集中培训结业证书》；考核不合格，则应当再次参加集中培训，且所需时间不计入实习时间。（《实习管理规则》第19条）

（3）实务训练

实习人员必须在律师事务所接受实务训练1年，实习时间自"申请律师执业人员实习证"签发之日起计算。（《实习管理规则》第4条第1款）

律师事务所对实习人员在实习期间的表现及实习效果进行监督和考查，并在实习结束时为其出具《实习鉴定书》。（《实习管理规则》第29条第1款第3项）

（4）禁止行为

《实习管理规则》第23条禁止实习律师从事以下行为：

①独自承办律师业务；

②以律师名义在委托代理协议或者法律顾问协议上签字，对外签发法律文书；

③以律师名义在法庭、仲裁庭上发表辩护或者代理意见；

④以律师名义洽谈、承揽业务；

⑤以律师名义印制名片及其他相关资料，或者以其他方式公开宣称自己为律师；

⑥其他依法应当以律师名义从事的活动。

（5）实习考核

实习人员应当自实习期满之日起1年内，通过其实习的律师事务所向负责实习考核的律师协会提出实习考核申请，并提交下列材料：实习总结、考评意见，"实习鉴定书""实习人员集中培训结业证书""申请律师执业人员实习证"，完成实务训练项目的证明材料等。（《实习管理规则》第29条第1款）

实习人员无正当理由未按时提出考核申请的，不得再就当期实习申请考核；拟申请律师执业的，应当重新进行为期1年的实习。（《实习管理规则》第29条第2款）

实习人员经律师协会考核合格的，律师协会应当为其出具考核合格意见，在10日内书面通知被考核的实习人员及接收其实习的律师事务所，同时将考核结果报省、自治区、直辖市律师协会备案，抄送当地设区的市级或者直辖市区（县）司法行政机关。（《实习管理规则》第34条）

（6）惩罚措施

实习人员凭不实、虚假的《实习鉴定书》、考评意见或者其他有关证明材料，或者采取欺诈、贿赂等不正当手段通过律师协会考核的，由负责实习考核的律师协会撤销对该实习人员出具的考核合格意见，该实习人员已进行的实习无效，并视情节给予1～2年内不得再次申请实习的处分；情节严重的，给予3年内不得再次申请实习的处分。处理决定应当在15日内报省、自治区、直辖市律师协会备案，并抄送当地设区的市级或者直辖市区（县）司法行政机关。

前文规定情形的处理发生在实习人员已获准律师执业之后的，律师协会应当同时将处理决定通报准予其执业的省、自治区、直辖市司法行政机关。（《实习管理规则》第38条）

（二）律师事务所对律师助理的监督管理

律师事务所通常从以下几个方面对律师助理进行监督管理。

1. 制定对律师助理的管理制度

律师事务所对律师助理的管理制度通常包括任职条件、工作内容、工作职责、奖惩制度等内容，但是不同的律师事务所，对律师助理的管理制度也不尽相同。

2. 规范律师助理的从业行为

对于实习律师，律师事务所应根据《律师职业道德和执业纪律规范》和《实习管理规则》的相关规定规范其从业行为；对于其他人员，律师事务所应参照《律师职业道德和执业纪律规范》和《实习管理规则》的相关规定规范其从业行为。尤其需要注意的是，《实习管理规则》第23条禁止实习律师从事的行为，其他人员同样不能做。而且，如前文所述，有的实习律师能做的工作，其他人员因为没有实习证，也不能做。

3. 加强对律师助理的教育指导

很多律师助理在开始实习时，对律师这个行业充满了幻想，以为只要成为一名执业律师，自己就会前途光明，生活光鲜。其实，律师是一项对人综合素质要求很高、执业风险很大、收入很不稳定的职业。如果抱着律师可以轻松挣大钱的心理去做律师助理，只会让自己不安心从事律师助理工作，很不利于自己事业的发展。所以，律师事务所和带教律师应帮助律师助理认识真实的律师行业，端正其工作态度，同时指导其提高实务技能。

4. 加强对律师助理的年度考核

律师事务所针对律师助理的年度考核内容包括思想品德、工作态度、业务能力、完成律师事务所指派任务以及遵守法律职业伦理、工作纪律等情况。考核不合格者，律师事务所可不予续聘。

引例分析

小张跳槽的想法是错误的，理由如下：

1. 小张对律师助理工作性质的认识是错误的，他只是将律师助理职位作为一个跳板。实际上，律师助理既可以是一个大有作为岗位，也可以是长期乃至终身从事的职业。美国某些取得律师执业证的人就是一直从事律师助理工作，不独立办案。

2. 小张对律师助理工作的内容有着错误的期盼，将律师助理应当做的工作，如整理卷宗、撰写法律文书视为沉重的负担，这种工作态度决定了他不可能做好律师助理工作，以后也不可能成为一名优秀的执业律师。

3. 倒水、擦桌子、买饮料、食品，这些杂活确实不属于律师助理的工作内容，小张可以就这些与工作内容无关的杂活与王律师坦诚地进行交流，表明自己的想法，同时努力做好自己的本职工作，让王律师认识到安排自己做那些杂活是很不明智的。

沙场练兵

【案情简介】

小张系某律师事务所王律师的助理，尚未取得律师执业证。有一天，小张在网络上发布了自己的简介和联系方式。当事人李某在网络上获取了小张的联系方式,并和小张约好在其家附近的咖啡馆见面会谈。小张与当事人李某见面后,小张向李某递交了自己印制精美的名片,名片上写明“张×律师”四个字。一番交谈之后,当事人李某对小张印象颇好,遂委托小张代理自己起草房屋租赁合同,并通过微信向小张转账支付了起草房屋租赁合同的费用。

【问题】

小张的行为是否有违规之处?为什么?

【案例分析】

小张的行为有违法违规之处,理由如下:

1. 2017年《律师法》第55条规定:“没有取得律师执业证书的人员以律师名义从事法律服务业务的,由所在地的县级以上地方人民政府司法行政部门责令停止非法执业,没收违法所得,处违法所得一倍以上五倍以下的罚款。”在本案中,小张在尚未取得律师执业证的情形下,对外宣传自己是律师,并以律师名义承办案件,属于严重违法行为。

2. 根据2001年修订的《律师职业道德和执业纪律规范》第46条的规定,“实习律师、律师助理参照本规范执行”,因此,无论是实习律师还是律师助理均需要参照该规范执行。该规范第15条规定:“律师不得以个人名义私自接受委托,不得私自收取费用。”在本案中,小张以其个人名义私自接受委托,并私自收取费用,属于严重违规行为。此外,根据《律师法》第40条第1项的规定,“律师在执业活动中不得有下列行为:(一)私自接受委托、收取费用,接受委托人的财物或者其他利益”,即便小张以后成了执业律师,他也不能私自接案、私自收费。正确的做法应该由律师事务所和委托人签订书面委托合同,由律师事务所统一收费,如实入账,并向委托人开具律师服务费发票。律师事务所指派执业律师承办该案,小张作为律师助理协助执业律师办理该案。

拓展阅读*

美国律师助理制度研究(下)

——兼论对中国的启示

结合上述情况,笔者认为,我国应从短期和远期两个方面规划律师助理行业的发展,具体包括以下几点:

首先,短期内,我国应建立律师助理行业协会,并由司法行政部门对该行业进行管理。由于我国的律师助理行业仍不成熟,我国目前还不适合对该行业实行严格的行业准入限制。就是在律师助理制度已经存在了近半个世纪的美国,目前也没有明确规定强制性准入限制。笔者认为,要规范目前律师助理行业出现的相对混乱的局面,我国应该尽早建立律师助理行业协会,并将律师助理行业归口到各地的司法行政部门管理,以促进该职业的稳步发展。行业协会可以对从业人员的学历和工作经验等提出建设性意见,同时,对律师和律师助理的分工提出指导性意见,明确律师助理的主要工作应立足于协助律师完成相应的法律事务,尤其应强调律师助理必须熟悉相关的程序规则、相关法律文书的起草和归档、法律条文的检索等工作,以有效减轻律师的工作压力。司法行政部门则应对从业人员进行备案登记,并进行必要的品格审查,适当时候也可以组织一些指导性的行业考试和培训,以逐步规范这一行业的发展。

其次,就长远而言,我国应逐步建立起一套律师助理行业准入和考核制度,具体应要求从业人员具备一定的学历、通过资格考试、进行相应的品格审查等。就从事律师助理所需的学历而言,笔者认为可规定为大专以上学历。目前,学界对法学教育的走向有两种截然相反的观点。一种观点认为,我国应统一法学教育,提高法学教育的层次,只有完成其他专业本科阶段的学习后才可以进行法学本科学习。另一种观点则认为,由于社会需求的多样性,我国的法学教育也应该多元化。笔者支持后一种观点。单就律师助理行业本身的特点而言,这一行业的定位只是协助律师完成相应的法律工作,并不需要对复杂的法律问题进行实质性判

---

* 此部分文章摘录时均稍作改动,下同。——编者注

断，因此完全不需要对这类从业人员提出高学历要求。国家统一司法考试要求报考者应当具备本科以上学历（放宽地区除外），以后法学大专生将不能进入律师行业，其就业方向将转向律师助理行业。因此，我国应尽快调整法学大专课程的内容，使课程内容与律师助理的实际工作相接轨，以便大专生毕业后能胜任律师助理工作。就从业资格考试而言，律师助理考试应以程序性规则、法律文书的起草、法律条文的检索等作为考试的主要内容，避免与国家统一司法考试重叠，从而促进律师与律师助理的分工协作。此外，司法行政机关和律师助理行业协会还应制定相应的规章制度，对从业人员的品格提出一定要求，以保证法律服务的质量。

中国的律师助理行业刚刚起步，许多相关制度仍处于空白阶段。要规范和实现这一行业的健康发展，还有许多的工作得做。目前，实务界和理论界对此关注甚少，希望社会各界能共同参与这一问题的讨论当中，以促进这一行业的逐步成熟。

——参见洪祥星：《美国律师助理制度研究（下）——兼论对中国的启示》，载《安徽警官职业学院学报》2005 年第 6 期。

第二节　律师助理的基本素质

知识导图

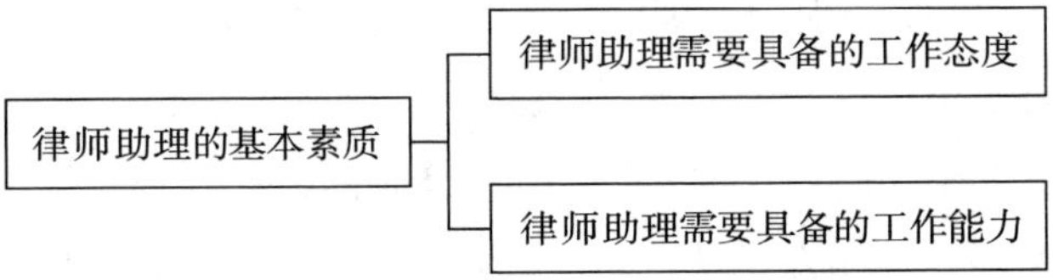

案例引入

小张是某律师事务所王律师的助理。一次，王律师让他起草执行申请书。小张图省事，没有直接按照生效判决书填写相关内容，而是用扫描王文字识别软件识别生效判决书相关内容，然后将相关内容进行复制，再将相关内容粘贴在执行申请书上。起草完执行申请书后，小张没有对照生效判决书仔细检查相关内容，便将执行申请书发给了当事人。随后，当事人发现申请执行的标的物的金额有误，于是当事人将此事告知了王律师，小张被王律师狠狠地批评了一顿。

问题：这件事反映了小张从事律师助理工作存在什么问题？小张应从这件事中吸取什么教训？

学习目标

1. 了解律师助理应具备的工作态度
2. 熟悉律师助理应具备的工作能力

基本知识

我国现行法律法规并没有规定律师助理的任职条件，律师助理的任职条件由律师事务所自行制定。总体而言，律师助理的任职条件包括工作态度和工作能力两方面的要求。工作态度的要求主要有踏实肯干、严谨认真和勤奋上进，工作能力的要求主要有检索能力、沟通能力和写作能力。这些任职条件同时也反映了律师助理应具备的基本素质。

一、律师助理需要具备的工作态度

（一）踏实肯干

律师是一项提供法律服务的职业。法律服务的内容可谓包罗万象：既有诉讼业务，也有非诉业务；既有看似高大上的证券基金业务，也有很接地气的婚姻家事业务；既有必须团队合作才能完成的破产重整业务，也有单打独斗便可承办的民间借贷业务。律师助理作为律师的助手，凡是与律师业务相关的工作，皆有可能接触到。在这些工作中，有的工作比较有挑战性，专业性较强，办案技能提升较快；有的工作则较为琐碎，只需要按流程完成即可，办案技能提升较慢。绝大多数律师助理都是刚毕业的大学生，对律师这一职业充满憧憬，希望自己能在短时间内迅速提升技能，进而独立办案，但由于其属于职场新人，职业技能需要从头开始培养，因此，律师助理不可避免地会从事一些事务性的、琐碎的、流程性的工作。

这些工作虽然看似简单，但要做好其实并不容易；而且，在做这些工作时，只要律师助理足够用心，也可以迅速提升办案技能。例如，在归档结案时，通过对案件的复盘反思，可以进一步训练严谨细致的办案思维。又如，在梳理材料时，通过仔细阅读起诉状、答辩状、质证意见、代理词、证据材料、判决书等案件材料，不仅可以提升法律文书的撰写技能，而且可以总结归纳类似案件的办理思路。所以，律师助理不要看不起基础性工作。俗话说："基础不牢，地动山摇。"大律师初入律场之时，也是从基础性工作做起的。

（二）严谨认真

工作能给劳动者带来收入，但是，工作的价值又不仅止于收入。日本企业家稻盛和夫说："把劳动当作只是为了获取生活所需粮食的物质手段是错误的。劳动是对自己心智的磨炼，对人格的锻炼。就如 yolfilm 所说，工作是一种'作业'，即一种修行。"

因此，律师助理一定要树立正确的工作观：为自己工作，而不是为别人工作，工作就是自己的修道场。带着这样的理念去工作，对待工作才不会敷衍了事，自己的工作能力和人格修养也才能在工作中得到提升。

律师这项职业特别需要严谨认真的工作态度。别的职业，在工作中犯了错误，可能还会有补救的机会，但是，律师在工作中犯了错误，很可能没有补救的机会，不仅可能给客户造成难以弥补的损失，还有可能给自己带来执业风险。律师助理虽然不是执业律师，不需要就案件结果直接对客户负责，但是，律师助理只有自从业之初就努力培养严谨认真的工作态度，才有希望成为一名优秀的律师助理，以及发展成为一名优秀的执业律师，如果在做律师助理时没有养成严谨认真的工作态度，以后独立执业了，就更难纠正敷衍了事的工作态度了。

（三）勤奋上进

律师是最爱学习的职业群体之一，无论是工作日晚上还是双休日白天，无论是线上培训还是线下培训，到处可见自掏腰包参加律师实务培训的执业律师和律师助理。律师业务培训市场异常火爆的原因，笔者认为有以下三点：一是近几年来执业律师的数量快速增加，律师业务的竞争日趋激烈，律师和律师助理如果不持续学习，便会如逆水行舟，不进则退，失去职场竞争力，甚至出现生存危机；二是法律规范的更新速度很快，律师和律师助理需要随时学习新的法律知识，为客户提供与时俱进的法律服务；三是律师的执业生涯很长，只要身体健康，七八十岁仍然可以从事律师工作，因此，一旦进入律师行业，“活到老，学到老”便不再只是一句空洞的口号，而是实实在在的行动。

对于律师助理而言，勤奋学习尤其重要。作为律界新人，律师助理无论是职业技能，还是案件资源，都处于十分明显的劣势，但所幸现在是信息时代，律师助理可以通过网络学习法律知识和实务技能，而不是必须通过大量办案才能提升办案技能。因此，律师助理应该充分利用网络勤奋学习，实现弯道超车，让自己尽快成长。

此外，无论律师助理毕业于双一流大学，还是高职大专院校，进入职场后，所有人都是在一条新的赛道上开始新的竞争，因此，双一流学校的学生不必骄傲，高职大专院校的学生也不必自卑。人生是一场马拉松赛跑，一时领先不等于最终领先，只有持续奔跑，才能抵达终点，笑到最后。

二、律师助理需要具备的工作能力

律师事务所对律师助理的职位要求通常包括：(1)检索法条案例；(2)整理案件资料；(3)参与案情分析研讨；(4)撰写法律文书；(5)与当事人及司法机关人员进行沟通。这些工作要求集中体现了三种能力，即检索梳理能力、法律思维能力和沟通交流能力。

(一)检索梳理能力

1. 检索法条案例的能力

2020 年 7 月，最高人民法院发布《关于统一法律适用加强类案检索的指导意见(试行)》，规定了法官必须对四种案件进行类案检索。2020 年 9 月，最高人民法院发布《关于完善统一法律适用标准工作机制的意见》，强调法院应重点对四类案件加强法律适用标准问题的研究总结。这两份文件虽然是对法官的要求，但是由于律师代理诉讼案件的目的是说服法官采纳己方当事人的主张，因此，律师助理作为律师的助手，检索法律条文和相关案例的能力便成为律师助理的一项基本能力。

实际上，无论是起草法律文书，还是解答法律咨询，律师助理均需要通过检索法条案例，以核实自己参考的案例是否符合类案要求，以及引用的法律条文是否正确。在浩如烟海的法律条文和案例中，迅速、高效地检索正确的法律条文和相似案例，并非易事，需要律师助理不断学习和提升检索技能。

2. 梳理案件资料的能力

案件资料包括证据材料、法律文书以及法院制作的司法文书等。梳理案件资料是指按照一定的规则和顺序对案件资料进行整理。

梳理案件资料要坚持善始善终原则：从接案到结案整个办案过程，律师助理每收到一份案件材料都要进行认真的梳理，而不是平时无序摆放，等到结案时才对一堆杂乱无序的材料进行梳理。

注重平时对案件资料进行梳理的好处很多：一是可以极大地节省最后归档结案的时间；二是有助于随时查阅案件资料，保持对案件的长期关注力，不至于时间一长遗忘某些案情细节；三是有助于及时发现案件资料存在的问题，如证据材料不够充分、证据材料之间存在矛盾、法律文书遗漏争议焦点等问题。

（二）法律思维能力

法律人与其他职业的人的最大区别是什么？答案是法律思维能力。法律思维能力包含以下几个方面的内容：第一，准确掌握法律概念的能力。准确理解和解释法律概念，是法律思维的基础。第二，正确建立和把握法律命题的能力。第三，法律推理的能力。法律中的实践推理最能体现法律人才的综合素质。第四，对即将作出的法律裁决或法律意见进行论证的能力。[①] 律师助理是法律职业群体中不可忽视的组成部分，而且有些律师助理在工作一段时间后，可能会选择成为独立办案的执业律师，独立办案对法律思维能力的要求会更高，因此，律师助理应有意识地训练自己的法律思维能力。

无论是诉讼案件，还是非诉案件，执业律师均有可能让律师助理起草各种法律文书和记录每日工作内容，而起草法律文书和记录每日工作内容的过程，正是

---

① 佚名：《法律思维能力》，载360百科网，https://baike.so.com/doc/27089715-28475398.html。

培养和提升律师助理的法律思维能力的过程。此外,经常总结办案心得也有助于提升律师助理的法律思维能力。

1. 认真起草法律文书

首先,每一种法律文书都会产生相应的法律效果,因此,律师助理在协助律师起草法律文书时必须字斟句酌,不能有丝毫马虎,法律文书中的一点遗漏,或者一处错误,都有可能给当事人带来难以弥补的损失。

其次,认真起草法律文书能让律师助理的法律思维日趋严谨细致。罗马不是一日建成的,法律思维能力也不是一蹴而就的;但是,只要认真起草每一份法律文书,日积月累,律师助理的法律思维能力将会发生质的变化。

2. 做好每日工作记录

每日工作记录除了如实记录每日的工作外,还应写明工作中存在的问题,以及接下来应该完成的工作。

律师助理做好每日工作记录有四个目的:一是让律师了解自己每天工作的内容;二是避免遗忘自己以前的工作内容;三是提醒自己下一步应该完成的工作;四是及时复盘,反思工作中存在的问题。

3. 善于总结办案心得

古人曰:"学而不思则罔。"如果只顾埋头办案却不思考总结办案心得,那么,即使办了 10 个案件,也只起到 1 个案件的效果;如果每次办案,都非常认真地思考总结办案心得,那么,即使只办了 1 个案件,也可以起到 10 个案件的效果。这就是思考的力量,也是律师助理在日益激烈的竞争中进行弯道超车的一大法宝。

律师助理可以创建自己的个人微信公众号,将自己平时的办案心得发表在公众号上:一是可以督促自己及时总结办案心得,二是锻炼了文笔和思维能力,三是可起到宣传自己专业能力的作用。

(三)沟通交流能力

律师是一项对人的综合素质要求很高的职业。律师在办案过程中,需要和很多人进行沟通交流,因此,沟通交流能力非常重要。律师助理作为律师的助手,也需要具备良好的沟通交流能力。律师助理经常沟通的人有四类:律师、委托人、司法人员和企业人员。

1. 与律师沟通交流的能力

律师助理作为律师的助手，在和律师进行沟通时需要注意以下几点：

（1）及时反馈

律师助理在工作时要坚持“闭环原则”，做到“凡事有交代，件件有着落，事事有回音”。律师助理每完成一项工作，都应及时向律师反馈工作情况，让律师及时了解工作进展，决定下一步工作的开展。在工作中遇到困难时，律师助理也应及时请教律师，寻求解决问题的方法，使问题得到及时解决。

（2）主动沟通

律师助理不应只满足于完成律师交代的工作，对于律师没有交代，但是有助于更好地维护委托人合法权益的工作，律师助理也应积极主动地和律师进行沟通，努力提出好的工作建议。

2. 与委托人沟通交流的能力

委托人是律师的客户，是律师提供法律服务的对象，也是律师服务费的来源；律师为委托人提供了法律服务，理应获得合理的报酬。因此，律师和委托人的地位是平等的，律师助理在和委托人进行沟通时，应持有礼有节的沟通态度。

（1）在接案之初，即使律师和律师助理对案件结果充满信心，律师和律师助理也不能为了承办案件而对委托人承诺办案结果。2017 年《律师法》禁止律师承诺办案结果，承诺办案结果是一种违法行为。律师助理作为律师的助手，同样不能承诺办案结果。如果办案结果与律师或律师助理当初的承诺不一致，律师或律师助理很可能会遭到委托人的投诉。

（2）在办案过程中，作为委托人，由于案件与其自身利益密切相关，自然会十分关注案件的进展。律师助理应站在委托人的角度，理解委托人的心情，与委托人共情，及时向委托人汇报案情进展。在委托人对案件结果信心不足、出现焦虑情绪，甚至灰心沮丧时，律师助理应认真倾听委托人的倾诉，并适当安抚委托人的情绪，给委托人信心。

（3）在办案结束时，无论案件结果如何，律师助理均应将案件结果及时告知委托人。如果案件结果不符合委托人的预期，律师助理应向委托人解释原因。只要在办案过程中，委托人感受到了律师和律师助理的敬业态度和专业素质，那么，理智的委托人不会因为案件结果不理想就归责于律师或者律师助理。

3. 与司法人员沟通交流的能力

律师和司法人员都属于法律人，都在各自的工作岗位为推进我国法治社会的建设而努力。以刑事公诉案件为例，律师的职责是维护委托人的合法权益，公安机关的职责是侦查犯罪嫌疑人的犯罪行为，检察机关的职责是对犯罪嫌疑人提起公诉，并监督公安机关、法院是否依法履行职责，法院的职责是以事实为依据，以法律为准绳，公正判案。律师、警察、检察官、法官各司其职、各尽其责，但又殊途同归，异曲同工。因此，根据律师的安排，律师助理在和司法人员进行沟通交流时，应注意合法合规、不卑不亢、据理力争。

（1）合法合规

①律师助理只能在司法人员的工作时间和工作地点与司法人员进行电话或者现场沟通交流，非工作时间和非工作地点与司法人员进行沟通交流有可能被视为违规行为。

②如果遇到法官的办公电话难以打通的情形，律师助理可以求助于12368司法热线，让12368司法热线的接线人员向法官转达自己的留言，或者让法官抽空与律师或者与自己电话联系。类似地，遇到检察官、警察无法联系的情形，律师助理也可以求助相应的部门，通过相应的部门转告检察官、警察，让其与律师或者与自己联系。

③如果实在无法进行电话沟通或者现场沟通，律师助理也可以采用书面沟通的方式，将由律师签名的法律文书邮寄给司法人员。

（2）不卑不亢

律师和司法人员均属于法律职业共同体的组成部分，只是分工不同而已，因此，律师助理要摒弃将司法人员视为律师的对立方的错误观念。在和司法人员进行沟通交流时，律师助理要尊重对方，理解对方，不能为博眼球、赚流量，而故意顶撞司法人员。律师助理也不能为了和司法人员搞好关系，在语言或者行动上刻意讨好司法人员，自毁形象而不自知。实际上，律师群体只有保持不卑不亢的沟通态度才能真正赢得司法人员的尊重。

（3）据理力争

律师虽然没有掌握国家的司法大权，但是律师对法治建设的作用不可小觑。

律师助理和律师一样，其职责都是维护当事人的合法权益。因此，当司法人员滥用司法权,侵害当事人的合法权益时,律师和律师助理都应挺身而出、据理力争,而不能唯唯诺诺、妄自菲薄。试想,如果律师和律师助理在面临当事人的合法权益被侵害时也选择退缩,那么,当事人又有什么必要聘请律师呢?! 律师这个职业又有什么存在的价值呢?!

4. 与企业人员沟通交流的能力

在处理企业法律业务时,企业人员是律师助理最常打交道的人。企业人员既有可能是企业的法务人员,也有可能是企业的非法务人员。

在内部设置有法务人员的企业,简单的法律业务通常就让内部法务人员处理了,重大项目的非诉法律业务或者疑难复杂的诉讼法律义务,企业才需要外部律师的参与。在这种情形下,律师助理和企业的法务人员进行沟通交流时,切忌有在法律专业上高人一等的错误想法。“满招损,谦受益。”尤其是律师助理,初涉律场,更不可居高临下地对待企业法务人员,而且,律师助理在很多时候也需要企业法务人员的配合才能顺利完成工作。

在内部没有设置法务人员的企业,则可能将其所有的法律业务都委托外部律师处理。在这种情形下,律师助理也仅仅在法律知识方面具有一定的专业优势,但是企业法律业务涉及的不仅仅是法律知识,还可能会涉及企业所在行业的专业知识、经营知识以及财务知识,因此,律师助理也可能需要和企业的业务人员、财务人员,甚至法定代表人进行沟通交流。无论和谁进行交流,律师助理均应虚心请教,耐心沟通。需要企业人员提供的材料,律师助理应及时列出清单,并提醒企业人员按时提供材料。

总之,律师助理只有和企业人员友好合作,平等沟通,才能够协助律师提供令企业满意的法律服务。

引例分析

1. 这件事反映了小张从事律师助理工作时存在以下问题:

(1)在工作态度方面,小张在复制粘贴生效判决书的相关内容之后,没有对照生效判决书进行认真核对,说明小张的工作态度不够认真细致。

(2)在工作能力方面,小张在起草完执行申请书后,没有交给承办律师进行审阅,就直接将执行申请书发给了当事人,说明小张在工作中没有及时与承办律师进行沟通，其沟通能力存在问题。

2. 小张应从这件事中吸取以下教训：

（1）在工作态度方面，以后对待工作，无论事情大小，小张均应做到严谨细致。律师这项职业的试错成本很高，因此，对待工作，不能有丝毫的疏忽大意和侥幸心理。

（2）在工作能力方面，以后在完成律师安排的工作时，小张应及时向承办律师反馈工作情况，遵守“闭环原则”，做到“凡事有交代，件件有着落，事事有回音”。

沙场练兵

【调研材料】

有人对来自全国各地的37名律师进行调研，这37名律师均具有招聘助理的经验。其中，关于“在律师助理的前3个月，您会让他做哪些工作？”这个问题，律师们给出了这样的回答：法律检索（97.3%）、整理卷宗（81.1%）、做会议纪要（75.7%）、案件归档（70.3%）、案例研究（64.9%）、收集法条（62.2%）、起草或修改合同（43.2%）、接手一个新的诉讼案件（13.5%）、直接派驻项目现场（10.8%）。

【问题】

为什么大多数律师都会让律师助理前3个月做法律检索、整理卷宗、记录会议纪要、案件归档等基础性的书面工作？

【调研分析】

1. 这是对客户和律师助理负责的表现

律师助理作为律界新人，没有承办律师业务的经验，因此，前3个月让律师助理从事基础性的书面工作，避免律师助理的工作失误给客户带来损失。这既是对客户负责，也是对律师助理负责。

2. 有助于律师助理练好办案基本功

万丈高楼平地起。法律检索、整理卷宗、记录会议纪要、案件归档这些工作虽然基础，但是真正要干好却并不容易。以案件归档为例，将众多的案件材料按照要求有序、完整地归档入卷，并非易事。案卷归档看似是结案时所做的工作，但其实在接案之后就可以开启归档工作，也就是说，案件归档工作应该贯穿办案始终，律师助理平时就应该梳理并妥善保管案件资料，这样才能保证案件资料完整归档。

3. 有助于律师助理提升工作技能

律师助理只要工作用心，于基础工作也能有效提升工作技能。以法律检索为例，在法律检索的过程中，律师助理可以学习到很多法律知识，拓展自己的知识储备，深化自己对法律问题的研究，提升自己的法律思维能力。

拓展阅读

我可以突破“有限”

尽管在刑事辩护的过程中，作为律师助理能参与并代替主办律师进行工作的内容非常有限，但并不意味着律师助理仅仅是在学习，我们可以从更多的角度来做更多的工作，即使这些工作或许并没有谁去要求我们，或者也不能马上体现出价值。

作为律师助理，我们在树立“我可以突破有限”的心态时，其实是在内心里时刻打出“不止于此”的问号，我们可以从两个层面进行思考：第一个层面，主办律师交办的任何事情，我能做的不止于此；第二个层面，主办律师没提的事情，我主动想到、做到的事情不止于此。

关于主办律师交办的任何事情，我能做的不止于此，其实是要建立一个从1到1.1的心态。如果说主办律师交代的工作是1，那么0.9就是不合格，1是合格，但是我们不能止步于1，而是争取做到1.1、1.2甚至1.3，也就是说，每一项工作，除了完成以外，我们永远要再多想一点，再多做一点。

举个例子，主办律师交代的任务是做某类某地域案例检索，完成这个事情比较容易，那么在此基础上，扩大检索范围，对不同地域的审判结果有对比性认识就是1.1，对于案例检索背后的审判逻辑和背景的深挖就是1.2，如果能结合到案件中来，通过案例检索有了自己对案件的看法，甚至就做到了1.3。

长此以往，主办律师会对你的观点有认识。如果你的观点不成熟，纠正过来，是你的进步；如果你的观点被采纳，树立自信并被主办律师认可，机会就会越来越多,成长也会越来越快。

关于主办律师没提的事情,我主动想到、做到的事情不止于此。这就要求我们对刑事辩护乃至职场工作有强烈的主观能动性。我们不仅要成为工作的执行者,还要成为工作的发起者、思考者,把工作想到主办律师前面,甚至填补主办律师没有思考到的地方。

举个例子,在常规的刑事辩护工作中,很少有主办律师会要求律师助理对全部办案人员的背景进行调查,甚至很多人认为这没有什么意义。但事实上,当对办案人员有足够了解的时候,在辩护策略、沟通方式上才会有更全面的思考。

了解办案人员的学历、学校背景,能够分析出办案人员能够接受的学派观点,在办案中如果有必要进行"专家论证",就可以"对症下药"。了解办案人员的办案经历、工作经历,在进行沟通中,可以更加良好地建立一种对接关系,等等。

"我能做的很有限",是要让一名律师助理建立谦虚的心态,认识到这个特殊领域中我们在前期的积累必不可少;"我能突破有限",是希望一名律师助理在工作中,永远都在思考"我还能做什么?我还能再做什么?"。

——参见牛健:《刑事辩护领域,我们如何做好助理工作?》,载微信公众号"温度法律圈"2022年2月11日,https://mp.weixin.qq.com/s/9fG7urUsmeJVsanbOh0ftA。

第二章　律师助理职业道德与行为规范

第一节　律师助理职业道德

知识导图

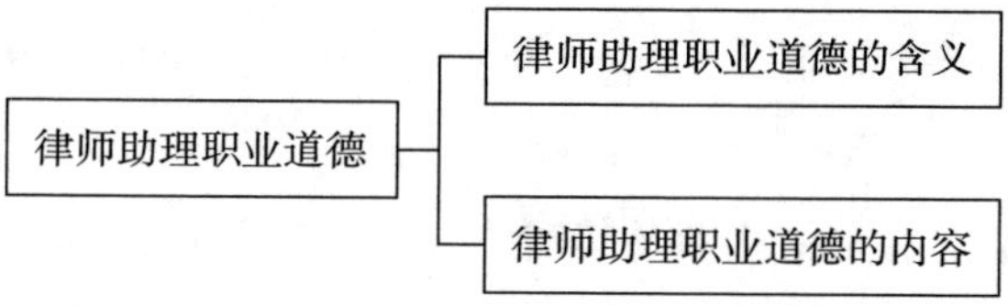

案例引入

小张是某律师事务所的一名实习律师，是该律师事务所王律师的助理。最近，王律师作为原告诉讼代理人承办了一起民间借贷纠纷案件。王律师安排小张向法院邮寄起诉材料，但是小张在整理起诉材料时找不到原告提交的借条原件了，起诉材料里只有一份借条复印件。小张害怕王律师责罚，不敢将此事告诉王律师，同时心存侥幸，认为借条的复印件和原件十分相似，如果不经过鉴定，通常发现不了二者的区别，于是小张在证据目录里仍然将借条备注为原件，随后将起诉状、证据目录和证据材料（含借条复印件）一并邮寄至法院。

问题：(1)小张的行为是否违反了律师助理的职业道德？为什么？

(2)如果小张丢失借条原件的行为导致原告败诉，小张是否应赔偿原告的损失？为什么？

学习目标

1. 了解律师助理职业道德的含义
2. 熟悉律师助理职业道德的内容

基本知识

一、律师助理职业道德的含义

道德是指通过行为规范和伦理教化来调整个人之间、个人与社会之间关系的意识形态，是以善恶评价的方式调整人与社会相互关系的准则、标准和规范的总和。职业道德是指从事一定职业的人们在特定的工作环境中或劳动中的行为规范总和。

职业道德是一个职业群体，或者一个行业全体人员的行为表现，所以，职业道德也称行业道德。

律师行业职业道德是指律师及其辅助人员在执行职务、履行职责时应当遵循的道德规范。因此，律师行业职业道德的适用对象包括律师以及辅助律师从事法律服务活动的律师助理。

2001 年修订的《律师职业道德和执业纪律规范》第 46 条规定："实习律师、律师助理参照本规范执行。"该规范现行有效。可见，律师助理的职业道德和执业规范应当参照律师的职业道德和执业规范执行。律师助理在辅助律师办理法律事务时，应当遵守《律师职业道德和执业纪律规范》。此外，律师事务所应当制定律师助理管理的专门制度，规范律师助理的执业行为，教育律师助理遵守律师行业的职业道德和执业纪律。

总体而言，律师助理职业道德是指导律师助理执业行为的准则，是评判律师助理执业行为是否符合律师助理职业要求的标准，是对违规律师助理追究职业责任的重要依据。

二、律师助理职业道德的内容

参照 2001 年修订的《律师职业道德和执业纪律规范》的相关规定，我国律师助理的职业道德包括以下八个方面的内容。

（一）尊重事实、遵守法律

律师助理和律师、法官、检察官、警察一样，都属于法律人。法律人工作的第一要旨便是尊重事实、遵守法律。尊重事实、遵守法律，也是律师助理工作必须遵循的原则。事实是正确适用法律的基础，法律是根据事实作出正确裁判的依据，两者互为条件、相辅相成、缺一不可。

律师助理应在执业律师的指导下，依法为当事人提供法律服务。律师助理不能扭曲事实，不能出示虚假证据，应当严格按照法律规定的程序和要求，依据案件事实，最大限度地维护当事人的合法权益。

（二）忠于职守、坚持原则

律师助理作为一个工作岗位，也有其岗位职责。"在其位，谋其职"，律师助理应该忠于自己的岗位职责，认真完成自己的每一项工作。在当事人的权益受到侵害，尤其是来自公权力的不法侵害时，律师助理要像律师一样敢于据理力争，不屈从于权势，不迷惑于金钱，协助律师切实地维护当事人的合法权益。

（三）诚实守信、勤勉尽责

诚实是指忠诚老实，言行一致，表里如一；守信是指说话、办事讲信用，答应了别人的事，能认真履行诺言，说到做到，守信是诚实的一种表现。诚实守信就是要求律师助理本着忠诚老实、恪守信用的原则协助律师为当事人提供法律服务。勤勉即勤奋之意，尽责乃尽力负起责任，勤勉尽责即以勤勉的方式尽到职责。勤勉尽责要求律师助理尽最大的努力、最高的效率，以最谨慎最认真的态度协助律师维护当事人的合法权益，使律师安排自己的每一项工作都能得到完美的处理。

（四）敬业勤业、提高水平

勤业即对事业勤奋，它体现了对工作的根本态度和履职程度，换句话说，就是干工作勤勉努力，全力以赴。勤业的律师助理总是踏踏实实，勤勤恳恳，埋头苦干，尽职尽责地做好法律服务工作。律师助理的业务知识和业务技能在很大程度上决定着律师助理协助律师提供法律服务的质量和效率，所以，律师助理应当潜心钻研业务,及时更新自我法律知识体系,与时俱进,不断提高自己的理论水平、工作技能和综合素质,成为高素质复合型的法律技能型人才,协助律师为当事人提供更优质的法律服务。

(五)维护声誉、注重修养

律师助理虽然不是执业律师,但和执业律师一样,也是律师行业的重要组成部分。一方面,律师助理的自身形象,会影响社会公众对律师行业的看法,律师行业的整体形象,要靠律师助理和律师一起维护;另一方面,在律师行业内部,律师助理的自身形象,也会影响律师对律师助理这一群体的看法,影响律师和律师助理之间的关系,影响律师助理的前途和发展。因此,律师助理一定要注意维护自身声誉、注重修养,只有具备高尚的品行和良好的道德修养的律师助理,其工作才能获得律师的肯定,才能在事业上得到良好的发展。

(六)严守秘密、保守隐私

严守秘密、保守隐私,是律师助理必须遵循的职业道德之一。律师助理作为律师的助手,在协助律师处理法律事务的过程中,接触国家秘密、商业秘密、当事人隐私的可能性很大,涉及的范围也很广泛。国家秘密,是指关系国家的安全和利益,依照法定程序确定,在一定时间内只限于一定范围的人员知悉的事项。商业秘密,是指不为公众所知悉、具有商业价值并经权利人采取相应保密措施的技术信息、经营信息等商业信息。当事人的隐私,一般是指与当事人的声誉有关,本人不愿意公开的个人生活事件。严守秘密、保守隐私,是维护律师助理良好社会形象的重要保证。

(七)尊重同行、公平竞争

律师助理应当尊重同行,相互学习,相互帮助,不应捏造、散布虚假事实,贬低、损害、诋毁其他律师、律师助理、律师事务所的威信和声誉。律师助理在协助律师参加庭审或谈判过程中,应当尊重对方律师和律师助理,不得使用挖苦、讽刺或侮辱性语言,不得进行人身攻击,也不应唆使或暗示自己的当事人刁难、侮辱对方当事人的代理律师和律师助理。

律师助理不得以下列方式进行不正当竞争：不得以贬低同行的专业能力和水平等方式，为自己所在的律师事务所招揽业务；不得以提供或承诺提供回扣等方式为自己所在的律师事务所承揽业务；不得利用新闻媒介或其他手段提供虚假信息或夸大自己所在律师事务所的业绩。

（八）热心公益、回报社会

律师助理应当积极参加社会公益活动，自觉承担社会责任。社会公益活动是指一定的组织或个人向社会捐赠财物、时间、精力和知识等活动。律师助理作为社会法律服务工作者，除了协助律师为委托人提供有偿的法律服务，维护委托人的合法权益外，自己也要自觉履行社会责任，热心公益事业，甘愿奉献，积极参与公益法律服务、社区服务、紧急救助、社会援助、爱心捐助等各项公益活动。

引例分析

（1）引例中小张的行为违反了 2001 年修订的《律师职业道德和执业纪律规范》第 5 条和第 35 条第 1 款的规定。该规范虽然是针对律师制定的，但是根据该规范第 46 条，实习律师、律师助理参照该规范执行。

参照该规范第 5 条，律师助理应当诚实守信，勤勉尽责，尽职尽责地维护委托人的合法利益。引例中的小张明知自己向人民法院提交的借条是复印件，但在证据目录里仍将该借条注明为原件，违反了诚实守信原则。

参照该规范第 35 条第 1 款，律师助理应当谨慎保管委托人提供的证据和其他法律文件，保证其不丢失或毁损。引例中的小张由于自身过错丢失了委托人提供的证据原件，没有尽到谨慎保管委托人提供的证据的义务。

（2）如果小张丢失借条原件的行为导致原告败诉，应由小张所在的律师事务所赔偿原告的损失，然后再由律师事务所向小张进行追偿。

一是因为委托人是和律师事务所签署的委托代理合同，委托人和律师事务所之间存在合同关系，律师事务所存在违约行为，委托人可向律师事务所追究违约责任，要求赔偿损失。

二是根据《民法典》第 1191 条第 1 款“用人单位的工作人员因执行工作任务造成他人损害的，由用人单位承担侵权责任。用人单位承担侵权责任后，可以向有故意或者重大过失的工作人员追偿”的规定，小张作为律师事务所聘用的员工，在其工作过程中造成了委托人损失，应当由用人单位律师事务所承担侵权责任。

综上，无论原告是选择追究违约责任，还是侵权责任，均应由小张所在的律师事务所赔偿原告的损失。律师事务所承担赔偿责任之后，再根据过错责任归责原则，向小张进行追偿。

沙场练兵

【案情简介】

小张系某律师事务所王律师的助理。小张在协助王律师代理一起离婚案件时，接触到该案件当事人李某的个人信息、证据及其他相关案件资料。小张发现这起离婚案件非常有意思，在该案件一审判决作出后上诉期间，小张出于好奇便将该案件一审判决书拍照发到网上，并附上自己的评论。虽然图片经过了处理，但是仍然有些地方出现了当事人姓名、工作单位、家庭住址及财产等信息。

后来，该案当事人李某起诉至法院，认为小张在该案上诉期间，未经其同意，擅自在互联网上发布未生效的一审判决书，侵犯了其人格权益，请求法院依法判令小张及其所在的律师事务所停止侵害，公开赔礼道歉，恢复名誉、消除影响，并赔偿精神损失费。

【问题】

法院是否会支持李某的诉讼请求？为什么？

【案例分析】

法院会支持李某的诉讼请求。《民法典》明确规定，自然人享有隐私权。任何组织或者个人不得以刺探、侵扰、泄露、公开等方式侵害他人的隐私权。隐私是自然人的私人生活安宁和不愿为他人知晓的私密空间、私密活动、私密信息。案件中小张的行为导致当事人不愿他人知晓的个人隐私在互联网上曝光，严重侵犯了当事人的隐私权。参照《律师职业道德和执业纪律规范》第8条，律师助理应当严守国家机密，保守委托人的商业秘密及委托人的隐私。小张未经当事人同意，擅自在互联网上曝光未生效的案件内容，侵犯了案件当事人的隐私权，违反律师助理的职业道德，损害律师行业的社会形象，应当依法承担相应的侵权责任。

拓展阅读

坚守律师职业伦理是律师执业最硬的底线

律师既不是天使，也不是魔鬼；既不代表正义，也不代表邪恶。他只能通过对司法程序的整体参与，来达到实现和体现正义的目的。

——田文昌律师

律师为何来？为何往？

律师是以赚钱为目的的特权技师？律师是一门职业，但它不是一般的职业，它是对当事人权利义务的分析和把握，是对司法程序和救济方式的选择和判断。新时代的律师，所肩负的职业使命，不仅仅是一个行业和一个职业的使命，这其中涵盖着太多的社会理想和正义价值，当下时代的飞速发展，越发地凸显出律师职业所肩负的社会使命。律师是一门学问、艺术，不仅如此，律师还讲究权利义务的对称、和谐之美。律师是一种信仰，一种对法治、自由、平等和民主坚定不移的信仰。

律师职业伦理是律师的执业之道、立身之本，无论是执业多年的律师，还是刚刚执业的以及正处于实习路上的，坚守律师职业伦理是其最硬、最基本的底线。换言之，律师职业伦理既是律师必须遵守的各种规则和基本要求，也是律师应尽的职责和法定义务。随着法治国家建设的推进，随着建设高素质法治人才队伍要求的持续推行，随着对律师行业中重点突出问题的治理和整顿，随着对法律行业中职业乱象的严厉打击，律师行业的执业素养、职业道德会越来越高了。

律师是法律之师，新时代的律师是中国特色社会主义法律工作者，当然要精通法律，当然要以事实为根据、以法律为准绳，当然要维护当事人的合法权益，当然要维护法律的正确实施，当然要维护社会的公平正义。这是律师必须遵守的职业伦理，这是律师应尽的职责和义务，更是律师务必坚守的职业底线。要守好这个底线，底线就是不能逾越的最基本的做人准则和法律红线。因为法律是国家制定的，律师又是法律之师，故律师职业自然就会与国家、政治、政策等产生联系，这就要求必须把律师的政治思想摆在首位。对律师职业伦理的基本要求有哪些？区别以下两个概念，职业伦理与职业主义不同，职业伦理是律师必须遵守的一套规则,而职业主义是不需要律师遵守的,它是一种更高级别的召唤,即律师应该为当事人和公众做贡献的理想。

律师职业伦理是律师执业活动必须遵守的价值准则,要坚持增进人类福祉、尊重生命权利、公平公正、合理控制风险、保持公开透明的原则,健全多方参与、协同共治的治理体制机制,塑造职业向善的文化理念和保障机制。这是律师职业伦理的重要理念。

——参见李洪涛:《坚守律师职业伦理是律师执业最硬的底线!》,载微信公众号"江南刑辩人"2022 年 1 月 25 日,https://mp. weixin. qq. com/s/k - NkxZLG8L0efSsQkG7TkA。

第二节 律师助理行为规范

知识导图

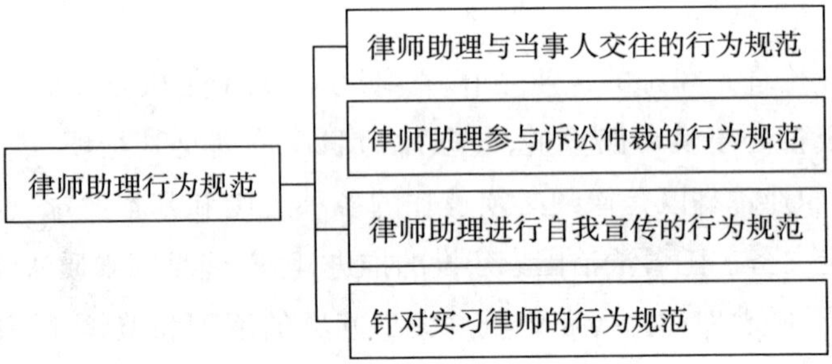

案例引入

小张系某律师事务所的实习律师,担任王律师的助理。王律师受该律师事务所的指派,代理陈某某诉胡某某民间借贷合同纠纷一案。小张协助王律师与陈某某就案情多次沟通,并收集梳理了案件材料,起草起诉状、证据目录等法律文书初稿,以及准备庭审资料等,对案情很熟悉。在该案开庭审理的前一天,王律师因天气异常无法从外地赶回参加庭审,于是让小张在第二天独自一人参加了庭审。

在这次开庭审理之前,小张向法院提交了该律师事务所的公函,以及当事人陈某某出具给该律师事务所王律师、律师助理小张的授权委托书。

问题：在王律师因故不能参加庭审的情形下，小张能否独自一人出庭？为什么？

学习目标

1. 掌握律师助理与当事人交往的行为规范
2. 掌握律师助理参与诉讼仲裁的行为规范
3. 熟悉律师助理进行自我宣传的行为规范
4. 掌握针对实习律师的行为规范

基本知识

律师制度是我国法律制度的重要组成部分，是法治文明进步的重要标志。任何人都必须遵守我国法律法规，律师助理亦不例外。律师助理除遵守宪法、刑法、民法、行政法等法律法规外，根据中华全国律师协会颁发的《律师执业行为规范（试行）》（律发通〔2018〕58号）第5条"本规范适用于作为中华全国律师协会会员的律师和律师事务所，律师事务所其他从业人员参照本规范执行"的规定，律师助理还需要参照遵守《律师执业行为规范（试行）》。

总体而言，律师助理执业行为规范主要包含以下内容：

一、律师助理与当事人交往的行为规范

（一）维护当事人的合法权益

律师的职责是充分运用专业知识和技能，尽职尽责地维护当事人的合法权益。律师助理作为律师的助手，虽然不直接对当事人负责，但是律师助理的工作质量和工作效率显然会对律师承办的案件结果产生影响。律师或者律师事务所聘用律师助理的目的是让律师助理协助律师更好地维护当事人的合法权益，从这个角度看，律师助理的职责亦是尽职尽责地维护当事人的合法权益。

例如，律师助理应当根据承办律师的指示，及时向当事人告知委托事项进展情况及可能对委托事项产生影响的事由。对当事人了解委托事项办理情况的要

求，应当及时给予答复。

又如，律师助理应谨慎保管当事人提供的证据原件、原物、音像资料底版以及其他材料。律师助理在接收和返还上述证据原件资料时应制作书面移交清单，由双方在移交完成后签字确认。

再如，律师助理如果发现承办律师起草的法律文书有错误之处，应及时告知承办律师，不能以不是自己所为而漠然置之。此外，律师助理在按时、保质、保量地完成承办律师安排的任务之余，还应多动脑筋思考如何实现当事人利益的最大化和风险最小化。

（二）保守当事人的个人信息、隐私和商业秘密

当事人有自然人和组织之分。如果当事人是自然人，律师助理应保守当事人的个人信息和隐私；如果当事人是组织，律师助理应保守当事人的商业秘密。而且，律师助理的保密义务不局限于提供法律服务期间，即使是法律服务结束后，未经当事人同意，律师助理也不能故意或者不慎泄露当事人的个人信息、隐私和商业秘密。

因律师助理泄露了当事人的个人信息、隐私和商业秘密，给当事人造成损失的，律师事务所在赔偿当事人的损失之后，可基于《民法典》侵权责任编的相关规定向律师助理进行追偿。

（三）遵守会见犯罪嫌疑人、被告人的相关规定

根据最高人民法院、最高人民检察院、公安部、国家安全部、司法部制定的《关于依法保障律师执业权利的规定》（司发〔2015〕14 号）第 7 条的规定，辩护律师可以带一名律师助理协助会见犯罪嫌疑人、被告人。律师助理在协助辩护律师会见犯罪嫌疑人、被告人时，必须严格遵守看守所的会见规定，尤其注意不得为犯罪嫌疑人、被告人传递信件、钱物或与案情有关的信息。

（四）禁止私自接受委托，收取费用

根据 2001 年修订的《律师职业道德和执业纪律规范》第 15 条“律师不得以个人名义私自接受委托，不得私自收取费用”的规定，当事人只能和律师事务所签署

委托代理合同或者法律服务合同,然后由律师事务所指派律师承办案件或者提供法律服务,当事人支付的律师服务费也必须汇到律师事务所的账户,再由律师事务所分配给承办律师。由于实习律师、律师助理参照该规范执行,因此,实习律师、律师助理同样不能以个人名义私自接受委托,不得私自收取费用。

(五)禁止对当事人承诺案件结果

无论是诉讼案件还是非诉案件,案件结果均受诸多因素的影响,均不是律师所能决定的。作为在办案过程中只起辅助作用的律师助理,更不能为了迎合当事人的需求而对当事人承诺办案结果。

(六)禁止指使、诱导当事人作伪证

当事人作伪证有两种形式:一种是伪造证据材料,另一种是进行虚假陈述。律师助理不仅自己不能作伪证,而且不能诱导当事人作伪证。有时当事人可能会就案件的证据材料或者案件情节和律师助理进行沟通,征求律师助理的意见,律师助理切忌为了增加案件胜诉率,或者“保护”当事人,就诱导或者变相诱导当事人作伪证,即便是以“建议”的方式向当事人进行暗示也不可以。

(七)禁止指使、诱导当事人行贿司法人员

律师助理不是案件的承办律师,律师助理并不能直接从案件结果中获取收益,因此,律师助理一般不会冒着法律风险而指使、诱导当事人行贿司法人员。但是,有的承办律师为了获得更多的律师费,同时又想转移自身法律风险,有可能会利用律师助理依附于自己的这种关系,让律师助理指使、诱导当事人行贿司法人员。对于承办律师的这种不良企图,律师助理必须坚定拒绝,绝不能因为怕得罪承办律师而让自己陷入违法犯罪的处境。

二、律师助理参与诉讼仲裁的行为规范

(一)协助律师调查取证的行为规范

律师助理协助调查取证,是指律师助理协助律师进行案件调查和收集获取证据材料的行为。

在协助律师调查的过程中，律师助理不得伪造证据，不能为了诉讼意图或目的，非法改变证据的内容、形式或属性。律师助理不得威胁、利诱他人提供虚假证据；不得利用他人的隐私及违法行为，胁迫他人提供与实际情况不符的证据材料；不得利用物质或各种非物质利益引诱他人提供虚假证据；不得支持或协助当事人故意隐瞒、遗漏重要证据或作虚假陈述。律师助理不得协助律师向司法机关或者仲裁机构提交明知是虚假的证据。

(二)协助律师参加庭审的行为规范

律师助理中的实习律师可以随同律师一起出庭，协助律师做记录之类的辅助工作。出庭当日，实习律师应按时出庭，切勿迟到，最好提前半小时抵达庭审现场。

实习律师出庭的仪容和着装应端庄大方，男律师助理不留披肩长发，女律师助理不施浓妆，面容清洁，头发齐整，不佩戴过分醒目的首饰。

实习律师应遵守法庭和仲裁庭纪律。法庭是一个严肃的场所，不能将法庭演变为吵架互殴的场所。尊重法庭是指尊重整个法庭空间里所有的人，实习律师既要尊重审判席上的审判员及其他工作人员，也应当尊重对方当事人及其代理人。

(三)与司法人员交往的行为规范

律师助理不得私下接触司法、仲裁人员。“私下”是指非上班时间、非上班场所。因此，律师助理应在司法、仲裁人员的上班时间，和司法、仲裁人员在办公场所沟通案情，或者在上班时间拨打司法、仲裁人员的办公电话沟通案情。

律师助理不得介绍贿赂或者直接贿赂司法、仲裁人员。律师助理不是案件的承办律师，其介绍贿赂或者直接贿赂司法、仲裁人员的情形较为少见，但是也不排除有的律师助理可能为了今后独立执业和司法、仲裁人员提前搞好关系，而介绍贿赂或者直接贿赂司法、仲裁人员的情形发生。因此，律师助理一定要严格遵守与司法人员交往的行为规范。

(四)针对案件公开评论的行为规范

律师助理对案件公开发表言论，应当依法、客观、公正、审慎，不得利用网络、公共媒体、自媒体以歪曲事实真相、明显违背社会公序良俗等方式，发表恶意诽谤他人或者严重扰乱法庭秩序的言论。

律师助理不得在公共场合或向公共媒体、自媒体散布、提供与司法、仲裁人员的任职资格和品行有关的言论，以及任何可能损害司法公正的言论。律师助理不得利用媒介干扰正常司法；不得提供不实或误导性信息，不得对案件进行歪曲、不实的评论或宣传，不得泄露案件信息；不得对通过其他途径获悉的未经核实的案件信息进行传播、扩散。

（五）在刑事案件中严守国家机密的行为规范

有的刑事案件卷宗属于国家机密。根据最高人民法院、最高人民检察院、公安部、国家安全部、司法部制定的《关于依法保障律师执业权利的规定》（司发〔2015〕14 号）第 14 条，辩护律师可以根据需要带律师助理协助查阅、复制刑事案件卷宗，律师助理在协助办理刑事案件时，有可能会接触到国家机密。因此，律师助理在随同辩护律师查阅、复制刑事案件卷宗时，必须非常谨慎，除自己和辩护律师外，不能将刑事卷宗泄露给其他任何人，包括犯罪嫌疑人、被告人的家属。

三、律师助理进行自我宣传的行为规范

律师助理宣传是指通过公众传媒以消息、特写、专访等形式对自己进行报道、介绍的信息发布行为。

（一）律师助理进行自我宣传的主要方式

律师助理进行自我宣传的方式包括：使用网站、博客、微信公众号等互联网媒介；使用名片、宣传册等具有宣传性质的书面资料或视听资料；出版书籍，发表文章；其他可传达至社会公众的业务推广方式。

（二）律师助理进行自我宣传的禁止规定

律师助理禁止以下列方式进行自我宣传：

1. 采用艺术夸张手段制作、发布自我宣传信息；
2. 在公共场所粘贴、散发自我宣传信息；

3. 以电话、信函、短信、电子邮件等方式针对不特定主体进行自我宣传；

4. 在法院、检察院、看守所、公安机关、监狱、仲裁委员会等场所附近以广告牌、移动广告、电子信息显示牌等形式发布自我宣传信息；

5. 律师助理不得进行歪曲事实和法律，或者可能使公众对律师助理产生不合理期望的宣传；

6. 其他有损律师行业整体利益的自我宣传方式。

律师助理自我宣传的内容应当真实、严谨，宣传方式应当得体、适度，不得含有误导性信息。律师助理应当对其开立的互联网媒介账户中的信息内容负责，如果有违法违规行为，应当及时删除。

四、针对实习律师的行为规范

实习律师是指尚未获得律师执业证，只获得“申请律师执业人员实习证”的人员。根据中华全国律师协会 2021 年发布的《实习管理规则》第 23 条的规定，实习律师不得有下列行为：

（1）独自承办律师业务；

（2）以律师名义在委托代理协议或者法律顾问协议上签字，对外签发法律文书；

（3）以律师名义在法庭、仲裁庭上发表辩护或者代理意见；

（4）以律师名义洽谈、承揽业务；

（5）以律师名义印制名片及其他相关资料，或者以其他方式公开宣称自己为律师；

（6）其他依法应当以律师名义从事的活动。

由此可见，对于实习律师基本的行为规范主要集中在两个方面：一是实习律师不能独自承办法律业务，只能协助执业律师承办业务；二是实习律师不能以执业律师的名义，只能以实习人员的名义从事法律业务。

以上规定虽然是针对已获得“申请律师执业人员实习证”的实习律师，但是对于尚未获得“申请律师执业人员实习证”的其他人员同样适用，其他人员也不能独立承办律师业务和以律师名义从事法律业务。此外，由于其他人员尚未获得“申请律师执业人员实习证”，其他人员能从事的法律业务的范围要小于实习律师能从事的法律业务的范围。

引例分析

律师助理是为律师开展律师业务活动提供辅助服务的工作人员。在诉讼活动中，其职责主要在于处理一般事务性、联系性工作，包括庭审前准备工作等，辅助律师进行诉讼。

在本案中，小张仅是一名实习律师，尚未取得律师执业证。根据2021年《实习管理规则》第23条的规定，实习律师不得独自承办律师业务。本案原告陈某某可以委托王律师和小张作为共同诉讼代理人，小张可以在王律师的带领下一起出庭参加庭审，但是小张不可独自一人出庭。因此，在本案中，王律师和小张均存在违规行为。

沙场练兵

【训练场景】

小张是一名实习律师，在某律师事务所担任王律师的助理。王律师最近承办了一起集资诈骗案，该案卷宗已送至北京市某法院。一天，王律师带着小张一起去法院阅卷。由于是纸质卷宗，不能带出法院，小张只好用手机扫描王 App 一张张地对着卷宗材料拍照留存。全部卷宗材料拍照完毕后，王律师叮嘱小张务必保管好手机里的电子卷宗，切勿对外泄露。

【训练任务】

小张应该采取哪些措施避免卷宗材料泄露？

【训练技能】

小张应该采取以下措施避免卷宗材料泄露：

1. 在扫描王 App 上对卷宗材料文件设置安全密码；

2. 在手机上将扫描王 App 上的卷宗材料转移至自己的 U 盘；

3. 将自己 U 盘上的卷宗材料拷贝至王律师的私人电脑，并将文件的安全密码告诉王律师；

4. 将 U 盘上的卷宗材料拷贝至自己的私人电脑；

5. 自己的U盘仅在自己的私人电脑上使用；

6. 自己的私人电脑设置开机密码，禁止其他人使用。

拓展阅读

律所违规代理"潜规则"

随着法律意识的提高，越来越多的人在面对法律纠纷时，选择到律师事务所聘请律师为自己提供法律服务，诉讼代理市场竞争异常激烈，一些律师事务所为了争夺案源不惜违反相关执业管理规定，由此给损害当事人权益埋下隐患。

梅州市中级人民法院有法官对一些律师、实习律师和在律师事务所实习的大学生做了调查，发现律师事务所违法违规代理并非少数。

大学生小曾在某律师事务所实习过。"我就是以律师的名义和当事人谈，如果我不说破，当事人不主动要求查看证件，律所就会千方百计要求我和当事人来签订委托合同。"小曾透露，其他同学实习的律师事务所也是这样操作的。

即使通过了"法考"，在律师事务所取得了实习律师资格后，按规定仍然不能以律师名义代理案件。但一名不愿透露姓名的律师也坦言，律师事务所对实习律师拉案也是"睁一只眼闭一只眼"，规范一点的律师事务所拉到案子后由执业律师签合同，给实习律师提成。

据了解，地方司法局也不时到法院询问了解有无代理人违规代理的问题。但社会上的一些赤脚律师与一些需要挖掘案源的律师事务所，则相互利用、一拍即合。最后，受影响最大的还是当事人，花了请正式律师的价钱，享受的却是不正规的法律服务。

——参见魏徽徽：《助理私吞"代理费"被追讨曝出律所违规代理潜规则》，载新浪新闻网，https://news.sina.com.cn/c/2013-12-24/070029064741.shtml。

第三章　律师助理与律师事务所、律师的关系

第一节　律师助理与律师事务所的关系

知识导图

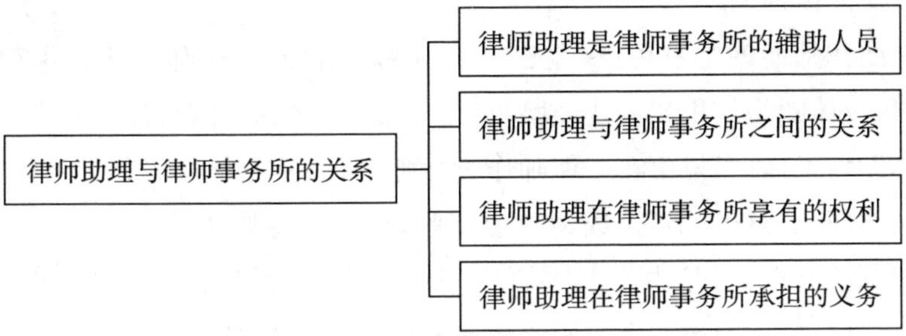

案例引入

王律师系某律师事务所金融业务部的律师。2021 年 3 月起，实习律师小张作为该律师事务所金融业务部的律师助理协助王律师承办案件。该律师事务所每月代扣代缴小张的社会保险金、个人所得税，并向小张发放工资，但是该律师事务所没有和小张签署聘用合同。同年 11 月，该律师事务所不再让小张协助王律师承办案件，亦不再向小张发放工资。小张诉至法院，要求该律师事务所支付其劳动工资及未签劳动合同产生的 2 倍工资差额。

问题：本案中小张与该律师事务所是否形成劳动关系？为什么？

学习目标

1. 了解律师助理是律师事务所的辅助人员
2. 理解律师助理与律师事务所之间的关系
3. 掌握律师助理在律师事务所享有的权利和承担的义务

基本知识

一、律师助理是律师事务所的辅助人员

(一)律师助理的类型

律师助理有广义的律师助理和狭义的律师助理之分。

1. 广义的律师助理

广义的律师助理有三种:一是已取得律师执业证的律师担任资深律师的助理,有些执业律师为了积累从业经验,自愿做资深律师的助理,帮助其完成业务中的各项辅助性工作;二是由实习律师作为律师助理,实习律师也称见习律师,是指取得了法律职业资格证书后,成为执业律师之前,在律师事务所实习期间担任实习指导律师的助理;三是由未取得法律职业资格证书的其他人员来担任律师助理,其他人员包括入职律师事务所的法律辅助人员和在律师事务所实习的法律专业的学生。

2. 狭义的律师助理

狭义的律师助理是指上述的第二种和第三种情况,即未取得律师执业证书的法律辅助人员担任律师助理的情形。本书提及的律师助理是指狭义的律师助理,即未获得律师执业证的律师助理,既包括已获得"申请律师执业人员实习证"从事律师助理工作的实习律师,也包括未获得"申请律师执业人员实习证"从事律师助理工作的其他人员。在一般情况下,高等院校(系)法律专业的学生在实习期间,大多数能够掌握法律基础知识,了解律师各项业务的内容及工作程序,能完成律师业务中的各项辅助性工作,可以担任律师助理工作。

(二)律师助理的工作性质

律师助理的工作是根据律师的指示,辅助律师完成法律业务,因此,律师助理

的工作具有辅助性。总体而言，律师助理的工作主要包括以下两个方面：

1. 文秘类工作

文秘类工作包括：收发文件资料、收集整理信息、安排律师与当事人会见、记录案件时间节点、与司法机关进行程序性沟通、案卷整理归档等。这些工作与案件有关，但是很少涉及法律知识，因此，实习律师和没有获得“申请律师执业人员实习证”的其他人员均可以从事这些工作。

2. 法律类工作

法律类工作包括：法律案例检索、协助解答案件咨询、协助外出调查取证、协助调阅案件卷宗、参与讨论案情、起草法律文书初稿、进行庭审前准备，随同律师参与庭审等。这些工作不仅与案件有关，而且涉及较多的法律知识，对专业水准的要求较高。

实习律师可以协助律师完成上述全部法律类工作，但是没有获得“申请律师执业人员实习证”的其他人员，只能协助律师完成上述部分法律类工作。

二、律师助理与律师事务所之间的关系

我国律师行业比较复杂，律师助理与律师事务所之间是否为劳动关系，实践中存在诸多争议。虽然司法部发布实施的《律师事务所管理办法》规定，合伙律师事务所和国家出资设立的律师事务所应当按照规定为聘用的律师和辅助人员办理失业、养老、医疗等社会保险。个人律师事务所聘用律师和辅助人员的，应当按前款规定为其办理社会保险。2021 年北京市司法局印发的《北京市律师事务所管理办法实施细则》也规定，律师事务所应当对本所律师、申请律师执业的实习人员及辅助人员遵守法律、法规、规章及行业规范，遵守职业道德和执业纪律的情况进行监督；应当保障上述人员享有获得必要工作条件和劳动保障等权利。但是现实生活中有些律师助理与律师事务所关系比较松散，有些律师助理与律师事务所关系比较紧密，律师助理与律师事务所是否均建立劳动关系，法律规定并不十分明确。所以，双方是否形成劳动关系，众说纷纭，难以定论。

（一）劳动关系的认定标准

根据《关于确立劳动关系有关事项的通知》（劳社部发〔2005〕12 号），用人单

位招用劳动者未订立书面劳动合同,但同时具备下列情形的,劳动关系成立:

(1)用人单位和劳动者符合法律、法规规定的主体资格;

(2)用人单位依法制定的各项劳动规章制度适用于劳动者,劳动者受用人单位的劳动管理,从事用人单位安排的有报酬的劳动;

(3)劳动者提供的劳动是用人单位业务的组成部分。

从上述规定可知,除主体合法外,判断劳动者和用人单位是否建立劳动关系通常有三个标准:一是从属性标准,即劳动者和用人单位之间是否存在管理与被管理的关系。二是有偿性标准,即用人单位是否因劳动者从事用人单位安排的劳动而向劳动者支付劳动报酬。三是人身性标准,即用人单位是否为劳动者提供必要的劳动条件并向劳动者分配工作任务,一般情况下劳动者应当亲自完成工作任务,不得随意转移给第三方。

(二)律师个人聘用的律师助理

目前,我国绝大多数律师事务所既有律师事务所聘用的律师助理,也有律师个人聘用的律师助理。在律师助理与律师事务所之间是否建立劳动关系的争论中,律师个人聘用的律师助理争议最大。有些人认为,律师个人聘用的律师助理,因为其不受律师事务所管理,也不由律师事务所直接支付或发放工资,该类律师助理与律师事务所之间根本不存在劳动关系,而是与律师个人形成雇佣关系。也有一些人认为,该类律师助理虽然是律师个人聘用的,其报酬也由律师个人支付,但个人不具有劳动法上的用人主体资格,加上律师助理以律师事务所名义对外工作,其处理法律事务的工作也是律师事务所单位业务的组成部分,所以,该类律师助理与律师事务所之间应当存在劳动关系。

事实上,律师个人聘用的律师助理与律师事务所之间是否建立劳动关系,不能一概而论,应当区别对待。一般而言,律师个人聘用的律师助理大致可以分为两种情况:一是律师以个人的名义自己聘用的律师助理;二是律师以律师事务所的名义聘用的律师助理。

1. 律师以个人的名义自己聘用的律师助理

律师以个人的名义自己聘用的律师助理,其工作时间、地点、内容完全由律师自由支配安排,并不受律师事务所管理和限制,与律师事务所之间不符合从属性标准。该类律师助理的报酬完全由律师个人根据律师助理完成工作任务的情况进行支付，即使是以律师事务所的名义支付该类律师助理工资，以及缴纳社会保险，但工资和社会保险的资金均来源于律师个人，而不来源于律师事务所。所以，该类律师助理与律师事务所之间不符合有偿性标准。此外，该类律师助理的工作任务都是由律师个人根据自己的实际情况进行分配，律师事务所既不向其下达工作任务，也不监督其工作完成情况，该类律师助理与律师事务所之间不符合人身性标准。

由此可见，律师以个人的名义自己聘用的律师助理与律师事务所之间的关系非常松散，双方不存在劳动关系。即使律师助理和律师事务所签订了劳动合同，其工资由律师事务所支付，社会保险由律师事务所缴纳，律师助理和律师事务所之间也不存在实质性的劳动关系，不应被认定为存在劳动关系。

2. 律师以律师事务所的名义聘用的律师助理

律师以律师事务所的名义聘用的律师助理是否与律师事务所存在劳动关系，应当着重考量该类律师助理与律师事务所之间的关系是否符合认定劳动关系的三个标准，双方是否存在劳动法上的隶属关系。

首先，该类律师助理是律师受律师事务所委托帮助律师事务所聘用的工作人员，无论是否与律师事务所签订聘用合同，都应当纳入律师事务所管理的范围，律师事务所有权决定是否聘用或者聘用期限何时结束，实际上律师是代表律师事务所进行招聘及管理，所以符合从属性标准。

其次，该类律师助理提供的劳动属于律师事务所业务的重要组成部分，律师向律师助理发放劳动报酬实际上是代理律师事务所支付的劳动报酬，律师助理劳动报酬的多少以及劳动报酬发放的方式均由律师事务所决定，该类律师助理与律师事务所之间符合有偿性的认定标准。

最后，单位员工代表单位聘用劳动者并对其管理即应视为用人单位对劳动者的管理，劳动者与用人单位由此形成人身依附性，所以，该类律师助理与律师事务所之间符合人身性的认定标准。

劳动者和用人单位符合认定劳动关系的三个标准便可确定双方存在劳动法上的隶属关系，该类律师助理已经满足认定劳动关系的三个标准，因此，律师以律师事务所的名义聘用的律师助理与律师事务所之间存在劳动法上的隶属关系，双方应当属于劳动关系。

（三）律师事务所统一聘用的律师助理

律师事务所统一聘用的律师助理一般会直接与律师事务所签订劳动合同，律师助理的工作地点一般是在律师事务所，工作必需的办公用品往往也由律师事务所提供，律师事务所会按照法律规定为其办理社会保险。同时，律师助理的工作是辅助性的，通常直接由律师或者律师事务所分配工作任务，指导和管理律师助理的行为，律师事务所的一些规章制度也会直接约束律师助理。律师助理协助律师办案，也能够提高办案效率和增加律师事务所的收入。在一般情况下，律师助理的工资是由律师事务所统一发放。所以，律师事务所统一聘用的律师助理与律师事务所之间关系非常紧密，双方形成的权利义务关系，从人身依附性、管理与被管理性、所获报酬的性质上来讲都明显具备劳动关系成立的必备要件，适用劳动法律法规调整，毫无疑问双方之间构成了劳动关系。

综上所述，律师助理和律师事务所之间是否存在劳动关系，应在二者均属于劳动法上的合法主体的前提下，透过现象看本质，即：根据律师助理和律师事务所之间是否同时具备从属性、有偿性和人身性这三个实质特征进行认定，而不应仅仅根据是否签署劳动合同，是否由律师事务所支付工资和缴纳社会保险这些表面现象进行认定。

三、律师助理在律师事务所享有的权利

下文中的律师助理是指与律师事务所存在劳动关系的、未取得律师执业证、辅助律师从事法律业务工作的人员。律师助理作为律师事务所依法聘用和管理的工作人员，律师事务所应当保障本所的律师助理依法享有下列权利。

（一）工作条件

律师助理有权要求律师事务所提供符合国家规定的安全性的工作环境，提供必要的办公、业务工作设备、工具和物品。

（二）劳动保障权

律师助理依法享有国家法定节假日的权利。作为女性的律师助理在经期、孕

期、产期、哺乳期，可以要求律师事务所按照国家规定提供相应的劳动保护。

（三）劳动报酬权

律师助理的劳动报酬权主要包括报酬的协商权、报酬的请求权和报酬的支配权。律师助理有权与律师事务所通过协商确定劳动报酬的形式和水平，律师助理的劳动报酬不得低于律师事务所所在地的最低工资标准。律师助理按照律师事务所的要求完成工作任务，付出劳动之后，有权请求律师事务所按时足额支付劳动报酬。律师助理获得劳动报酬后有权自主地支配处分其劳动报酬，任何人都不能干涉和侵犯。

（四）福利待遇权

律师助理有享受律师事务所相关福利政策的权利。律师事务所应当按照规定为聘用的律师助理办理失业、养老、医疗等社会保险。律师助理有权要求在医疗、伤残抚恤费、养老金、节假日、婚假、丧假、产假、探亲假等方面的待遇及其他福利待遇与律师事务所其他员工相同。

（五）意见和建议权

律师助理有向律师事务所提出意见和建议的权利。律师助理提出的合理化意见和建议实际上是积极主动地为律师事务所的发展和建设建言献策，对律师事务所的管理及各方面的改进都会有益无害。律师助理充分行使意见和建议权，既能增强律师助理的主人翁意识，也能让律师事务所领导了解律师事务所发展过程中的不足，促进律师事务所的管理水平和工作效率。

（六）业务培训权

律师助理享有参加业务培训的权利。律师助理有权利根据自己的业务发展要求和个人生涯职业规划参加律师事务所内部培训和外部培训。律师事务所必须依法保障本所的律师助理享有职业培训的权利，应当加强对本所律师助理的职业道德和执业纪律教育，组织开展业务学习和经验交流活动，为律师助理参加业务培训和继续教育提供条件。

四、律师助理在律师事务所承担的义务

（一）遵纪守法，服从监管

律师助理应当遵守宪法和法律，恪守职业道德和执业纪律，服从律师事务所监督和管理，遵守律师事务所章程和规章制度，不得从事以下行为：独自承办律师业务，在有关法律文书上署名，以律师身份签订委托代理协议或者办理其他法律事务，以律师的名义在法庭或者仲裁庭上发表辩护或者代理意见，以律师名义印制名片或者其他相关资料，以律师名义洽谈、承揽业务，等等。

（二）诚信执业，维护形象

诚信是律师助理执业之路的基石。在现实社会中，诚信是人们进行社会交往和经济交往应遵守的基本行为准则。律师助理应当牢固树立诚信为本、操守为重的观念，不得提供虚假证据隐瞒事实或者威胁、利诱他人提供虚假证据，不得妨害对方当事人合法取得证据。律师助理应当严格遵守职业道德和执业纪律，不断提升自己的职业素养。在日常工作中，律师助理需要保持良好的工作态度和职业操守，自觉维护律师事务所的形象和声誉。

（三）保守秘密，严于律己

律师助理应当保守执业活动中知悉的国家秘密和当事人的商业秘密，不得泄露当事人的隐私。律师助理应当严于律己，不得私自接受委托，私自向委托人收取费用，收受委托人的财物；不得利用提供法律服务的便利牟取当事人争议的权益，或者接受对方当事人的财物；不得向法官、检察官、仲裁员以及其他有关工作人员请客送礼。

引例分析

本案中小张与该律师事务所已形成劳动关系，因为小张与该律师事务所的关系符合认定劳动关系的三个标准：从属性、有偿性和人身性。

1. 小张由该律师事务所安排在金融业务部门协助王律师承办案件，说明小张

的工作由该律师事务所安排，接受该律师事务所的管理，小张与该律师事务所符合从属性的认定标准；

2. 小张的社会保险、个人所得税由该律师事务所代扣代缴，工资由该律师事务所支付，说明小张与该律师事务所符合有偿性的认定标准；

3. 该律师事务所为小张提供工作条件，且小张的工作不可能转让给其他人完成，说明小张与该律师事务所符合人身性的认定标准。

沙场练兵

【案情简介】

2022年3月28日，某律师事务所和实习律师小张签订了聘用合同，约定该律师事务所聘请小张为律师助理，小张在该律师事务所承接的案件，该律师事务所提取10%的服务费；小张靠自己的关系接收非律师事务所交办的以及非律师事务所接收的案件，必须每个案件交2000元给律师事务所，剩余部分归小张所有等条款。

2022年4月至2022年10月，小张以该律师事务所聘任的律师的名义，承接了10余个案件，并收取了代理费用，但未按合同约定按时按件向该律师事务所上交每案2000元的费用。于是该律师事务所向小张发出解聘通知书，并于2023年2月向法院提起诉讼，要求小张按照合同约定支付欠律师事务所的案件费用共计2万余元。

【问题】

法院是否会支持该律师事务所的主张？为什么？

【案例分析】

法院不会支持该律师事务所的主张。理由如下：

根据2017年《律师法》第13条的规定，没有取得律师执业证书的人员，不得以律师名义从事法律服务业务；除法律另有规定外，不得从事诉讼代理或者辩护业务；根据2021年《实习管理规则》第23条的规定，律师事务所不得指使或者放任实习律师独自承办律师业务，以律师名义洽谈、承揽业务。因此，在本案中，某律师事务所和实习律师小张所签署的聘用合同约定小张可以靠自己的关系接收非律师事务所交办的以及非律师事务所接收的案件，且小张应按每宗案件2000元的标准向该律师事务所交纳案件费，该约定违反了《律师法》以及《实习管理规则》对实习律师的禁止性规定,系无效约定,该聘用合同系无效合同。无效合同不需要按照合同履行,因此,法院不会支持该律师事务所的主张。

拓展阅读

法信·相关案例

1. 法律院校应届生与律师事务所签订劳动合同后,律师事务所主张该合同仅表明双方之间是挂靠关系而非劳动关系的,法院不予支持——上海明庭律师事务所诉施某劳动合同纠纷案

案例要旨:律师事务所与法律院校应届毕业生签订劳动合同并为其缴纳社会保险,劳动者根据律师事务所的律师提出的工作要求提供劳动,双方权利义务符合劳动法律关系认定条件。律师事务所主张双方签订的劳动合同属于特殊约定的挂靠关系的,缺乏事实依据,法院不予支持。

案号:(2014)沪一中民三(民)终字第1493号

审理法院:上海市第一中级人民法院

2. 律师事务所主张与劳动者为实习关系但无实习约定证明,且双方符合劳动关系条件的,应认定为劳动关系——重庆天宸律师事务所与王某霖追索劳动报酬纠纷案

案例要旨:劳动者在律师事务所从事律师助理工作,受律师事务所管理并进行考勤登记,工作内容属于律师事务所业务组成范围,律师事务所根据其工作状况每月发放工资,双方符合劳动关系的本质特征。律师事务所主张双方为实习关系非劳动关系,但又无明确约定证明的,法院不予支持。

案号:(2015)渝一中法民终字第02143号

审理法院:重庆市第一中级人民法院

3. 劳动者先到律师事务所实习后被聘用为专职律师的,应根据不同时期的工作性质特点判断与律师事务所之间的法律关系——广东人民时代律师事务所与李某霞劳动争议案

案例要旨:劳动者与律师事务所的法律关系应根据其工作性质特点等是否符

合劳动关系基本特征进行判断。劳动者在实习阶段受律师事务所管理，工作内容是律师事务所业务组成部分的，应认定双方存在劳动关系；之后劳动者被聘用为专职律师，按自己办理业务收入作为聘用工资，交纳办案引起的费用，缴纳社保，且双方未约定工作休息时间等内容，也不受律师事务所劳动管理的，此阶段双方不构成劳动关系。

案号：(2014)穗中法民一终字第5571号、5572号

审理法院：广东省广州市中级人民法院

——参见《律师与律所之间是否构成劳动关系?》，载微信公众号“法信”2017年6月30日，https://mp.weixin.qq.com/s/R0mX8aAaMoMgs79JXIqBBg。

第二节　律师助理与律师的关系

知识导图

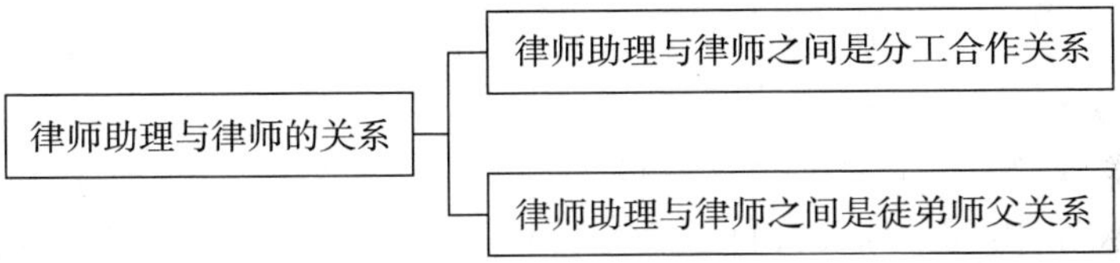

案例引入

2020年11月，在豆瓣上流传一份“律所合伙人黑名单”，许多律师助理集体吐槽自己在律师事务所加班、工资低、合伙人PUA泛滥等问题。例如，有的合伙人将实习律师当工具人，任性地让实习律师经常加班，随意使唤；有的合伙人以传授实习律师实务经验为由，不给实习律师工资，甚至让实习律师倒贴支付学费；有的合伙人与实习律师不和，无理由限制实习律师转所；等等。“上榜”的律师事务所不乏红圈律所，也不乏大名鼎鼎的合伙人。

“黑名单”事件在律师界引发广泛讨论。有人认为该黑名单会人为地制造律师和律师助理两个群体之间的对立，甚至会撕裂律师行业内部所特有的“师承”关系；有人认为“黑名单”事件会促使律师事务所合伙人反思律师和律师助理“师

徒”关系存在的问题，以及律师行业师徒制的未来走向。

问题：你是如何看待律师和律师助理之间的师徒关系的？

学习目标

1. 理解律师和律师助理之间存在合作关系

2. 了解律师和律师助理之间存在师徒关系

基本知识

律师助理是辅助执业律师从事法律业务的人员。律师助理与律师之间既是分工合作关系，也是徒弟师父关系。

一、律师助理与律师之间是分工合作关系

套用一句流行语描述律师助理与律师之间的关系：双向奔赴，各取所需；分工合作，各司其职。

（一）双向奔赴，各取所需

就律师助理的角度而言，做执业律师的助理可以培养和提升自己的工作技能，同时，自己的工作亦可以为执业律师创造更多的价值，从而使自己获得相应的劳动报酬，在技能和收入两方面均可以获得收益，因此，这是一件值得自己付出时间和劳动的交易。

就律师的角度而言，律师助理可以提升自己的工作质量和工作效率，增加自己的创收。律师虽然看似比自己单打独斗增加了人员的薪水支出，也会让自己多付出一些指导时间和精力，但是如果律师助理给自己增加的创收超过了自己的付出，那么，这便是一件利大于弊的交易。

由此可见，律师助理和律师之间是一种双向奔赴、各取所需的交易。这是理解律师助理和律师关系的一个基本点，只有清楚地认识到这一点，律师助理才不会妄自菲薄，而敢于对自己所遭遇的不公平待遇大声说“不”，律师也不会利用律师助理在就业市场的相对弱势地位，居高临下、不公平地对待律师助理。

(二)准确定位,形成默契

1. 律师助理是辅助者

律师助理既然被称为助理,其工作自然应是辅助性质的,通常是事务性、程序性和基础性的工作。律师助理不能好高骛远,轻视辅助工作,而应认真对待每一项辅助工作,将简单的事情做到极致,辅助律师提高工作质量和工作效率,让律师看见自己的进步,才会被日后委以重任。

2. 律师助理是执行者

对于律师交办的工作,律师助理要严格按照律师要求的时间、形式、质量标准完成,不能有任何的疏忽大意,要具备很强的执行力,优质、全面、周全地执行律师下达的工作任务。

3. 律师助理是合作者

律师助理学习新知识和新技能较快,同时精力充沛,但缺乏律师实务经验,律师有丰富的律师实务经验,但没有精力和时间去做具体的工作。律师助理和律师分工合作,优势互补,律师助理可以快速地积累经验,尽快入行,律师可以节省体力,增加收入,律师助理和律师通过合作形成共赢。

(三)分工合作,各司其职

针对诉讼案件,律师主要做案源拓展、签约谈判、确定办案思路、调查取证、审定法律文书、参加庭审等方面的工作,律师助理主要做信息整理、协助接待客户、法律法规案例检索、协助调查取证、协助起草法律文书、协助庭前准备、案卷整理归档等工作。

针对非诉案件,律师主要做案源拓展、签约谈判、确定法律服务方案、尽职调查、审定法律文书等工作,律师助理主要做信息整理、协助接待客户、法律法规案例检索、协助尽职调查、协助起草法律文书、案卷整理归档等工作。

由此可见,律师助理和律师分工合作,各司其职,共同为完成法律业务付出了相应的劳动。

（四）律师助理的辅助工作

律师助理作为律师的助手，主要从事以下辅助律师工作：

1.收集整理信息

律师助理应当养成收集整理信息的良好习惯，这对协助律师处理法律业务有非常大的帮助，律师助理主要收集整理以下信息：

（1）法律法规信息

我国的法律法规浩如烟海，为便于工作，律师助理很有必要在平时就进行收集整理。律师助理收集整理法律法规的过程，也是其对法律法规熟悉的过程。律师助理平时应建立自己的法律法规信息库，对国家和地方的法律法规及政策进行分类管理，尤其要及时收集整理最新法律法规及最高人民法院的司法解释和审判会议纪要，更好地协助律师查找案件相关的法律规定，提高自己的法律法规的检索技能。

（2）客户信息

律师行业是一个法律服务行业，服务客户永远放在第一位。客户资源是律师事务所生存的基础和保障，为了能够更好地从客户的实际需求出发，忠实地为客户提供优质的法律服务，律师助理收集整理并熟悉客户信息至关重要。律师助理应当建立完整的客户信息库，信息库主要包括：一是客户的基本情况。即自然人客户的姓名、地址、电话、年龄等信息；法人客户的名称、注册地、邮编、法定代表人姓名与电话、联系人姓名与电话、法人业务范围及经营状况等信息。二是服务事项。即与客户建立法律服务关系的日期、服务的类型、客户需求及其他信息。三是服务资料。即与客户往来文本资料记录、与客户会见工作记录、立案情况、法院审理情况、判决情况、判决执行情况等。律师助理对客户信息了如指掌，有利于协助律师熟悉客户的具体情况，合理安排法律服务时间。

（3）行业信息

律师助理应当及时收集整理行业信息，了解律师行业的最新动态、最新信息、最新社会热点问题及法学界的最新理论，不断更新自己的知识库和信息库。律师助理对于律师行业信息的收集整理和关注，可以在指导律师遇到行业新问题时，提出自己的观点和思路，协助律师调整和改进工作方案，快速解决问题，提高工作效率。

2. 接待咨询工作

律师助理应做好来访客户及其他客户的接待和咨询工作。

（1）接待老客户咨询

如果老客户来访时，律师不在律师事务所，律师助理应当及时与律师联系，征求律师的建议，合理安排好客户，为客户提供热情周到的服务，包括安排客户休息等候、为客户端茶倒水、保持良好礼仪习惯等，可以根据律师的要求，做一些简单的辅助性工作。比如，签收客户送达的资料、询问并记录客户的要求、询问客户是否与律师预约、能否改日与律师会见，等等。

（2）接待新客户咨询

如果新客户上门咨询，律师恰好外出办事，律师助理应当热情地与客户进行沟通，认真聆听客户讲话，充分尊重和理解客户的询问和要求，认真为咨询客户填写咨询登记表，询问并记录咨询人的基本情况（姓名、电话、住址、电子邮箱等），概括记录咨询者的基本案情，询问并记录咨询者需要解决法律的问题，填写相关证据名称，登记案件类型，复印咨询者的身份信息和相关证据材料，询问有无需要回复的问题。及时与律师联系，预约律师与客户的会见时间，并向客户致歉。在客户与律师会见过程中，律师助理应当提前为律师准备会见资料、撰写会见提纲，安排会见时间和地点，通知客户按时参与会见，亲自列席会见并做好会见记录工作，会见结束后，律师助理应当及时整理并打印会谈纪要。

3. 协助办理案件

协助律师办理案件是律师助理最主要的工作，即使一个案件律师助理从头到尾都参与其中，但律师助理的工作仍然是协助律师办案。律师助理协助律师办理案件主要体现在以下几个方面：

（1）送取文件

律师助理应当协助律师完成文件送达、收取等辅助性工作。以前，律师助理会经常到法院递送委托手续、辩护意见书、代理意见书，领取出庭通知书、判决书、调解书，等等。现在随着科学技术的发展，很多司法机关都在强化智慧司法建设，人民法院也在推行向律师电子送达诉讼文书，律师助理应当跟上时代的步伐，能够熟练运用电子方式送达和接收法律文件，这样既节约成本，又能够提高办事效率。

（2）案件摘录

律师助理在摘录案件时应当制作阅卷笔录，阅卷笔录要内容完整准确、客观全面、详略得当、重点突出、结构合理、条理清晰，而且要求卷面整齐、字迹清楚。律师助理应当提炼卷宗内容，以便帮助律师快速、全面地掌握案情，检索案件内容。律师助理摘录案件时应当把发现辩点、形成辩护思路贯穿摘卷工作的全过程，明确指控方向，寻找案件突破口，辅助律师形成辩护方案。

（3）调查取证

律师接受委托人的委托后，有义务协助委托人调查、收集与案件有关的证据。律师在执行业务活动过程中，调查、了解有关情况，收集、获取有关证据是法律赋予的权利，律师可以依法向有关单位或者个人调查与承办法律事务有关的情况。律师在调查取证过程中可以带领律师助理一起完成调查取证工作，但是律师助理没有单独调查取证的权利，只是配合辅助律师完成案件的调查取证工作。

（4）庭审工作

律师助理应当协助律师做好庭审前的准备工作。庭前准备主要分为程序准备和内容准备两个方面：程序准备主要包括向当事人送达开庭信息、告知当事人庭审的程序和应当遵守的法庭纪律、提醒当事人带好身份证原件和证据原件、核对律师委托代理手续是否完备、根据证据目录认真清点核对证据材料等；内容准备主要包括询问委托人的诉讼请求或者答辩意见是否变更或补充、起诉状或者答辩状的核心意见是否需要修改、是否有新的证据需要提交、协助律师归纳案件争议焦点、核对帮助律师检索的法律法规和类案是否正确全面等。庭审过程中律师助理应当认真记录开庭笔录，便于律师核对庭审信息。

4. 撰写法律文书

撰写文书是律师助理主要的工作内容。律师助理需要帮助律师撰写一系列法律文书的初稿，然后由律师修改完善。律师助理应当熟悉和掌握不同法律文书的基本格式，包括起诉书、答辩状、代理词、律师函、法律意见书、财产保全申请书、管辖权异议申请书、撤诉申请书、再审申请书、延期举证申请书、调查申请书、先予执行申请书、证据清单、质证意见、上诉状、反诉状、结案报告等法律文书的格式。律师助理写完法律文书后一定要认真审查和校对文书的字句和格式，避免出现错误。

5. 立卷归档

律师助理需要协助律师完成各类文件编号、传阅和归档的工作。在一般情况下，律师事务所会要求律师对承办业务形成的文件材料严格按照相关规定立卷归档。

律师业务档案分为诉讼和非诉讼两类。诉讼类包括刑事诉讼辩护、民商事诉讼代理和行政诉讼代理三种；非诉讼类包括法律顾问、仲裁代理、咨询代书、其他非诉讼业务四种。律师业务档案按年度和一案一卷、一卷一号原则立卷。律师担任常年法律顾问，应做到一单位一卷。律师承办业务中使用的各种证明材料、往来公文、谈话笔录、调查记录等均应收集、整理和排序。在律师办理完法律事务之后，律师助理应当协助律师及时全面整理、检查办理该项法律事务的全部文书材料，要补齐遗漏的材料，去掉不必立卷归档的材料，应按照案卷封面、卷内目录、案卷材料、备考表、卷底的顺序排列，科学合规地完成案卷材料的归档工作。

二、律师助理与律师之间是徒弟师父关系

长期以来，律师与律师助理之间都存在师徒制关系：律师将自己的办案技能、经验传授给律师助理，同时对律师助理进行人格塑造和品德培养。

（一）师徒关系的形成

律师与律师助理之间的师徒关系的形成主要基于以下几点原因：

1. 律师协会的相关规定

根据中华全国律师协会制定的2021年《实习管理规则》第20～21条的规定，实习律师在实习期间，需要律师事务所指派律师担任其实习指导律师，实习指导律师从以下几个方面对律师助理进行指导：(1)对实习人员进行律师职业道德和执业纪律教育；(2)指导实习人员学习掌握律师执业管理规定；(3)指导实习人员学习掌握律师执业业务规则；(4)指导实习人员进行律师执业基本技能训练；(5)监督实习人员的实习表现，定期记录并作出评估，发现问题及时纠正；(6)在实习结束时对实习人员的政治素质、道德品行、执业素养以及完成集中培训和实务训练的情况、遵守律师职业道德和实习纪律的情况出具考评意见。

2. 律师事务所的管理机制

我国律师事务所绝大多数属于合伙制律师事务所，没有实行公司制管理，对待律师助理不会像公司对待员工那样进行统一的培训，律师助理提高自身技能最直接的方式是在带教律师的指导下办理案件。公司专业化分工程度远大于律师事务所的专业化分工程度，公司里的普通员工通常只需要耕耘好自己的“一亩三分地”就行了，甚至做一颗“螺丝钉”亦可，但是绝大多数律师需要自己找案源、自己办案件、自己维护客户关系，而且并不局限于只提供某一领域的法律服务，是名副其实的“万金油”律师。因此，律师这项职业对律师综合素质和技能的要求远高于公司的普通员工。这些综合素质和技能如果有师父性质的律师手把手地进行指导，律师助理可以得到更快的成长。

3. 律师的执业风险

律师是执业风险很高的职业，执业风险来自各个方面。

首先，律师应遵守法律法规，而现行法律法规对律师权利的保障还不是很完善，律师办案可谓是戴着镣铐进行舞蹈。律师既要有对法律的敬畏之心，又要有娴熟的办案技能，才能有效防范执业风险。

其次，律师应勤勉尽责地维护当事人的合法权益，但律师稍有不慎，就可能给当事人造成损失，如合同条款考虑不周、证据原件丢失、尽职调查不细致等。

律师助理作为律界新人，实务经验缺乏，工作中容易出现失误，但是律师助理犯下的错误，其法律后果很多时候却要由律师来承担，所以，为了降低律师助理工作出错的概率，律师需要悉心指导律师助理如何办案，如何提升工作技能，如何防范法律风险，师徒关系就这样自然而然地建立了。

（二）师徒关系的经营

要经营好律师和律师助理之间的师徒关系，需要注意以下几点：

1. 相互成就

律师与律师助理之间应当建立良好的师徒关系，而不是支配与被支配的不对等的上下级关系，双方应当互相成就。律师作为带徒弟的师父，不要因为自己给徒弟传授经验和技能，就要求徒弟心存感激，让徒弟任何时候都要听从安排，即使占用了徒弟合法的休息时间也认为理所当然。律师助理作为律师的徒弟，应当在力所能及的范围内帮助师父，让师父省心，感恩师父的帮助和教导。律师行业是一个实践性非常强的领域，师父的经验和实践技能能够帮助律师助理少走弯路，尽快地提高办案能力。律师能够看到律师助理实实在在地付出，心甘情愿传授知识、技能和经验，律师助理能够意识到师父的无私帮助，总是想方设法完成师父安排的任务，这样律师和律师助理双方在彼此信任、相互成就的氛围中工作，不但能够提高工作效率，而且让双方关系更加融洽。

2. 技能传承

律师与律师助理之间的师徒关系，虽然没有相声、武术等传统领域的师徒关系对技能传承的要求那么严格，但是律师行业的发展和壮大，律师和律师助理之间的技能传承起着重要的作用。许多优秀的律师都是从律师助理工作开始做起的，虽说"师父领进门，修行在个人"，但是一个律师助理如果遇到了一个负责任的优秀律师作为师父，那么律师助理将很快获得律师师父的办案经验和技能，律师助理将来成为执业律师后，再把自己的办案经验和技能传授给身边的徒弟，师徒结对，赓续传承，既有效促进了青年律师的成长成才，也保证了老律师的办案经验和技能薪火相传。

3. 彼此尊重

律师与律师助理之间虽然是师徒关系，但并不像传统的师徒关系要求那么严格，律师与律师助理更像是亦师亦友的关系，律师助理本身就是律师团队的成员，律师与律师助理要相互尊重，这样才能更好地发挥律师助理的潜能，让律师助理有存在感和归属感，更多地在团队当中有所作为。事实上，律师与律师助理既是师徒关系，又是合作关系，双方只有相互借鉴，相互尊重，相互体谅，相互协助，方能更好地实现合作共赢。

4. 好聚好散

人生没有不散的宴席。律师与律师助理之间的师徒关系，同样如此。一旦律师助理掌握了律师师父的办案经验和技能，能够独立执业，便希望飞向更广阔的蓝天，发挥自己的用武之地，实现自己的梦想。此时，作为师父的律师，应当审时度势，及时放手，与徒弟好聚好散，这样师父和徒弟才有可能成为一生的朋友。师父要明白自己当年也曾做过律师助理，要有同理心，要为律师助理自身发展提供方便和条件，律师助理终将成为未来的律师，师父即使依依不舍，师徒也要好聚好散，将来师徒仍然可能会有合作办案的机会。

（三）师徒关系的未来

如前文所述，律师协会的规定，律师事务所的管理机制，以及律师的执业风险，这三个因素导致我国律师和律师助理之间仍然存在传统的师徒关系，那么，随着我国法学教育的改革，律师行业的发展，未来律师和律师助理之间传统的师徒关系还会存在吗？

毋庸置疑，律师助理需要向有经验的律师虚心学习，也需要在实践中积累经验，还需要在工作中谨小慎微，防范法律风险，但是，向有经验的律师学习不一定局限于向自己的带教律师学习，在实践中积累经验不一定必须以办案数量取胜，防范法律风险也不一定必须带教律师言传身教。除向带教律师学习外，律师助理还可以通过以下多种途径来提升自己的法律技能：

1. 律师业务实训课程的增加

随着大学里对律师业务实训课程的日趋重视，很多法学生尤其是法学类高职院校的法学生在学校就已经接受了律师实务的技能训练，而且，社会上各种律师实务技能培训课程也开办得如火如荼。无论是实习生，还是实习律师，只要用心学，都可以从学校课程、社会培训课程里学到不少的律师实务技能。此外，现在关于律师实务技能训练的书籍、文章、视频都非常多，律师助理也可以通过这些途径自学律师实务技能。实际上，现在不少的律师助理在协助律师办了一两个案件后，就可以举一反三，熟练地掌握同类案件的办案技能，而且，在法律检索、新法新规的学习方面更是优势明显，呈现出一种律师助理弯道超车指导律师的趋势。

2. 律师事务所管理机制的变革

随着越来越多的合伙制律师事务所实行公司化管理，律师助理在律师事务所对某位律师的人身依附性逐渐降低。例如：律师助理的工资不由某位律师支付，而由律师事务所支付；律师助理协助办理的案件不再局限于某位律师承办的案件……律师助理的"师父"不再局限于某位特定律师，只要在工作中传授给自己知识、技能、修养的律师都可以称之为自己的"师父"，但这已经不是传统意义上具有较为紧密的人身依附性质的师徒关系了。

3. 律师助理风险防范的加强

诚然,律师助理的试错成本和法律风险都很高,但是,试错成本和法律风险并非必须依赖律师的严加管教才可以减少或者避免。实际上,只要律师助理心存敬畏,严格遵守律师协会和律师事务所的相关规定;勤于学习,平时多阅读关于律师实务技能的书籍、文章;善于思考,经常归纳总结工作中出现的问题,以及可能出现的法律风险,律师助理自己就可以避坑、避险。

在上述三种力量的共同作用下,如果以后律师协会再适度降低实习律师对实习指导律师的人身依附性,那么,律师和律师助理之间现在具有人身依附性质的师徒关系将演变为具有自由组合性质的师徒关系。

引例分析

"黑名单"事件反映了我国律师行业存在不健康的师徒关系。指导律师以师父之名,对律师助理行压榨之实的情形并不少见,导致律师助理对于这种"师父"非常反感。

良好的师徒关系建立在相互成就、技能传承、彼此尊重、好聚好散的基础之上,需要师徒双方共同努力。

此外,随着律师业务实训课程的增加,律师事务所管理机制的变革,律师助理风险防范的加强,律师和律师助理之间现在具有人身依附性的师徒关系将演变为具有自由组合性质的师徒关系。

沙场练兵

【案情简介】

小张是某律师事务所王律师的助理。这周一王律师交给他一些案件材料,告诉他已经约了客户周三到律师事务所面谈,让他这两天好好看看案件材料,做好会见的准备。

小张立即通过律师事务所的OA系统预约了周三会见客户的会议室,并利用周一和周二这两天时间仔细阅读了王律师交给他的全部案件资料,检索了与案件相关的法律法规和案例、文章,准备了要向客户提问的问题,并根据自己对该案件的处理思路，起草了法律服务方案，并将自己的这些工作成果发给王律师审阅。王律师审阅后提出了一些修订意见，小张修订后再次发给王律师，王律师表示赞赏。

小张周三到达律师事务所后，及时检查了会议室的投影仪设备是否正常，准备了纸、笔、印泥、电脑等办公用具，并让前台备好接待客户的茶水，充分做好了会见前的准备。王律师和客户进行会谈时，小张认真倾听，并进行记录。

由于小张的各项工作都做得很充分，王律师和客户详谈了一上午之后，客户当场确定委托王律师代理该案的二审诉讼活动。王律师对于小张的工作表现非常满意。

【问题】

小张和王律师在这个案件中体现出何种关系？

【案例分析】

小张和王律师在这个案件中体现出分工合作的关系。王律师负责开拓案源、审阅法律文件、与客户进行磋商，小张负责预约会议室、起草法律文件初稿，做好会见前的各项准备，并做好会议记录。小张的工作为王律师节省了大量时间，提高了王律师的工作效率，也为王律师增加了收入。同时，小张自己也在辅助王律师办案的过程中提升了工作技能，得到了王律师的赞赏。在这种分工合作关系中，小张和王律师优势互补，合作共赢。

拓展阅读

询问了千余人，精选出27条有关律所黑白名单/师徒制的看法

上海红圈律师事务所五年级授薪律师：

名单反映的是中国律师行业职业化发展的需求，也是淘汰非职业化律师、提高律师行业整体质量的重要机遇。所谓分裂行业，制造混乱，无非是“守旧派”对既得利益恋恋不舍的靡靡之音而已。

1. 波斯纳在《超越法律》一书中论述了律师行业与行会制度的关系，包括目前

占据主流观念的师徒制。先入行业的“守旧派”希望通过师徒制实现对行业资源的垄断以及对新入者的限制(既包括对低质量的限制,也包括对损害既得利益风险的限制)。

2. 然而,如今系统化的法学教育已经打破了传统师徒制所建立的行业壁垒,法学教育与信息化的共同发展所产生的叠加效应,使新入行的律师在专业能力上与“守旧派”相比甚至可能出现倒挂的情形。在此情形下,除了人情世故与一些实践性的专业知识(被概括地描述为情商与经验)外,专业知识上“守旧派”很难实现对新人的“教导”(例如,有的合伙人、资深律师无法对新案件的法律关系与诉讼方案进行初步判断,而一概交由低年级律师先去进行法律检索或研究)。

3. 黑白名单反映的正是这种知识与能力倒挂、收入与付出不匹配的“矛盾”,特别是有的“守旧派”更是一味鼓吹人情与经验论,以强调自己对行业资源的垄断地位,并促使新入行者为其“打工”,而无视两者已经从师徒制转变为合伙(或者说合作)制的现状(两者区别在于离开了“徒弟”,师父的服务质量是否可能有严重的下降)。久而久之,这样的“守旧派”自然就会遭到新入者的集体嫌弃。

4. 不过,应当承认的是,名单并非建立在足够多的反馈数据基础上,因此名单对律师的评价未必是客观及准确的。名单很好地提醒了律师行业的“守旧派”,特别是其中具备远见、胆识及责任感的领航者,需要他们领导的,中国律师行业下一步的发展方向,应当是由高素质的人群提供高质量的服务,并且能够创造良性发展的机制,而绝非继续一味地“内卷”。

——参见蛋饼团队:《询问了千余人,精选出 27 条有关律所黑白名单/师徒制的看法》,载微信公众号“蛋饼律师”2021 年 1 月 15 日,https://mp. weixin. qq. com/s/Ldh01XGScyLAmq8D - ybVXA。

第四章　律师助理协助办理民事诉讼业务的工作技能

自一审接案到再审结案，律师助理协助律师办理民事诉讼业务所做的工作主要有：协助咨询接待、法条案例检索、协助调查取证、撰写法律文书、协助庭前准备、协助申请上诉、督促案件执行、协助申请再审、协助立卷归档。

2021 年《实习管理规则》第 23 条第 3 项规定，实习律师不得以律师名义在法庭、仲裁庭上发表辩护或者代理意见。在司法实践中，实习律师能否以实习律师名义在法庭、仲裁庭上发表辩护或者代理意见，仍存在争议。而且，实习律师随同律师参加庭审活动通常做整理资料、庭审记录之类的辅助工作，该项工作内容相对简单。此外，尚未获得“申请律师执业人员实习证”的其他人员通常不能随同律师参加庭审活动，因此，本章介绍的律师助理协助律师办理民事诉讼业务的工作技能不包含律师助理协助律师参加庭审活动的工作技能。

第一节　协助咨询接待

知识导图

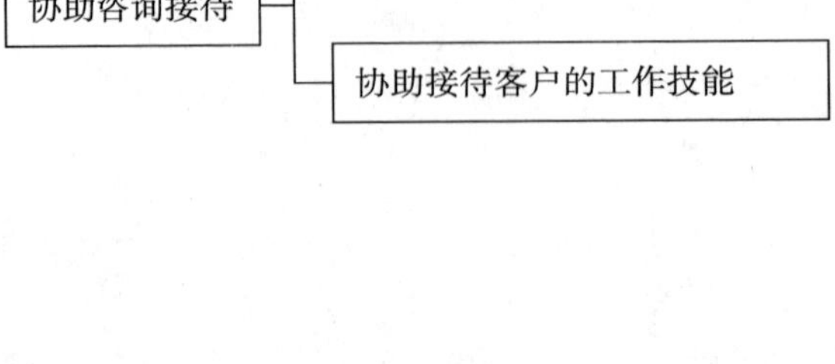

案例引入

小张是某律师事务所王律师的助理。最近，当事人李某陷入一起民间借贷纠纷，李某向王律师提供了与该纠纷相关的证据材料，向王律师咨询：如果他就该纠纷向法院起诉，其胜诉的可能性有多大？王律师安排小张就李某咨询的问题起草一份咨询答复文书初稿。

问题：小张在起草该咨询答复文书初稿时应注意哪些事项？

学习目标

1. 了解协助解答案件咨询的工作要求
2. 掌握协助解答案件咨询的工作技能
3. 了解协助接待客户的工作要求
4. 掌握协助接待客户的工作技能

基本知识

协助律师解答咨询和协助律师接待客户是律师助理的两项基本工作。这两项基本工作如果做得好，会大大提高当事人与律师事务所的签约率；这两项基本工作如果做得不好，律师事务所很有可能从这个当事人身上失去案源。所以，律师助理应重视这两项工作的工作要求，并不断提高这两项工作的工作技能。

一、协助解答案件咨询的工作技能

（一）协助解答案件咨询的工作要求

律师助理协助律师解答案件咨询是一项看似容易，实则并不简单的工作。律师助理随时都有可能遇到律师安排的解答客户咨询的任务，而且案件咨询的问题并不局限于某一法律领域，但是律师助理所掌握的法律知识却是有限的。此外，律师助理在协助解答案件咨询时还应遵循以下工作要求：

1. 及时

一般情形是当事人就案件向律师提出咨询问题，律师要求律师助理就案件咨询问题起草答复初稿，经律师审阅、修订形成定稿后，再以律师的名义将答复定稿提交给当事人。

由于当事人都非常希望能及时得到回复，因此，律师助理对于律师安排的解答咨询的工作应尽力提前完成，这样做也可以给律师留下工作勤勉的好印象。

2. 准确

及时回复体现了律师勤勉的工作态度，准确解答则体现了律师的专业水准。在协助律师解答案件咨询之前，律师助理应检索和查阅相关法律法规政策以及专业文章，然后再给出准确的解答，不宜仓促解答，以免出现错误的解答，导致律师花时间进行纠正。

3. 适度

解答案件咨询属于一种法律服务，既然是法律服务，那么咨询人应该支付咨询费，但是鉴于国内尚未形成付费咨询的环境，律师为了让咨询人了解自己的专业水准，对自己产生信任之感，有时提供免费咨询也未尝不可。但是，解答的内容不宜过多过细，避免当事人过度咨询。因此，律师助理在接受律师的指示解答咨询时，应注意解答问题适可而止，不宜进行详细解答。当然，如果律师基于某些个人考虑，要求律师助理进行详细解答的情形例外。

（二）协助解答案件咨询的工作要点

1. 认真梳理案件材料

律师助理在起草咨询答复文书初稿之前，应认真梳理案件材料，归纳总结案件材料中的关键点，案件材料中出现的疑点，并分析当事人咨询的问题可能涉及的法律关系。

2. 检索法律规范和案例

在认真梳理案件材料的基础上，律师助理需要检索与当事人咨询的问题相关的法律规范和案例，并对检索到的法律规范和案例进行梳理和分析，确保自己所起草的咨询答复文书有法律依据。

3. 兼顾法言法语和大白话

虽然律师助理是根据律师的安排解答案件咨询，但是解答的对象是当事人，且大多数当事人属于非法律人士，很可能无法理解法言法语的含义，因此，律师助理应尽量使用通俗易懂的语言阐述法律条文以及分析法律关系，以帮助当事人理解法律问题。如何将法言法语转换成通俗易懂的大白话，很考验律师助理的思维能力和语言表达能力。

4. 只分析不承诺办案结果

律师助理解答案件咨询如果只是建立在对案情的初步了解，且所接触的案件资料很有限的基础之上，那么，律师助理在接受律师指令起草咨询答复初稿时应特别提示当事人，该答复只是基于目前对于案件资料的初步了解而进行的分析，并非对案件终局结果的预测。

此外，无论是诉讼案件还是非诉讼案件，律师均无法承诺办案结果。因为如果是诉讼案件，案件的裁判权掌握在法官手中，律师无法决定办案结果；如果是非诉讼案件，案件结果除受法律因素的影响外，还要受众多非法律因素的影响，律师也无法决定案件结果。因此，作为协助律师办理法律业务的助手，律师助理在起草咨询答复初稿时，也不能出现承诺案件结果的内容。

二、协助接待客户的工作技能

（一）协助接待客户的工作要求

1. 守时

如果客户和律师约定在律师事务所见面，律师助理应比预约时间提前 10 分钟进入律师事务所会议室，准备好纸、笔、笔记本电脑等办公用具，以及茶水，并检测投影仪等可能用到的设备是否能正常使用。如果律师助理所在的律师事务所有行政人员负责给客户端茶倒水，律师助理则不需要准备茶水。

如果客户和律师约定在其他地方见面，律师助理也应比预约时间提前 10 分钟抵达见面地点，并在出发前检索路线，规划好行程。

2. 热情

客户愿意和律师面谈，说明其是有寻求法律服务需求的，律师助理应以热情的态度来回应这种需求，而且，无论客户是否和律师事务所签约，律师助理均应自始至终对客户保持热情。客户有自由选择律师事务所和律师的权利，律师助理应尊重客户的自由选择权，没有必要在客户透露不想委托或者想货比三家后再决定是否委托的意思表示时，就降低热情怠慢客户。即便客户最终没有选择和自己所在的律师事务所签约，律师助理也没有必要对客户冷淡，俗话说，买卖不成仁义还在，对客户保持必要的热情也是律师助理基本素质的体现。

3. 留痕

客户与律师的关系一向是比较微妙的。在案件办理的过程中，客户与律师是并肩作战的战友，但是，如果案件没有取得令客户满意的结果，有的客户则有可能变为律师的敌人，一味地抱怨和指责律师。为了避免客户无端地指责和抱怨律师，律师助理在接待客户之时，应注意对谈话内容及时留痕，其中，制作谈话笔录，让客户对谈话内容签字确认便是一项有效的协助律师防范法律风险的措施。

（二）协助接待客户的工作要点

1. 尽早约定会见时间

接待客户的时间需要律师和客户协商确定双方都觉得合适的时间，且宜早不宜迟。如果会见地点是律师事务所，在确定好会见时间后，律师助理应提醒客户记住带上案件材料的原件和复印件，并告知客户律师事务所的具体位置，最好通过微信将律师事务所的位置发给当事人，以便客户可以直接导航到律师事务所。

2. 做好接待前的准备

（1）了解基本案情

在会见前，律师助理应先通过电话、微信、电邮等方式从客户那里了解案情。如果客户提供了案件材料，律师助理应及时梳理案件材料，并将梳理后的案件材料提交律师审阅。

（2）检索法律法规

在了解基本案情的基础上，律师助理应检索与案情相关的法律法规和案例，起草案情简介，就会见时需要了解的问题起草会见提纲，并将法律法规案例、案情简介、会见提纲等材料提交律师审阅。

（3）预订律师事务所会议室

现在很多律师事务所的会议室都需要提前预订。律师助理在和客户确定好会见时间后，应提前预订好律师事务所的会议室，避免客户到了律师事务所却没有会议室可以接待的尴尬场面出现，同时，律师助理应及时将会议室的门牌号告知律师。

3. 注意接待礼仪

当客户来到律师事务所时，有的律师事务所的前台人员会直接引导客户进入预订的会议室，但有的律师事务所的前台人员会让客户在前台等候律师助理出来迎接。遇到后面这种情况，律师助理在接到前台人员的通知后，应立即去前台迎接客户，不能让客户在前台久等。有时，客户抵达律师事务所的时间会比预约的时间早很多。如果律师手里没有其他事情需要处理的话，可以提前接待客户；如果律师手里有其他急事需要处理的话，律师助理应告知客户在会议室等一会儿。

会见结束后，无论会见效果怎样，律师助理均应有礼貌地将客户送出律师事务所，并目送客户离开律师事务所。

4. 认真倾听和记录

在律师会见客户时，律师助理应认真倾听客户的陈述，并作好记录。有的客户在会见时情绪比较激动，忽略对案情的具体叙述，而过多地倾诉对案件的见解和评论。遇到这种情况，律师助理可以微笑着提醒客户，律师一会儿还有别的安排，会见的时间很紧，请客户抓紧时间讲述案件经过。至于案件所涉法律关系以及法律责任，律师会在阅读完相关案件材料后进行分析。①

需要注意的是，如果律师觉得有必要将谈话内容固定下来，律师助理还应该在会见现场制作谈话笔录，并让客户签名确认。

5. 协助办理委托手续

在客户有意向办理委托手续时，律师助理应依照律师的指示，在会谈时将事先准备好的委托代理合同、授权委托书和风险告知书交给客户阅读，并对这三份文件中与客户切身利益关系密切的内容，如委托事项、付费条款、违约责任、免责事由、争议解决、代理权限、代理期限、法律风险等内容向客户进行提示和说明。客户如果对这三份文件无异议，律师助理应向客户提供签字笔，为客户现场签署这三份文件提供方便。客户如果对这三份文件提出了修订意见，律师助理应认真记录修订意见。

6. 及时整理会见材料

会见结束后，律师助理应及时整理会见材料。会见材料通常包括谈话笔录和

---

① 薛晓蔚著：《实习律师指南》（第3版），法律出版社2020年版，第5页。

会见记录。谈话笔录和会见记录不一样。谈话笔录记录的是律师和客户之间的一问一答,主要涉及案件的一些关键问题,并且需要客户在谈话笔录上签名确认。会见记录主要记录客户对案情的陈述,记录的案情不局限于关键案情。此外,也没有一问一答,会见记录也不需要客户签字确认。律师助理在整理会见记录和谈话笔录时,可在这两份文件的复印件上对有疑问的地方进行批注,并及时将会见材料交给律师审阅。

如果客户在会谈时办理了委托手续,律师助理还应妥善保管委托合同、授权委托书和风险告知书,以备日后归档结案所需。

引例分析

小张在起草该咨询答复文书初稿时应注意以下事项:

1. 阅读案件材料,归纳案件事实,分析法律关系,形成对案件的初步了解。

2. 检索民间借贷相关的法律法规和案例,确保解答有法律规范作为依据。

3. 解答不宜过细。一是因为当事人尚未提供全部案件材料,小张在未全面了解案情的情形下,解答过细可能出现错误;二是目前当事人尚未就该案签署委托代理合同,小张如果解答过细可能会被当事人过度咨询。

4. 尽量使用通俗易懂的语言,不宜使用过多的法言法语,因为当事人属于非法律人士,看不懂法言法语。

5. 只对案件进行初步分析,而不预测案件是否胜诉。如果分析后认为案件胜诉的可能性非常大,也只能使用“案件有胜诉可能”之类的词语,绝不能使用“案件肯定会胜诉”之类的词语。如果分析后认为该案存在法律风险,应将法律风险进行提示。

沙场练兵

【训练场景】

小张是某律师事务所王律师的助理。前不久,王律师的客户李某就一起民间借贷纠纷所涉法律问题向王律师咨询,王律师安排小张解答该咨询。小张在查阅相关资料和法律法规的基础上,就李某咨询的问题起草了解答初稿,并将解答初稿交给王律师审阅,王律师审阅后提出了几处修订意见,小张将修订稿再次发给王律师审阅。王律师审阅通过该修订稿,并将书面解答发给李某,李某对书面解答很满意,于是萌生了去律师事务所会见王律师、面谈委托代理事宜的想法。

【训练任务】

王律师安排小张做好会见当事人李某的准备工作。

【训练技能】

在王律师的指导下,小张做了以下会见准备的工作:

1. 与李某确认会见时间

小张将王律师拟会见的时间告知李某,李某表示同意。随后,小张将律师事务所的具体地址和路线告知李某。

2. 让李某带上材料原件

由于李某之前只向王律师提交了案件材料的复印件,为核实材料的真实性,小张提醒李某带上材料原件,并告知李某,会见结束后,原件将返还给李某。

3. 起草会见李某的提纲

为提高会见效率,小张就会见李某需要询问的相关问题,起草了会见提纲,并交给王律师审阅。

4. 预约律师事务所会议室

小张预约成功律师事务所的会议室后,将会议室的门牌号分别告知王律师和李某。

5. 提前等候李某的到来

会见当天,小张提前 10 分钟进入会议室,准备好纸、笔、电脑、茶水,并调试好会议室的投影仪等可能用到的设备,静待李某的到来。

拓展阅读

只能分析不能预测结果[①]

执业律师在解答当事人的法律咨询时,通过当事人介绍案情和事实陈述,再

---

① 此文内容虽然是针对执业律师,但是对于律师助理亦适用。——编者注

根据当事人提供的证据材料进行分析判断，切忌过分依赖、相信当事人的陈述。执业律师解答咨询时分析案情及回答问题要注意只能分析案件的可能情况和走势，但是不能预测案件结果。执业律师接受当事人的委托代理案件，可以参与案件的实际处理，但是不能预测并承诺案件的结果，更何况仅仅是听了当事人的陈述和看到一些证据材料，根本没有实质性参与案件，就无法作出准确的预判，也就无从预测结果。因此，在解答咨询时可以进行适当的分析，但是不要轻易预测结果。因为一旦草率作出预测，当事人很容易误认为是承诺，并在此基础上进行委托。如果最终结果不是预测的那样，当事人就会不依不饶，为自己埋下被投诉的风险。

执业律师在解答当事人咨询时，根据只能分析不能预测结果的解答原则，需要注意以下几个方面的问题：

(1)进行分析解答时，要精辟简要论述，不要和盘托出法律分析，更不能过多详细分析阐述。

(2)要充分展现自己的专业、自信和能力，不要贬损同行。

(3)对法治环境的担忧要适当表露，为当事人委托后出现的不利结果避免埋怨打下基础，但是不要表现过度悲观评判，避免当事人认为律师都不信仰法治，这样还可能会弱化当事人对律师专业化的认可度，降低委托、成交的机会。

(4)只对案件作出理论上的分析，不做结果性的预测，更不要保证案件的审判结果。

(5)律师应当事人要求提出处理建议时，应当在基本了解当事人意图后提出建议。而且，这个建议应当强调原则性而不体现操作性，即只对案件提出方向性建议，不要告诉当事人具体如何操作，避免当事人一知半解就自以为是，自己搞砸后埋怨律师。

(6)最后，执业律师还应当适度分析和提示风险、实现目的的困难所在，适当降低当事人过高的期望值。对于败诉可能性较大的案子，更要向客户充分阐释法律风险，降低其对结果不切实际的心理预期。对于已经成交的当事人，最好制作书面的诉讼风险告知书，让客户签字确认。

——参见张洪：《律师解答法律咨询注意事项》(上)，载微信公众号"法之行"2019年2月10日，https://mp.weixin.qq.com/s/arVjQTA4nMA8lG9wydTdtQ。

第二节　法条案例检索

知识导图

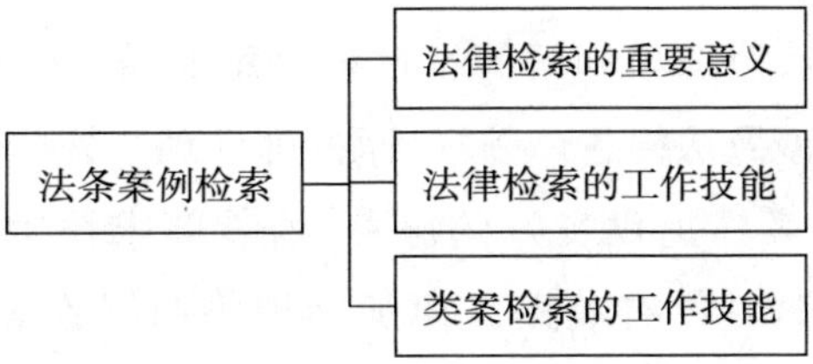

案例引入

小张是某律师事务所王律师的助理。有一天,王律师安排小张根据客户提供的相关资料,起草一份商铺租赁合同初稿。小张以前在学校学习过《民法典》合同编相关知识,但是从未起草过商铺租赁合同。

问题:小张应该如何高效率、高质量地起草商铺租赁合同初稿?

学习目标

1. 了解常用的法律检索平台
2. 能够应用检索命令进行检索
3. 熟悉类案检索的步骤和技能
4. 掌握类案检索报告的制作技能

基本知识

一、法律检索的重要意义

从狭义而言,法律检索仅指法律规范的检索;从广义而言,法律检索包括法律规范检索、司法案例检索、当事人资信检索、关联关系检索、法律观点检索、法律文献检索等内容。协助律师解答案件咨询和协助律师起草法律文书是律师助理的两项日常工作,而无论是协助解答案件咨询,还是协助起草法律文书,律师助理均需要频繁地进行法律检索。律师助理熟练掌握法律检索技能,有助于提高案件咨询解答的正确率,以及起草高质量的法律文书。

(一)协助解答案件咨询需要运用法律检索

对律师助理而言,协助律师解答案件咨询绝非易事。一方面,客户咨询的法律问题形形色色,涉及法律各个领域,而律师助理掌握的法律知识比较有限;另一方面,律师为给客户提供良好的服务,通常要求律师助理在短时间内进行解答。运用法律检索可以有效提高律师助理协助解答案件咨询的质量和效率。

律师助理通过法律检索协助解答法律咨询一般需要经过五个步骤。第一步,找出关键词;第二步,检索法律规范;第三步,检索相关案例;第四步,对法律规范和相关案例进行审查;第五步,解答法律咨询。经过这五个步骤后,律师助理协助律师解答法律咨询时就不至于茫然无措了。

(二)协助起草法律文书需要运用法律检索

法律文书包括诉讼法律文书和非诉讼法律文书两大类。无论是诉讼法律文书,还是非诉讼法律文书,在法律知识日新月异的今天,律师助理在起草法律文书初稿时通常需要上网检索最新的法律规范、相关案例,以及学者观点,然后进行归纳总结,再结合具体案件,才能高质量地完成法律文书初稿的起草工作。

二、法律检索的工作技能

(一)不断调整检索思路

思路决定方向,检索思路决定检索方向,检索方向影响检索结果。

检索思路包括检索目标、检索平台、检索模式,以及检索关键词的确定,而对这些因素的确定都不是一蹴而就的,需要律师助理在检索过程中根据检索结果不断地进行调整。

以关键词的选取为例,在检索之初,有可能关键词设置不正确,也有可能关键词设置过长过多，或者过短过少，导致检索结果不符合检索目标，这就需要不断调整关键词。

此外，虽然律师助理在进行法律检索时会运用某种体系化的检索模式，避免检索盲区，但是律师助理在检索时不应盲目追求体系化的检索架构，因为在体系化的检索架构下所检索到的信息不一定就是目标信息，有可能是片面的或者错误的信息。因此，律师助理要开动脑筋，积极思考，从多角度寻找法律检索的突破口。

总之，法律检索犹如探索迷宫出口，在检索初期，由于不能预测检索结果，所以不能奢望一次检索就实现检索目标。因此，律师助理在进行法律检索时要做好一而再，再而三，甚至多次检索的心理准备。

（二）选择合适的检索平台

检索平台包括综合搜索引擎网站和法律专业数据平台。

1. 综合搜索引擎网站

常见的综合搜索引擎网站有百度、Google、搜狗。

（1）百度

百度是全球最大的中文搜索引擎网站。百度有高级搜索功能，设置项主要包括搜索结果、时间、文档格式、关键词出现位置和站内搜索。

搜索结果设置项，可以设置关键词的检索逻辑关系。

①时间设置项，可限定要检索的网页的时间。

②文档格式设置项，其功能类似于检索命令"filetype"，可限定要检索的五类常用文档的格式：pdf、doc、xls、ppt、rtf。

③站内搜索设置项，其功能类似于检索命令"site"，可限定要搜索的网站。

④关键词出现位置设置项，其功能类似于检索命令"intitle"和"inurl："，可对关键词在网页中出现的位置进行分类检索，可限定要检索的网页标题中的关键词，以及网页 URL 中的关键词。

（2）Google

Google 是世界范围内应用最广的综合搜索引擎。Google 具有特有的搜索选项。

①数字范围设置项

这是 Google 特有的检索功能，可以通过数字与度量单位的组合设置检索选项。

例如，输入检索命令“房子 50 平方米..90 平方米”，即在主关键词后输入数字和度量单位，之间用空格分割，两组数字和度量单位组配之间由两个英文句号连接。

②文字出现位置设置项

Google 比百度多提供了两个选择项：“文字位置在网页文本中”和“文字位置在指向网页的链接中”。

“allintext：合同”是指检索包含关键词“合同”的网页文本。

“inanchor：合同”是指检索包含关键词“合同”的网页链接。

“allinanchor”可以一次对多个关键词进行检索。

(3)搜狗

搜狗是全球首个第三代互动式中文搜索引擎。用户通过其旗下的“搜狗微信”平台可检索与查询词相关的微信公众号及全部文章。

搜狗既可以设置检索的时间跨度，也可以设置检索文章的类型。此外，搜狗还提供了“账号内搜索”，功能类似于检索命令“site”，可以将检索范围限定在某一微信公众号内，快速查询该公众号已经发布的各类文章。

随着越来越多的法律人选择在微信公众号上发表专业文章，搜狗微信已成为法律人高效检索法律类专业文章的检索平台。

2. 法律专业数据平台

法律专业数据平台主要有中国裁判文书网、法信、无讼案例、聚法案例、北大法宝、中国审判流程信息公开网。

(1)中国裁判文书网

中国裁判文书网官网首页如图 4－1 所示：

图4-1　中国裁判文书网官网首页

2015年6月底起,我国31个省(区、市)及新疆生产建设兵团的三级法院已全部实现生效裁判文书在中国裁判文书网上公布,即案件类型全覆盖、法院全覆盖。中国裁判文书网的主办单位是最高人民法院。

中国裁判文书网能实现与字段或句段精确匹配的机械检索功能,对类案的检索取决于检索人对案由或关键词的设置。

①检索框

关键词自动联想:在检索框中输入关键词后,数据库自动联想并推荐案由、关键词、审理法院、当事人、审理人员、律师、律师事务所、法律依据八个类型的信息。

拼音自动识别:在检索框中输入拼音字符,数据库自动识别相关汉字词组并推荐相关检索结果。

检索记录自动保存:裁判文书网可以自动保存最近五条检索记录。

②在结果中检索

支持在结果中无限次检索。在列表页检索框中输入或选择新的检索条件,默认在当前检索结果的基础上检索裁判文书。

③关联文书

关联文书通过文书案号,将各审级文书关联在一起显示,客观、完整地展现案件的最终结果。

④收藏检索条件

支持收藏检索条件,具体方法:个人中心—我的收藏—查询模板。

⑤收藏案例包

支持收藏案例包,具体方法:个人中心—我的收藏—案例包。

⑥下载文书

支持下载文书,具体方法:可以直接在检索结果页点击“下载”按钮下载文书,也可以先收藏文书,然后通过个人中心—我的收藏—案例包—文书列表页中点击“下载”按钮进行文书下载。

(2)法信

法信官网首页如图4-2所示:

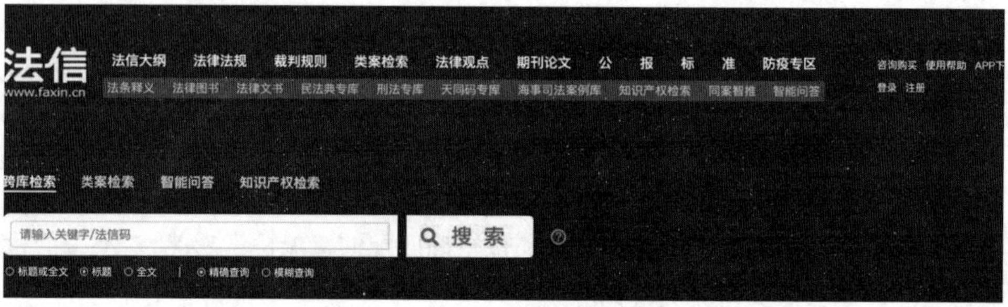

图4-2　法信官网首页

法信是以法院系统信息资源为依托开发建立的法律知识服务与案例大数据服务的网络平台。法信的主办单位是人民法院出版社。法信的栏目包括法信大纲、法律法规、裁判规则、法律观点、期刊论文、公报、标准等,属于一站式检索模式。

法信的主要检索功能包括法信大纲、类案检索、全库检索和法条联想等,尤其值得一提的是法信平台具备“类案检索”和“同案智推”功能。

在“类案检索”板块,提供字段和句段的模糊检索功能,且全文检索支持案由、案号、标题、当事人争议焦点、法律依据、本院认为、裁判结果、本院查明、审理经过、原告诉称、被告辩称等字段或句段的检索,综合使用字段/句段+案由的检索方式,检索效率较高。区分案例和裁判是法信平台特有的分类。法信的案例栏目所选取的案例来源都是法律圈中公认的权威刊物。裁判检索的内容与其他法律检索平台略有不同的是，法信将裁判文书的书记员一项专门作了标引，作为一个独立的检索项提供给用户。

“同案智推”功能支持通过输入全部案情，系统自动识别案由、案情特征、争议焦点、案件类型等并提取相应标签作关联检索，检索方式相对便捷。

此外，法信在收录各级人民法院发布的各类规范性文件方面也有着独特的优势。

(3)无讼案例

无讼案例官网首页如图4－3所示：

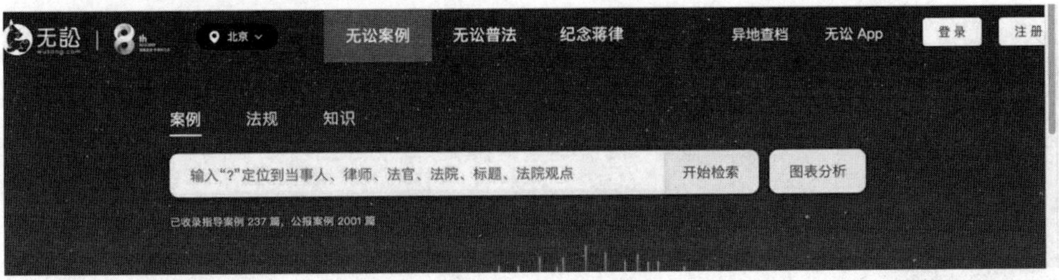

图4－3 无讼案例官网首页

无讼案例包括案例检索、法规检索、知识检索等几个板块，支持与字段或句段精确匹配的机械检索，且可以一键生成案例报告，还可以在线编辑。

检索符号指令：

①“!”：将检索范围定位于“法院认为”部分。

例如，输入“! 合同生效”或“合同生效!”，则只在裁判文书的“法院认为”部分检索输入的关键词。

需要注意的是，“!”与关键词之间不能有空格，不能和其他符号组合使用。

②“?”：对检索范围进行分类定位。

例如，点击搜索框后，直接输入“?”，即可出现分类下拉框。

③“~”：同段检索，且可以和“!”合用。

例如，输入“! 合同~民间借贷”或“合同~民间借贷!”，限定了搜索范围：只在裁判文书的“法院认为”部分中检索同段落内包含“合同”和“民间借贷”这两个关键词的案例。

④“>”：同段按先后顺序搜索检索词，可以和“!”合用。

例如，"！ 合同 > 民间借贷"，搜索范围：只在裁判文书的"法院认为"部分中检索同段落内包含"合同"和"民间借贷"这两个关键词的案例，且"合同"关键词先于"民间借贷"关键词出现。

⑤" - "：去除指定内容，排除不需要的内容。

例如，输入"上海携程国际旅行社有限公司 - 撤诉"，在公报案例中进行检索，检索结果显示：在公报案例中，没有上海携程国际旅行社有限公司撤诉的裁定。

（4）聚法案例

聚法案例官网首页如图 4 - 4 所示：

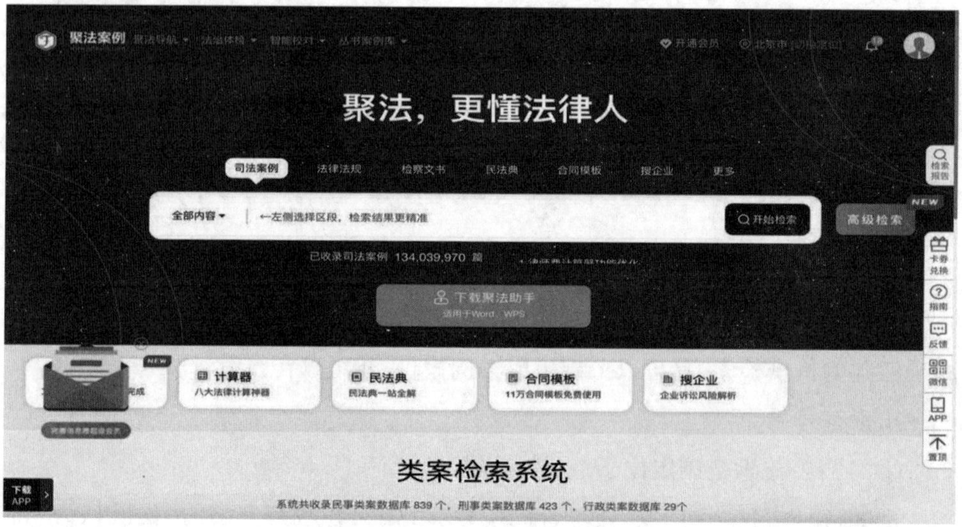

图 4 - 4 聚法案例官网首页

聚法案例具有很多特色功能，包括交叉搜索、联想搜索、保存搜索条件、批量下载、收藏夹自定义归类、关联文书、相似案例、自定义多关键词同时高亮、数据可视化类案检索报告。

特别值得一提的是，聚法案例支持任意关键词搜索，通过视图的形式展示法院层级、案件性质、审理程序、文书性质、审判年份、审判月份、省份和律所等数据分析。同时，用户可以在搜索任一条件后，在搜索列表页点击"可视化"按钮，即可进行该条件的可视化信息搜索，并在此基础上生成可视化类案检索报告。

(5)北大法宝

北大法宝官网首页如图 4－5 所示：

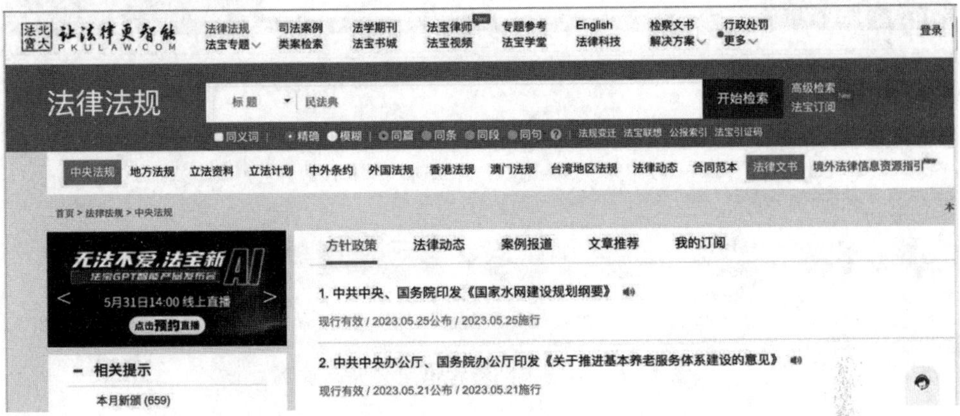

图 4－5　北大法宝官网首页

北大法宝主要包括 8 个子数据库：法律法规数据库、司法案例数据库、法学期刊数据库、律所实务数据库、类案检索数据库、专题参考数据库、法宝视频数据库、法宝学堂数据库。前 5 个数据库比较常用。

北大法宝的“法宝联想”不仅能直接印证引用的法律法规和司法解释及其条款，还可链接与本法规或某一条相关的所有法律法规、司法解释、案例、条文释义、法学期刊、英文译本等。

北大法宝除支持机械检索功能外，还具备智能检索功能，通过输入限定字数的检索内容，系统可检索出关联案件，并将结果按照参照级别、文书类型、法院级别等因子进行分组呈示，智能化程度相对较高。

(6)中国审判流程信息公开网

中国审判流程信息公开网首页如图 4－6 所示：

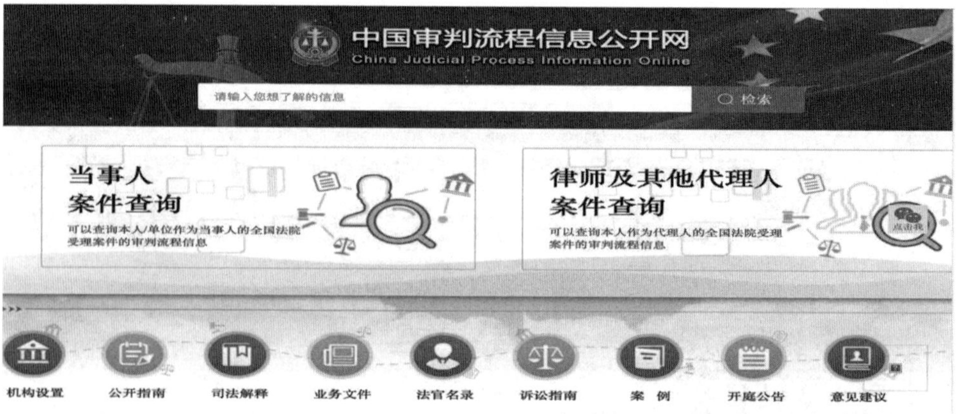

图 4－6 中国审判流程信息公开网首页

中国审判流程信息公开网于 2014 年 11 月 13 日正式上线，可查询最高人民法院以及全国多个省、市、区地方法院立案、案件分配、庭审等审判流程信息和进展情况。此外，该网站还向案件当事人和诉讼代理人开放查询庭审笔录、庭审录像和电子卷宗的资料，同时提供各类诉讼文书、通知的电子送达服务。

除上述数据库外，威科先行、Openlaw 和律商网也是常用的法律专业数据库。①

（三）正确运用检索规则

律师助理在进行法律检索时，除了选定检索平台外，还需要了解域名构成规则，并熟练运用布尔逻辑运算符及各种检索命令。

1. 域名规则

域名（domain name），又称网域，是由一串用点分隔的名字组成的 Internet 上某一台计算机或计算机组的名称，用于在数据传输时对计算机的定位标识（有时也指地理位置）。因此，域名犹如网站的门牌号。

美国是世界互联网的发源地，其在最初多用“. com”或“. net”等通用顶级域名，并没有自己的国家顶级域名，后来才开通了以“. us”作为其国家顶级域名。现在各个国家都有自己国家的顶级域名，如“. cn”代表中国，“. jp”代表日本，“. uk”

---

① 杨洪浦著：《法律检索牵星术——律师法律检索指南》，中国法制出版社 2021 年版。

代表英国,“. ca”代表加拿大,“. au”代表澳大利亚,等等。

我国在国家顶级域名“. cn”之下,设置了“类别域名”和“行政区域名”两类二级域名。

(1)“. gov”域名:. gov 是 government 的缩写,是政府机构的专用域名。比如,在我国,使用的是. gov. cn,它是由中国政府网开通的,是全球唯一由中国管理的英文国内域名,是中国政府的互联网标识。

(2)“. org”域名:. org 是 organization 的缩写,该域名适用于各类组织机构,包括非营利团体。

(3)“. edu”域名:. edu 是 educational institutions 的简称,该域名适用于教育机构。

(4)“. com”域名:. com 是 commercial 的简称,该域名适用于工、商、金融等企业。

(5)“. ac”域名:. ac 是 academic 的简称,适用于科研机构。

(6)“. info”域名:. info 是 information 的缩写,该域名适用于网络信息服务机构。

(7)“. net”域名:. net 是 internet 的缩写,该域名早期是由网络服务商使用。现在已打破这种限制,任何行业都可以使用该域名。

我国行政区域域名共 34 个,适用于我国的各省、自治区、直辖市、特别行政区的组织,如北京市为“. bj”,上海市为“. sh”,江苏省为“. js”;广东省为“. gd”。

2. 布尔逻辑运算符

and:表示并列关系,不考虑语序问题。注意引号的作用,加上引号之后,搜索引擎对引号以内的内容必须一字不变地进行检索。

or:由“or”相连的若干关键词中,只要有一个关键词出现在检索结果中即可,不考虑语序问题。

not:也可以写为“and not”或者“ - ”,表示去除,从检索项目中去除包含无效字样的内容,缩减检索范围。

布尔逻辑运算符的优先顺序为:“not”优先于“and”优先于“or”。

3. 检索命令

(1)“inurl”:在限定的链接中进行检索

例如,“民法典 inurl:gov. cn”,限定在政府机构的网站中进行检索民法典。检索结果中排在第一位的是中国人大网(www. npc. gov. cn)。

(2)“site”:在限定的网站检索

该检索命令应用于两种场景:

一是有些网站没有站内搜索功能,或是搜索功能形同虚设,没有实际开放,甚至还有的网站站内搜索会直接跳转至百度或其他综合搜索引擎。这时可以使用“site”检索命令,对指定网站的站内信息进行专门检索。

例如,“破产 site:beijinglawyers. org. cn”,搜索引擎所呈现的检索结果几乎都是来自北京市律师协会网站与“破产”相关的内容。

二是一些需要注册才能访问的网站、论坛或社区,通过使用“site:”检索命令,可以“绕开”该网站的登录限制,直接检索其内容。

需要注意的是,使用“site”检索命令时输入的域名不能含有“http://”,也不能有任何“/”的后缀。

(3)“filetype:”:文件格式(pdf/doc/ppt),限定检索某一文件类型的内容

例如,合同 filetype:doc”检索出的是 doc 格式的合同。

“合同 filetype:pdf”检索出的是 pdf 格式的合同。

“合同 filetype:xls”检索出的是 xls 格式的合同。

“合同 filetype:all”检索出的是所有文件格式的合同。

(4)“intitle:”:标题内容检索

例如,“intitle:无效合同”,检索结果显示标题为“无效合同”的文章。

(5)“py”指 publication year(发行时间)

例如,“无效合同 py > =2017”仅检索 2017 年以后的有关无效合同的信息。

三、类案检索的工作技能

在英美法系,判例具有法源地位,法官判案需要遵循先例,即在先判决中既定的法律规则对之后同类案件的判决具有约束力。判例又分为强制适用的判例和参照适用的判例。

在大陆法系,制定法是基本的法律渊源,判例一般不具有法源地位,但是,在司法实践中,法官通常会尊重上级法院的典型案例。我国属于大陆法系国家,随着近年来司法案例的日益增多,我国也越来越重视生效判决的既判效力,强调类

案检索及同案同判。

(一)类案检索的相关规定

1. 类案检索的适用条件

2020年7月,最高人民法院发布《关于统一法律适用加强类案检索的指导意见(试行)》,较为全面集中地规定了类案检索的相关内容。该意见首次对“类案”进行了定义。所谓类案,是指与待决案件在基本事实、争议焦点、法律适用问题等方面具有相似性,且已经人民法院裁判生效的案件。基本事实、争议焦点、法律适用是评判类案的三项参考指标。该意见规定了法官必须对四种案件进行类案检索:一是准备提交给专业法官会议或审判委员会讨论的案件;二是审理中发现缺乏明确的裁判规则,或缺乏统一的裁判规则的案件;三是法院院长、庭长根据审判监督管理权限要求进行类案检索的案件;四是其他需要进行类案检索的案件。

2. 法律适用的标准问题

2020年9月,最高人民法院发布《关于完善统一法律适用标准工作机制的意见》,强调法院应重点对四类案件加强法律适用标准问题的研究总结:(1)涉及法律适用标准问题的重大、疑难、复杂案件;(2)存在法律适用分歧的案件;(3)独任法官、合议庭在法律适用标准问题上与专业法官会议咨询意见不一致的案件;(4)拟作出裁判与本院或者上级法院同类案件裁判可能发生冲突的案件。审判委员会应当及时总结提炼相关案件的法律适用标准,确保本院及辖区内法院审理同类案件时裁判标准统一。

3. 类案检索的案件范围

类案检索的案件通常包括四类案件:(1)最高人民法院发布的指导性案例;(2)最高人民法院发布的典型案例及裁判生效的案件;(3)本省(自治区、直辖市)高级人民法院发布的参考性案例及裁判生效的案件;(4)上一级人民法院及本院裁判生效的案件。

4. 类案检索的检索模式

5W模式是比较常用的一种类案检索模式。5W系Who、What、When、Where、Why的简称,即主体、什么、时间、地点、原因。

(1)主体:案件主体有哪些?案件主体包括原告、被告、第三人。

(2)什么:案件所涉的事物有哪些?

(3)时间:重要事件何时发生?

(4)地点:重要事件何地发生?

(5)原因:案件发生的原因或动机。①

5. 类案检索的效力层级

对各级法院司法判决具有参照或者参考意义的案例包括四种案例:指导案例、公报案例、典型案例、参考性案例。这四种案例的效力层级为:指导案例优于公报案例,公报案例优于典型案例,典型案例优于参考性案例。指导案例,法院"应当参照"。公报案例、典型案例以及参考性案例,法院"可以参考"。

指导案例是指经最高人民法院审判委员会讨论决定的,被社会广泛关注、法律规定比较原则、具有典型性、疑难复杂或者新类型的等具有指导作用的生效案例。

公报案例是指《最高人民法院公报》《最高人民检察院公报》公布的,但未经最高人民法院审判委员会或最高人民检察院检察委员会讨论决定的、具有参考指导性的案例。

典型案例是指有较强法律意义、有较大社会影响、对社会生活有规范和指导价值的生效案例。

参考性案例包括上级法院的生效案例和审理法院的生效案例。

除指导案例以外,优先检索近三年的案例或者案件;已经在前一顺位中检索到类案的,可以不再进行检索。此外,在案例适用的地域性方面,要求同一司法管辖区域内的法律统一适用。生效案件在本院和下一级法院的管辖区域具有当然的类案参照意义。

如果没有指导案例、公报案例或者当地高级人民法院发布的参考性案例,则应当优先检索待决案件受理法院自身的既往生效案件,以及受理法院的上一级法院作出的已生效案件。

在检索时还应当注意检索案例的时效性。例如,案例引用的法律条文是否存在变化,如果该法律条文已被废止或实质性修改,则不应再将其作为检索案例。

---

① 杨洪浦著:《法律检索牵星术——律师法律检索指南》,中国法制出版社 2021 年版,第 16 ~ 36 页。

综上所述，对于上述几类重点案件，法律检索已经成为司法审判流程中的重要环节，律师助理作为律师的助手，为适应同案同判的司法实践规则，应熟练掌握法律检索技能。

6. 类案检索的主要方法

最高人民法院《关于统一法律适用加强类案检索的指导意见(试行)》推荐了以下三种主要的检索方法：

(1)关键词检索法

指提取待决案件中核心事实、争议法律问题及法律关系中的关键词进行类案检索的方法。

(2)法条关联检索法

指选取案例中法院作出判决引用的法条，通过查询其他依据该法条作出的判决进行类案检索的方法。

(3)案例关联检索法

指以案例作为检索对象，通过发现其产生的与待决案件相似案情的已生效裁判文书进行类案检索的方法。

7. 类案检索的注意事项

(1)关键词组配：注意生活语言与专业术语的转化。例如，“投资创建公司”可以转化为法律术语“公司设立”；又如，“P2P 爆雷”引发的系列案件，可以转化为“非法吸收公众存款”“集资诈骗”“资金池”等关键词。

(2)关键词定位：注意“A ~ B”不仅要求关键词出现在同一段中，还要求关键词 A 出现在关键词 B 之前。

(3)检索范围：包括法院观点、裁判结果、案件当事人等。

(4)附加检索条件：文书性质、法院层级、审理程序、审理法官、裁判时间、案由等。

(5)二次检索：在检索结果中检索。

(二)类案检索的基本步骤

1. 确定检索目标

梳理案件材料，从案件事实中提取争议的抽象法律问题作为检索目标。

2. 选取检索平台

一般应使用中国裁判文书网进行类案检索。利用其他数据库检索的案例应当与中国裁判文书网公布的案例全文进行对比,如果中国裁判文书网未公布该案例,则应当注明案例来源。

3. 确定检索方法

关键词检索是文本检索最直接、最常见的方法,几乎所有案例平台都可以实现。法条关联案件检索主要依靠法条联想,法信、北大法宝等平台均可较好实现。案例关联检索有赖于类案智能推送技术的发展,法信平台可以操作。

律师助理可以根据自身的检索习惯及检索实用度选择适当的检索方法。

4. 筛选类似案例

律师助理应当将核心案件事实、争议法律问题及法律关系作为基本识别要素,同时结合当事人的举证情况、法院审理案件所处的诉讼程序等因素,综合判断生效判决与待决案件是否属于同类案件以及在裁判规则适用上是否具有可参考性。

5. 制作检索报告

类案检索报告应当包括检索主体、时间、平台、方法、结果,类案裁判要旨以及待决案件争议焦点等内容,并应当做到客观、准确、全面、简洁。

(三)类案检索报告的基本架构

类案检索报告通常包括以下内容:

1. 检索目的

写明检索目的,以便法官带着检索目的高效地阅读检索报告。

2. 检索平台

写明类案检索所使用的数据库,以便法官可以通过该数据库检索到该类案。

3. 检索关键词

写明类案检索所使用的关键词,以便法官可以迅速检索到该类案。

4. 检索结果

虽然类案检索的目的是检索支持己方观点的判例,以说服法官支持己方主张,但是在必要时也可以将不支持己方观点的判例,以及己方针对该判例所进行的反驳一并写入类案检索报告，以进一步消除法官对该案可能产生的疑惑。

5. 检索分析

检索分析包括两方面的内容：一是分析正反两方的裁判观点；二是分析正反两方的检索数据。

如果检索到的是支持己方观点的判例，律师助理需要分析该类案与己方代理的案件的相似之处；如果检索到的是不支持己方观点的判例，律师助理需要分析该类案与己方代理的案件的不同之处。此外，如果正反两方的裁判数据均有，且正方数据多于反方数据，在遵循客观、中立原则的前提下，律师助理可以数据或图表的方式呈现检索结果的统计规律或司法实践中的裁判趋势。

6. 检索结论

在检索分析完毕后，写检索结论便是水到渠成的事情。律师助理在写检索结论时，要注意简明扼要。

7. 其他

“其他”是指检索报告的制作人、制作时长和完成时间等内容。

(四)类案检索报告的制作模板

根据重庆市律师协会于2021年12月发布的《法律检索报告制作指引》，律师助理可以参照以下范例制作类案检索报告。

法律检索报告范例

一、检索说明

检索主体：××律师事务所【　】律师

检索时间：××年××月××日

检索平台：【威科先行、法信……】

二、检索目标（待决案件争议法律问题）

1. ……

2. ……

3. ……

三、检索结果

1. ……

2. ……

3. ……

四、检索内容

(一) × ×(待决案件争议法律问题)

(1) 法律

(2) 法律解释

(3) 行政法规

……

(二) × ×(待决案件争议法律问题)

(1) 法律

(2) 法律解释

(3) 行政法规

……

附:(案例全文)①

引例分析

小张可借助法律检索高效率高质量地起草商铺租赁合同:

第一步,搜范本。

如果小张想检索 word 格式的商铺租赁合同,可在百度搜索框里输入"商铺租赁合同 filetype:doc";如果小张想检索 pdf 格式的商铺租赁合同,可在百度搜索框里输入"商铺租赁合同 filetype:pdf";如果小张想检索真实的商铺租赁合同,可在百度搜索框里输入"商铺租赁合同",并选择对"图片"进行检索,即可检索出很多真实的商铺租赁合同的图片。

第二步,搜规范。

---

① 参见重庆市律师协会:《法律检索报告制作指引》,载重庆律师网 2021 年 12 月 2 日,http://www.xblaw.com/index.php/Home/Index/articleInfo/aId/3MASfR3cSyQCK3D25gasqA==。

小张检索到商铺租赁合同范本后，还需要对照法律规范确认范本里的合同条款是否符合法律规范的相关规定，因此，法律检索的第二步是“搜规范”。

小张可在“北大法宝”平台输入“商铺租赁”四个字，同时选择在“全文”中检索，进行“精准”匹配，重点检索“中央法规司法解释”和“立法背景资料”两方面的文章，检索命中行业规定“中华全国律师协会律师提供房屋租赁合同非诉讼法律服务操作指引”一文，符合小张的检索要求。

第三步，搜审核要点。

由于商铺租赁合同涉及的合同条款很多，小张需要确定合同的审核要点，因此，小张还需要进一步检索商铺租赁合同的审核要点。

现在很多法律人在微信公众号上发表专业文章，对法律问题进行总结归纳。小张可在搜狗微信里输入“商铺租赁合同 审查要点”，搜狗微信便会出现关于商铺租赁合同审核要点的相关文章。

此外，小张也可以在百度文库里输入“商铺租赁合同 审查要点”检索关于商铺租赁合同审核要点的相关文章。

第四步，搜案例争议焦点。

谨慎起见，小张在完成前三步以后，还可以进一步检索关于商铺租赁合同纠纷的争议焦点。例如，小张可以在“北大法宝”平台通过输入“房屋租赁合同”，同时选择“标题”，进行“精准”匹配，在“案例与裁判文书”中检索。由于检索出的案例与裁判文书过多，小张为缩小检索范围，又在检索结果中进一步输入“商铺”进行全文检索，但是这样检索出来的裁判文书还是很多。为进一步缩小检索范围，小张将关键词更换为“星巴克”，同时选择“标题”，在“案例与裁判文书”中的“案由”选择“租赁合同纠纷”，进行“精准”检索，这样仅检索出几篇关于星巴克租赁合同纠纷的司法判例。①

经过这四个步骤的认真检索，小张圆满完成了检索工作，起草了一份高质量的商铺租赁合同，得到了王律师的赞赏。

---

① 参见黄文旭：《法律检索在合同起草中的应用》，大数据与法律检索课件。

沙场练兵

【训练场景】

小张是某律师事务所王律师的助理。有一天，王律师接到客户发来的一份邮件："我们是某某投资公司，2012年投资长沙一家法律科技企业，现因公司未达到当初投资协议约定的要求，我公司计划要求对方大股东履行回购义务，即按照当时我们的投资成本2亿加上15%的复利回购股份，现准备提起诉讼。"客户与王律师约好了第二天下午到律师事务所进行面谈。

【训练任务】

王律师安排小张对客户邮件内容所涉法律问题进行梳理，做好客户面谈前的准备。但是，小张对这一领域的法律问题完全陌生，他该怎么办？

【训练技能】

小张可以通过法律检索梳理客户邮件内容所涉法律问题。

法律检索步骤：

1. 明确检索思路。小张通过仔细阅读邮件内容，确定这是一起具有对赌性质的投资协议纠纷，因此，小张拟以"投资协议 对赌"作为关键词检索与对赌协议相关的文章和对赌协议范本。

2. 检索实务文章。由于搜狗微信有很多法律人撰写的法律实务文章，于是小张通过搜狗微信平台检索与对赌协议相关的文章。

3. 检索对赌协议。由于百度文库里有很多对赌协议范本，于是小张通过百度文库检索对赌协议范本。

4. 检索相关规范。在北大法宝数据库输入"对赌协议"，并选择"全文"，检索关于对赌协议的法律法规以及司法解释。

5. 检索相关案例。在威科先行数据库输入"对赌协议 效力"，选择"案例"，将搜索范围定位于"裁判理由及依据"，将检索模式定位于"同段"，检索与对赌协议相关的民事案例。

6. 复核检索结果。将与对赌协议相关的文章、协议范本、法律规范、民事案例汇总后进行认真阅读和深入思考，复核检索结果是否正确。[①]

---

① 参见黄文旭：《如何成为陌生领域的专家》，大数据与法律检索课件。

小张根据检索结果，梳理出与对赌协议相关的法律问题，并将检索出的实务文章、对赌协议、法律规范以及民事案例一并提交王律师进行审阅。

拓展阅读

表 4－1　法律检索工具箱①

序号	类别	资源 1	资源 2	资源 3	资源 4
1	综合搜索引擎	谷歌	百度	搜狗	
2	法律专业数据库	威科先行	北大法宝	中国裁判文书网	无讼案例
3	移动检索工具	启信宝	知乎	天眼查	
4	社交媒体搜索	微信	微博	知乎	淘宝
5	专门网站	政府官网	行业官网	专题网站	
6	咨询	熟人	专业人士	权威专家	
其他常用检索资源					
1	合同范本检索	realdeal docs	onecle	TechAgreements	巨潮资讯
2	英文中国法检索	westlawchina	lexiscn	cchchina	lawinfochina

第三节　协助调查取证

知识导图

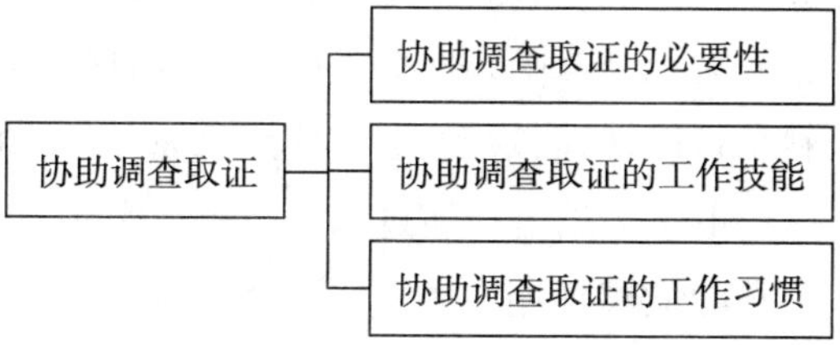

① 杨洪浦著：《法律检索牵星术——律师法律检索指南》，中国法制出版社 2021 年版，第 275～276 页。

案例引入

小张是某律师事务所王律师的助理。王律师作为A公司的诉讼代理律师，最近承办了一起A公司与B公司之间的股权转让纠纷案件，现需要到C市调取B公司的工商内档材料。

问题：小张作为律师助理，他应该为协助王律师外出调取工商档案做哪些准备？

学习目标

1. 了解协助调查取证的必要性
2. 掌握协助调查取证的工作技能
3. 了解协助调查取证的工作习惯

基本知识

一、律师助理协助调查取证的必要性

(一) 民事案件证据的种类

民事案件的证据有当事人陈述、书证、物证、视听资料、电子数据、证人证言、勘验笔录、鉴定意见。

当事人陈述是指当事人向人民法院所作的与案件有关事实的主张或陈述；书证是指以文字、符号、图案等所记载的内容和表达的思想来对案件事实进行证明的书面文件或其他物品；物证是指以其外部特征、物质属性、存在状况等证明案件事实的证据；视听资料是指以录音、录像、电子计算机储存的音像信息及数据来证明案件真实情况的证据；电子数据是指通过电子技术或数字技术和电脑等电子设备，以电子文件形式存在的能够证明案件相关事实的证据；证人证言是指当事人之外的第三人对其亲身感知的案件事实向法院所作的陈述；勘验笔录是指审判人员在诉讼过程中对与争议有关的现场、物品进行查验、测量、拍照后制作的笔录，是通过勘查、检验等方法形成的证据；鉴定意见是指鉴定人运用科学技术或专门

知识对诉讼涉及的专门性问题进行鉴别、判断后所得出的意见。①

(二)协助调查取证的必要性

调查取证属于律师业务中的一种。在民事案件中,当事人作为案件的亲身经历者,有些证据掌握在当事人自己手中,当事人自己可以收集提交。但是,也有的证据没有掌握在当事人手中,而是掌握在政府主管部门或者其他企业手中,在这种情形下,就需要律师依法持相关文件到政府有关部门或者企业进行调查取证。相关文件通常包括当事人的授权委托书、当事人身份证明、律师执业证、律师事务所介绍信、律师调查令、立案通知书等文件。

根据中华全国律师协会发布的《实习管理规则》第 23 条第 1 项,实习律师不能独自承办律师业务。由此推定,没有获得“申请律师执业人员实习证”的其他人员也不能独自进行现场调查,但是,除了少数必须是执业律师才能进行调查的事项外,在很多情况下,作为律师助理的实习律师,甚至是其他人员也可以随同律师一起外出调查取证。不过,不同的机构对调查取证人员的具体要求不尽相同。例如,有的机构允许其他人员随同律师调查取证,有的机构不允许其他人员,但允许实习律师随同律师调查取证,因此,律师助理在协助律师调查取证之前,应事先了解清楚各地机构对调查取证人员的具体要求。

律师助理协助律师调查取证的必要性体现在以下三个方面:(1)律师将一些事务性工作分配给律师助理完成,两人合理分工,可以提高调查取证的效率;(2)律师助理可以作为证人,证明律师调查取证过程的合法合规性;(3)律师助理和律师一起外出调查取证,相较于律师一人外出调查取证,可以增强律师调查取证的人身安全性。因此,律师进行现场调查取证时,通常都会带上律师助理一同外出。

二、协助调查取证的工作技能

律师助理在协助律师调查取证时,掌握以下工作技能,可以提高调查取证的工作效率和工作质量。

---

① 法律出版社法规中心编:《中华人民共和国民事诉讼法注释本》,法律出版社 2022 年版,第 57 页。

(一)明确调查信息存管单位

被调查信息不同,其存管单位也不同。例如,企业工商档案的存管单位是各地的市场监督管理局,户籍档案信息的存管单位是户籍所在地派出所,婚姻档案信息的存管单位是夫妻一方户籍地,或者经常居住地的民政部门;鉴定意见信息的存管单位是鉴定机构,勘验笔录信息的存管单位是勘验机构;微信钱包的账户转账信息在财付通支付科技有限公司,微信用户、微信公众号、微信小程序的注册信息在深圳市腾讯计算机系统有限公司。

(二)明确调查所需手续材料

在明确被调查信息保管单位以后,律师助理应登录机构或者企业官网查询或者致电主管机关或者相关企业询问是否可以线上取证。如果属于主管机关或者相关企业公示的信息,则可通过网络直接进行线上调查;如果不属于公示信息,则只能进行线下调查。而且,线下调查所涉及的机构不同,调查所需提交的手续材料也不同。

以调查某家企业的工商档案信息为例,调查分为线上调查和线下调查两种方式。

1. 线上调查方式

通过国家企业信用信息公示系统可以查询企业营业执照上的信息,以及股东、主要人员、股权变更、分支机构、行政许可等信息。此外,律师助理也可以通过企查查、天眼查、启信宝等 App 查询企业工商档案登记的基本信息。

2. 线下调查方式

根据国家市场监督管理总局登记注册局《关于进一步做好企业登记档案资料查询工作的通知》(登注函字〔2020〕157 号)的规定,自 2020 年 7 月 13 日起,律师只要持有律师执业证(复印件)、律师事务所开具的与承办法律事务有关的文件,以及《企业登记档案查询承诺书》(原件),即可以在各地市场监督管理局进行书式档案资料查询。但是,在实务中,有的地方的市场监督管理局并没有按照上述文件规定进行执行。即使同一城市的不同区县,要求律师提供的手续材料也可能存在差异。例如,有的市场监督管理局(厅、委)登记注册机构除要求律师提供上述三份文件外,还需要律师提供当事人签署的授权委托书,以及法院出具的受理案件通知书或者律师调查令等。

因此,律师助理在外出调查企业的工商档案信息之前,务必和当地市场监督管理局确认调查所需的手续材料。

同理,如果调查别的信息,如不动产登记信息、车辆登记信息、户籍登记信息、婚姻登记信息等,律师助理在外出调查之前,也需要和被调查信息保管单位取得联系,确认律师调查所需的手续材料。

(三)梳理应提交的手续材料

律师助理在梳理调查取证所需的手续材料时,可先列材料目录,并标注原件和复印件,然后将材料按照目录所列顺序进行排列,这样一目了然,如果有遗漏的材料也可以及时发现。

(四)做好调查取证的行程安排

律师助理应做好以下行程安排工作:

1. 确认被调查信息保管单位的地址和上班时间

律师助理应提前向相关机构或企业咨询与调查取证相关的问题,例如:具体查询地址在哪里?是否需要预约?上下班时间是几点到几点?调取的材料办理时限有多长?等等。

2. 了解调查取证的出行方式和路途所需时间

出行方式包括开车(或打车)、地铁、公交等方式,出行方式不同,路途所需时间也不同。要预留出合理的调查取证时间,避免到达目的地时已是下班时间。

(五)跟踪证明材料的办理进度

有的证据在现场立等可取,有的证据的调取有办理时限。此外,有的证据由协助调查单位直接交给律师,但有的证据则先由协助调查单位交给法院,再由法院转交律师。

遇到有办理时限的证据调取,律师助理需要随时关注办理进度,如果到期仍未出调查结果的话,律师助理要及时询问协助调查单位,并将询问结果及时向律师反馈。

遇到需要由法院转交的证据,律师助理需要与协助调查单位以及法院保持沟通,及时了解证据调取的进度,并将调查进度及时反馈给律师。

三、协助调查取证的工作习惯

与上述工作技能相对应,在协助律师调查取证方面,律师助理应有意识地培养自己以下三个工作习惯:

(一)及时更新相关信息

无论是政府主管机关,还是公司企业,均有可能出现合并、分立、新设、注销的情形。例如,2018 年 3 月,国务院机构改革方案提出,将国家工商行政管理总局的职责、国家质量监督检验检疫总局的职责、国家食品药品监督管理总局的职责、国家发展和改革委员会的价格监督检查与反垄断执法职责、商务部的经营者集中反垄断执法以及国务院反垄断委员会办公室等职责整合,组建国家市场监督管理总局,作为国务院直属机构。国家市场监督管理总局成立后,各地企业的工商档案信息登记机关便是市场监督管理局,而不是工商行政管理局了。又如,阿里巴巴集团、腾讯集团以及其他企业集团旗下的公司的数量、名称、地址、联系方式也是不断变化的。因此,律师助理平时要多关注并及时更新政府主管机关和公司企业进行调整的信息,包括但不限于名称、地址、联系方式等信息,以备以后调查取证所需。

(二)勤于总结调查技能

如前文所述,无论是收集存管单位信息、梳理调查所需手续材料、安排调查取证行程还是跟踪材料办理进度,都要求律师助理具备相应的工作技能。因此,律师助理应勤于总结调查取证的工作技能。此外,调查取证的内容不同,相应的工作技能和注意事项也有所不同,律师助理要注意彼此的区别,不能随意套用。“熟能生巧”建立在勤于总结的基础之上。

(三)善于制作调查表格

律师助理要保持良好心态,不要看不起“小事”,其实能将“小事”做好也不容易。例如:制作调查表格就是一件很有价值的“小事”。律师助理要善于制作调查表格，以提高其协助律师外出调查取证的工作效率。

调查表格一般包括调查内容、协助调查单位名称和地址、咨询电话、所需资料、办公时间、取证时限以及注意事项等内容。注意事项包括是否需要预约、领取证据的方式，等等。表4－2是去腾讯公司调查微信支付记录的调查取证表格，这类调查取证表格的格式几乎可以适用于所有调查取证应注意的事项。

表4－2　“微信支付记录”调查表格

调查内容	协助调查单位名称	协助调查单位接待地址	所需资料	联系方式	办公时间
微信支付记录	财付通支付科技有限公司	深圳市南山区深南大道9996号松日鼎盛大厦附楼一楼	1.律师调查令（原件） 2.律师证（复印件＋原件核对）	电话： 0755－86013676 电邮： fauan@ tencent. com	9:30－12:00 14:00－17:30

引例分析

小张在协助律师调取工商档案之前应做以下准备工作：

与C市市场监督管理局进行电话确认调档事宜

（1）确认调档部门的具体地址

企业工商内档虽然统一由市场监督管理局保管，但是各地具体保管企业工商内档的部门却不一样。有的区县的市场监督管理局由一个专门的地区分局统一处理全区县的工商内档调取事宜，而有的地方则是在行政服务中心处理工商内档调取事宜；有的外商投资股份有限公司是在市里的市场监督管理局档案室调取工商内档，而注册于省市场监督管理局的企业则又是在省行政服务中心档案室调取工商内档；有的地方有的企业注册于甲区，但档案又是在乙经济开发区的市场监督管理局调取。

因此，小张在外出调档之前，务必和C市市场监督管理局电话确认调取企业工商内档的具体部门及其具体地址。

（2）确认调档所需的手续材料

各地市场监督管理局对律师调取企业工商档案所需的材料不同。有的市场监督管理局只要求律师提交执业证（复印件）、律师事务所介绍信（原件）以及承诺书（原件）即可以查询企业档案资料，但有的市场监督管理局（厅、委）登记注册机构除要求律师提供上述三份文件外,还需要律师提供当事人签署的授权委托书,以及法院出具的受理案件通知书等。

因此,小张在外出调档之前,务必和C市市场监督管理局电话确认调档所需的手续材料。

(3)确认调档部门的上班时间

各地市场监督管理局的上下班时间不完全一样,因此,小张在外出调档之前,应和C市市场监督管理局登记注册机构电话确认其上下班时间。

——参见SOMETHING:《[实务经验]调档的那些事儿》,载微信公众号"土木法研社"2021年4月27日,https://mp.weixin.qq.com/s/8B4mPiiGTZ21SV1ME8EzEA。

沙场练兵

【训练场景】

小张是某律师事务所王律师的助理。前不久,当事人陈某因一起民间借贷纠纷来到该律师事务所进行咨询,随后与该律师事务所签署了委托代理合同。该律师事务所指派王律师承办该案。王律师在了解基本案情和全面梳理证据的基础上,发现目前还需要调取对方当事人的微信账户支付记录作为证据。

【训练任务】

王律师安排小张协助其完成调取对方当事人的微信账户支付记录的工作。小张应该如何完成该项调查取证工作?

【训练技能】

小张可参照以下流程完成该项调查取证工作:

1. 明确微信支付记录信息的存管单位

微信用户、微信公众号、微信小程序的注册信息应向深圳市腾讯计算机系统有限公司调取,但是有关微信支付的转账记录,应向财付通支付科技有限公司调取。因此,小张应向财付通支付科技有限公司联系调查取证事宜。

2. 协助王律师向法院申请出具律师调查令

如果仅凭律师执业证,没有法院出具的调查令,王律师是不能向财付通支付科技有限公司申请调取微信支付记录的,因此,在去财付通支付科技有限公司调查取证之前，小张应协助王律师向法院申请出具调查令。在获得法院出具的调查令后，小张才能在王律师的带领下一起前往财付通支付科技有限公司调取微信支付记录。

3. 明确调查取证的相关事宜

财付通支付科技有限公司的办公地点、公司上班时间、调取证据的时限，小张均需要向财付通支付科技有限公司了解清楚，并向王律师进行汇报，以便王律师合理安排调查取证的行程。

4. 及时跟踪证据材料办理进度

财付通支付科技有限公司不会将微信支付记录的材料直接交给律师，而是将其邮寄到法院，再由法院转交给律师，因此，小张应向财付通支付科技有限公司留下法院的地址和联系方式，并在现场调查结束后与财付通支付科技有限公司和法院保持联系，及时跟踪证据材料办理进度。

拓展阅读

国家企业信用信息公示系统

国家企业信用信息公示系统网址：http://www.gsxt.gov.cn/index.html。

图4－7　国家企业信用信息公示系统网站首页

国家企业信用信息公示系统是律师查询企业主体资格的官方渠道，该网站列明企业的基本信息、历史沿革、分支机构、行政许可、行政处罚、异常信息等。

注意事项：

◆该系统只列明公司股东信息，具体出资金额由公司自主决定是否公示；如果企业公示了出资比例，需要对该页单独制作电子底稿存档。

◆该系统只能通过企业的角度进行核查，无法以自然人为调查对象。

◆对合伙企业来说，无法在公示信息中查询到合伙人类型，律师需要通过合伙人签署的合伙协议确定合伙人类型。

◆就股份公司，公示信息只公示发起人信息，不公示股改后股权变动的情况，不公示截至目前股权结构；股份公司股份转让无须经过工商登记，股份公司股权结构应视股东名册确定。

◆就股份公司，部分机关会办理股份质押的公示信息，起到公示的作用。

◆就股份公司，主要人员信息只公示董事会成员、监事会成员、总经理，不公示副总经理、财务总监、董事会秘书等高级管理人员。

◆该系统目前可以检索到已经注销的公司基本信息。

◆可以通过变更信息的内容，初步了解公司历史沿革的情况，但公示的变更信息不全，具体需要根据企业工商内档来判断。

◆该系统不能检索到公司对外投资情况。

◆在详细信息中存在多页显示的，每页都需要单独做底稿保存。

◆公司年报是公司根据上一年度 12 月 31 日情况自行申报的，该信息不一定准确、最新。

◆该系统公示的行政许可和行政处罚信息不一定最全，需要进一步调查。

◆系统中公示的核准日期是公司最近一次工商变更的日期，可以根据该日期核查公司提供的营业执照是否为最新的。

◆需要注意公司被列入经营异常名录信息的情况，对于已经移除经营异常名录的企业，项目律师在起草法律意见书时需要陈述列入时间、原因以及移除时间、原因。

◆需要注意，该系统公示的部分信息由企业自主填报、公示，市场监督管理部门未对信息的真实性进行核查。

◆该系统目前公示企业的注册商标信息并不完善，公司目前持有的商标应详见商标局网站。

◆该系统有手机 App。

◆在上述系统改版前，各省市地方工商局会在自己的官方网站上提供企业查询平台，截至目前，上述链接端口多数已被连接至“国家企业信用信息公示系统”，经办律师无须在省级工商行政管理局的网站上另行检索。

——参见蓝天高山大海：《尽职调查工具一览表（最新！最全！）》，载微信公众号“个人图书馆”2022 年 8 月 17 日，http://www.360doc.com/content/22/0817/08/21132_1044192587.shtml。

第四节　撰写法律文书

知识导图

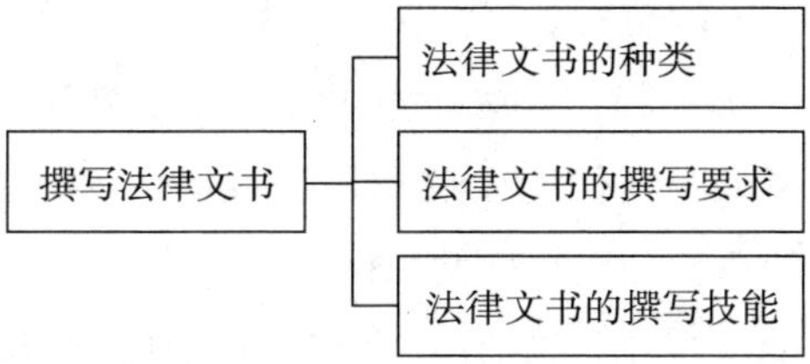

案例引入

2020 年 7 月 10 日和 2020 年 11 月 6 日，赵某分别出借给任某人民币 10 万元和 5 万元。2020 年 12 月 2 日，赵某要求任某务必于 2020 年 12 月 6 日之前偿还全部借款，但任某一直找各种借口不予偿还。赵某多次与任某交涉无果后，遂和某律师事务所签署了委托代理合同，委托该律师事务所作为己方代理人处理该起民间借贷纠纷案，并提交了该案相关证据材料。该律师事务所指派王律师承办该案。王律师安排助理小张撰写该案的证据目录。

问题：案件证据目录包含哪些内容？小张应如何撰写该案证据目录？

学习目标

1. 了解法律文书的种类
2. 熟悉法律文书的撰写要求
3. 掌握编写证据目录的工作技能
4. 掌握撰写民事起诉状的工作技能

基本知识

一、法律文书的种类

法律文书写作是律师助理的一项基本技能，也是非常重要的一项技能。律师助理应熟练掌握不同种类的法律文书的写作技能，以协助律师起草各类法律文书初稿。

法律文书分为诉讼法律文书和非诉讼法律文书两大类。诉讼法律文书是指司法机关、当事人和其他诉讼参与人，在审理案件的过程中，依法制作的、具有法律效力或法律意义的文书的总称。以法律文书的性质进行分类，律师助理起草的诉讼法律文书可分为诉状、申请书、法律意见书以及其他诉讼文书四大类。非诉讼法律文书是指在当事人及其代理人在非诉讼程序中，依法制作的、具有法律效力或法律意义的文书的总称。以法律文书的性质进行分类，律师助理起草的非诉讼法律文书包括仲裁文书、合同、律师函、尽职调查报告、遗嘱等法律文书。

（一）诉讼法律文书的种类

1. 诉状

诉状，是指一方当事人为维护或者实现自身的权益，依法向人民法院提出某种诉讼请求，并陈述有关事实和理由；或者一方当事人针对另一方当事人的诉讼请求和理由提出抗辩的法律文书。常见的民事诉状有起诉状、上诉状、再审申请书和反诉状。

诉状由首部、正文和尾部三个部分组成。首部包括标题和当事人身份信息；正文包括诉讼请求、事实和理由；尾部包括致送法院的名称、具状人姓名或名称、签字日期和附件。

首部：标题应简洁，当事人身份信息应准确、完整，避免法院因被告不明确而不予受理案件。

正文：诉讼请求、事实和理由是诉状的主要部分。诉讼请求部分应将诉讼请求事项写全写准确。如果在诉状中遗漏某项诉讼请求或者对某项诉讼请求写得不正确的话，务必在法庭辩论结束之前申请增加或者变更诉讼请求。事实部分应清晰明了，且无虚假陈述；理由部分应逻辑严密，引用法条准确。

尾部：致送法院的名称、具状人姓名或名称以及签字日期必须准确无误。附件一般是指证据目录及证据材料。证据目录包括序号、证据名称、证据内容、证明目的、证据来源、页码。证据材料必须符合真实性、合法性、关联性“三性”原则，且具有证明力。在实践中，附件可以位于具状人姓名或名称、签字日期之后，也可以位于具状人姓名或名称、签字日期之前。

2. 申请书

申请书，是指表达愿望、提出请求时使用的一种文书。适用于民事诉讼的申请书有：缓（或减、免）交诉讼费申请书、支付令申请书、支付令异议申请书、公示催告申请书、财产保全申请书、证据保全申请书、先予执行申请书、管辖权异议申请书、延期举证申请书、证人出庭申请书、参加诉讼申请书、不公开审理申请书、回避申请书、增加诉讼请求申请书、参加诉讼申请书、撤诉申请书、延期审理申请书、鉴定申请书、执行申请书、执行异议申请书等。

申请书由首部、正文和尾部三个部分组成。首部包括标题和申请人身份信息；正文包括申请事项、事实和理由；尾部包括致送法院的名称、申请人姓名或名称、签字日期以及附件。附件一般是指证据目录及证据材料。申请书各部分的撰写要求和起诉状的撰写要求大同小异。

3. 法律意见书

法律意见书，是指律师依据法律和事实发表的意见书。在民事诉讼中常见的法律意见书有代理词和质证意见。

（1）代理词

代理词，是指律师等诉讼代理人在法律规定或者当事人授予的权限范围内在法庭辩论环节为维护当事人的利益，就案件事实和法律适用等问题发表意见，以此为基础所形成的诉讼文书。

相较于其他诉讼文书,代理词的写法比较灵活,大体上仍然是由首部、正文和尾部三部分组成,但是并没有统一的格式。

①首部包括标题、称呼语和前言。标题通常写为“×××案代理词”,称呼语为“审判长(或审判员)”,前言交代代理人的合法地位,简要说明代理人所做的工作,以及概括说明代理人对案件的基本观点。

②正文是代理词的核心内容。代理意见通常从认定事实、适用法律和诉讼程序等几个方面或其中一两个方面展开论述,陈述并论证被代理人提供的事实和理由成立,从而支持其主张及请求,同时驳斥对方主张的错误。

③尾部。归纳全文的结论性见解和具体主张,代理律师署名,并写明代理词制作日期。

(2)质证意见

质证意见,是指在诉讼过程中,由法律允许的质证主体对当事人提供的各种证据采取询问、辨认、质疑、说明、解释、咨询、辩驳等方法,从而对该证据的关联性、合法性、真实性、证明力等方面提出的意见。

在起草质证意见时,需要围绕证据的“三性”(关联性、合法性、真实性)和证明力发表意见。只有“三性”均符合的证据,才能够被法官采纳;只有证明力具有优势的证据,才能让法官作出对己方有利的判决。

4. 其他诉讼文书

其他诉讼文书主要有谈话笔录、证据目录、庭审询问提纲(针对当事人、证人、鉴定人员)等文书。

(1)谈话笔录

谈话笔录是指律师在与当事人、证人以及其他案件相关人谈话时所做的笔录,其应用范围很广,包括律师承接案件时的谈话笔录、调查取证时的谈话笔录等。

律师助理在协助律师制作谈话笔录时需要注意以下事项:

①精心设计谈话问题

在制作谈话笔录时,先明确谈话目的,再围绕谈话目的设计问题,将问题分成适合直接提问的问题和不宜直接提问的问题两大类。

②谈话人应安排两人

两名谈话人中可以一名是律师,一名是律师助理,律师负责谈话,律师助理负责制作记录。

③写明谈话人、谈话时间和谈话地点，参与谈话的人需要签名。

(2)证据目录

制作证据目录的目的是说服法官认可己方提供的证据材料，因此，一份清晰明确、要点突出的证据目录可以帮助法官迅速了解案情，并接受己方观点。

证据目录包括序号、证据名称、证据内容、证明对象、证据来源、证据形式、是否原件、页码等要素。此外，合理的证据分组和排序可以让法官对案情一目了然。

证据的分组与排序通常有四种方法：时间顺序排序法、证明力大小排序法、争议焦点排序法和审查要点排序法。这四种排序法各有其优点。大多数法官不会指定当事人采用某种排序法，但也有少数法官会在某类案件中指定当事人采用某种排序法。如果遇到后面这种情况，律师助理应按照法官要求的排序法进行排序。

(3)庭审询问提纲

庭审询问提纲是指在庭审中针对证人和对方当事人发问的提纲。在制作庭审询问提纲时，律师助理应围绕关键案情和争议焦点巧妙地设计问题，以帮助法官查清案件事实，同时引导证人和对方当事人作出有利于己方的回答，以便法官作出有利于己方的判决。

(二)非诉讼法律文书的种类

常见非诉讼法律文书包括以下几种：仲裁文书、合同、律师函、尽职调查报告和遗嘱。

1. 仲裁文书

仲裁是与诉讼并列的一种解决民商事纠纷的法律途径，其中仲裁申请书和仲裁答辩书是律师助理在协助律师处理仲裁案件时需要起草的最常见的仲裁文书。

(1)仲裁申请书的格式

首部：标题、申请人、被申请人及其代理人的基本情况。

正文：仲裁依据、仲裁请求、事实和理由。

尾部：致送仲裁委员会的名称、申请人的姓名或者名称、附件。

(2)仲裁答辩书的格式

首部：标题、答辩人基本情况、案由与案件来源。

正文:答辩理由。

尾部:致送仲裁委员会的名称、答辩人的姓名或者名称、提交日期、附件。

2. 合同

合同是法律关系主体之间设立、变更、终止法律关系的协议。根据使用领域的不同,可分为民商事合同和行政合同;根据对价的有无,可分为有偿合同和无偿合同;根据合同是否附条件,可分为附条件合同和不附条件合同。合同还可以根据不同的分类标准,分为诸多不同类型的合同。

合同分为首部、正文、尾部和附件四个部分。

首部由合同名称、当事人身份信息、引言组成。引言用于说明合同签订的背景和目的,有助于理解合同正文,但不是合同必须具备的部分。

正文主要约定签约方的权利义务、违约责任、争议解决方式等内容。

尾部由签约人签章、签字日期组成。

附件指对合同正文内容进行补充说明的文件。

律师助理在协助律师撰写合同初稿时,需要特别注意以下三个问题:第一,分清法定条款和任意条款。法定条款是法律规定必须具备的条款,如果合同不具备法定条款,则合同不能生效。第二,权利义务条款不能显失公平,显失公平条款会导致合同可撤销。第三,要尽量避免出现易让己方产生法律风险的条款。

3. 律师函

律师函是指律师接受客户的委托就有关事实或法律问题进行披露、评价,进而提出要求以达到一定效果而制作的专业法律文书。用律师函对某一事实进行法律评价和风险估计,其目的在于以法律尺度和律师的判断,对送达对象晓之以法律事实,动之以利弊得失,让送达对象得出自己的"法律评价",即"传法达意"。

律师函根据功能的不同可分为律师催告函、律师询问函、律师答复函以及其他律师函四大类,其中律师催告函最为常见。

律师函分为首部、正文和尾部三个组成部分。首部通常包括标题、函号和送达对象。正文一般由四个部分组成:委托声明、事实简述、法律评论和律师意见。律师函的尾部包括落款和联系方式,有的尾部还包括附件以及律师函的寄送方式。①

---

① 《律师函》,载百度百科网,https://baike.so.com/doc/4996177-5220332.html。

需要注意的是,律师助理虽然可以撰写律师函,但是律师函必须经过律师的审定和律师事务所的审批,律师函必须由律师本人签名,而不能由律师助理签名,且必须由律师事务所加盖公章方为有效。

现在上海、南京、重庆、广东等地的律师协会已就律师函的制作出台了相应的指引,律师助理应参照本地律师协会出台的律师函制作指引起草律师函初稿。

4. 尽职调查报告

尽职调查可以分为法律、财务、税务、技术、商业等多项尽职调查,其中,法律尽职调查是指律所对被调查方的主体、资产、债权债务、商业活动、税务、环保、劳动关系、关联关系以及诉讼仲裁等与法律有关的问题所进行的调查。本书所指的尽职调查报告均指法律尽职调查报告。

尽职调查报告通常包括企业主体资格、历史沿革、股东及实际控制人、独立性、业务、关联交易及同业竞争、主要资产、科研、重大债权债务、公司章程、股东会、董事会、监事会、董事、监事及高级管理人员、税务、劳动人事、诉讼、仲裁或行政处分以及其他与法律相关的内容。

律师助理在协助律师起草尽职调查报告初稿时应注意报告内容务必有真实、合法的调查材料支撑,不能有任何虚假陈述。

5. 遗嘱

遗嘱是指自然人生前对其死后遗产所作的处分和处理其他事务的嘱咐或嘱托。遗嘱有六种形式:自书遗嘱、代书遗嘱、口头遗嘱、打印遗嘱、录音录像遗嘱和公证遗嘱。律师助理协助律师撰写的是代书遗嘱初稿。

代书遗嘱的内容包括继承人和被继承人的身份信息,被继承人的财产状况,被继承人财产的分配,被继承人、代书人和其他见证人的签名,并注明年、月、日。

律师助理在撰写代书遗嘱时要注意审查被继承人财产的合法性,并为缺乏劳动能力又没有生活来源的其他法定继承人保留必要的遗产份额。

二、法律文书的撰写要求

(一)内容要求

1. 叙事清晰

不同的法律文书对叙事清晰的要求不同。例如,民事、行政类诉状要求写明当事人双方发生纠纷的时间、地点、关涉的人物（原告、被告、第三人等）、纠纷的起因、过程、结局、各方的不同意见和理由以及必要的证据、依据。刑事类诉状则要求写明被告人犯罪的时间、地点、被害人、犯罪的原因、过程（情节、手段）、后果、被告人的态度以及必要的证据。①

2. 逻辑严密

法学是最重视逻辑学的学科之一。逻辑代表理性，严谨的逻辑推理可以使法律文书具有理性和科学的色彩，增强法律文书的说服力。霍姆斯有句名言："法律的生命不在于逻辑而在于经验"，但霍姆斯并非反对逻辑的作用，他只是反对法律中唯一起作用的是逻辑的观点。逻辑对于法律文书的重要性是毋庸置疑的。

3. 法条准确

我国系大陆法系国家，法官判案必须以法律条文作为依据。律师助理在起草法律文书时要做到正确援引法律条文，以说服法官采纳己方的观点，同时也节省法官查找法律条文的时间。在援引法条时，要注意法律之间的位阶关系：上位法优于下位法，新法优于旧法。

（二）形式要求

1. 格式规范

法律文书不同于文学作品，文学作品没有特定格式要求，但是法律文书通常需要符合特定格式才能具有法律效力或者法律意义，而且不同类型的法律文书，具有不同的格式要求。例如，起诉状和上诉状的格式不同，申请书和法律意见书的格式不同，合同和遗嘱的格式不同。因此，律师助理在撰写法律文书时，首先要做到格式规范。

2. 语言朴实

撰写法律文书的目的是使之具有法律效力或者法律意义，而法律对于语言文字的要求是准确严谨。相较于华丽的辞藻，朴实的语言更能准确地阐述案件事实、分析法律关系，以及提炼案件要点，因此，律师助理在撰写法律文书时，要摒弃华丽的辞藻，使用朴实的语言。

---

① 《律师法律文书写作的基本要求》，载临朐长安网 2018 年 11 月 28 日，http://www.wfpeace.gov.cn/Item/Show.asp?id=50106&m=1。

三、法律文书的撰写技能

律师助理在协助律师撰写法律文书时,需要掌握全面梳理案件要点、正确分析法律关系和熟练绘制图表三项基本技能。

(一)全面梳理案件要点

1. 全面梳理案件事实

全面梳理案件事实是撰写法律文书的起点。案件事实如有遗漏,便有可能导致法律分析错误,给当事人带来损失。因此,律师助理在协助律师梳理案件事实时,应尽量全面梳理案件事实,避免遗漏重要情节。

2. 准确提炼关键事实

在全面梳理案件事实的基础上,律师助理接下来要做的工作是准确提炼关键事实。关键事实是指对案件结果有重要影响的事实,包括决定案件性质的事实和构成案件争议焦点的事实。

3. 归纳总结案件关键点

案件关键点既可以是案件关键事实,也可以是决定案件性质的法律关系,还可以是适用该案的法律法规。律师助理应在掌握案件关键事实的前提下,进一步协助律师分析案件所涉法律关系,以及适用案件的法律法规。

(二)正确分析法律关系

法律关系是指法律规范在调整人们的行为过程中所形成的具有法律上权利义务形式的社会关系。换言之,法律关系就是法律上的权利义务。无论是诉讼业务,还是非诉业务,只要涉及双方或者多方当事人,就会产生法律关系,而律师助理在协助律师分析法律关系时,诉讼类法律文书和非诉讼类法律文书所需要的工作技能是不同的。

1. 针对诉讼类法律文书的工作技能

鉴于当事人是在纠纷发生之后才委托律师承办诉讼法律业务,因此,在诉讼业务中律师助理协助律师正确分析法律关系的目的是适用对己方客户有利的法律条文,以期获得己方客户胜诉的裁判结果。一个案件如果与两种或者多种法律关系有关联，既有可能发生责任竞合，如违约责任和侵权责任的竞合；也有可能导致责任冲突，如违约责任和缔约过失责任的冲突。这就要求律师助理在撰写诉讼类法律文书时对各种法律关系了如指掌，并能准确区分异同。律师助理可以借助最高人民法院制定的民事案由规定来分析法律关系，因为案由是法院对诉讼案件所涉及的法律关系的性质进行概括后形成的案件名称，其本身就蕴含具体法律关系。

2. 针对非诉讼类法律文书的工作技能

对于涉及纠纷但不通过诉讼途径解决纠纷的非诉讼业务，律师助理协助律师分析法律关系的目的，和协助律师分析诉讼业务的法律关系的目的一样，均是获得有利于己方客户的结果；对于不涉及纠纷的非诉讼业务，律师助理协助律师分析法律关系的直接目的则是防患于未然。因此，律师助理在撰写此类非诉讼法律文书分析法律关系时，应重点向客户揭示交易活动潜在的法律风险。

（三）熟练绘制图表

相较于文字，图表具有重点突出、一目了然的特色，因此，律师助理可借助图表来梳理案件事实，分析法律关系，发现对方证据瑕疵，以及案件存在的问题。

1. 编写案件事实明细表

案件事实明细表是指按照案件事实发生的时间顺序，分别填写相关案件事实发生的时间、事项、核心内容的一种表格。[①] 核心内容通常是指与案件性质或者争议焦点相关的内容，这需要律师助理对案件事实了如指掌，且有较高的归纳总结的能力。

律师助理通过编写案件事实明细表，亦可进一步熟悉案件事实的细节，发现对方证据的瑕疵，从而制定正确的诉讼策略。

2. 运用 Excel 表分析材料

Excel 表除了简单的求和、加减乘除等数据运算功能之外，还有数据排序、筛选等功能。所谓“数据”，除借款本金、利息、违约金等金额外，编号、时间、数量等信息，都可作为与案件有关的数据进行分析。

---

① 阚清华著：《诉讼有方——年轻律师修炼手册》，法律出版社 2020 年版，第 18 页。

由于Excel表具有一目了然、便于比较的优点，律师助理通过运用Excel表，有助于法官清晰地了解案件事实。[1]

3.绘制法律关系图

法律关系图是用曲线、箭头和简要文字，演示同一案件中各当事人或者与案件有关的其他主体之间的法律关系的组合图。[2] 绘制法律关系图，有助于法官理解各方当事人的法律关系。

律师助理在绘制法律关系图时，需要用文本框填写当事人的名称，用带箭头的直线和曲线表示各当事人之间的关系，并在直线和曲线之间添加简要文字，表示各方当事人之间的法律关系或者核心交易条件。[3] 其中，各方当事人位置的安排，以及各方当事人权利义务的标注是绘图的重点和难点，建立在律师助理对案情十分熟悉的基础之上。

4.绘制关键事实时间轴图

关键事实时间轴图是以案件关键事实的发生时间为轴，按案件关键事实的发生顺序在时间轴两侧排列，从而突出各关键事实之间的时间关系和因果关系的辅助文件。时间轴以中间轴线为界，将一个平面分为左右两边，通常分别在时间轴的左边和右边填写性质不同的案件关键事实。[4]

律师助理通过绘制关键事实时间轴图，可以比对时间关系，突出案件事实之间的因果关系。

引例分析

1.小张通过阅读王律师的卷宗材料，了解证据目录通常包括证据名称、证据来源、证明内容、证明目的、原件/复印件、编号以及页码等内容。制作证据目录的过程也是进一步梳理案情、分析案情的过程，制作证据目录的目的是让法官对案件事实、证据材料和法律关系一目了然。

---

① 阚清华著：《诉讼有方——年轻律师修炼手册》，法律出版社2020年版，第23页。
② 阚清华著：《诉讼有方——年轻律师修炼手册》，法律出版社2020年版，第29页。
③ 阚清华著：《诉讼有方——年轻律师修炼手册》，法律出版社2020年版，第30页。
④ 阚清华著：《诉讼有方——年轻律师修炼手册》，法律出版社2020年版，第45页。

2. 小张认真阅读和梳理委托人提供的证据材料后，制作证据目录（见表4－3）。

表4－3　证据目录

编号	证据名称	证据来源	证明内容	原件/复印件	页码
第一组证据：原告向被告共计出借人民币15万元					
1	转账汇款回单	工商银行	原告于2020年7月10日向被告出借人民币10万元	复印件	1－1
2	转账汇款回单	工商银行	原告于2020年11月6日向被告出借人民币5万元	复印件	2－2
第二组证据：原告要求被告偿还借款，被告拒不偿还					
3	微信聊天记录（2020年12月2日）	原告	原告要求被告于2020年12月6日之前偿还15万元借款	复印件	3－3
第三组证据：原告已支付的诉讼相关费用					
4	财产保全申请费发票	×××人民法院	原告已支付财产保全申请费1470元	复印件	4－4
5	保险费发票	中国人民财产保险股份有限公司北京市分公司	原告已支付保险费2000元	电子发票	5－5

沙场练兵

【训练场景】

小张是某律师事务所王律师的助理。最近，受该律师事务所的指派，王律师承办了一起民间借贷合同纠纷案，王律师为原告赵某的诉讼代理人。该案件基本案情如下：

2020年7月10日和2020年11月6日，赵某分别出借给任某人民币10万元和5万元。两笔借款均约定借款年利率为6%，但未约定借款期限。2020年12月2日，赵某要求任某务必于2020年12月6日之前偿还全部借款，但任某一直找各种借口不予偿还。

【训练任务】

王律师安排小张就该起民间借贷纠纷案起草民事起诉状初稿。

【训练技能】

1. 小张先了解民事起诉状的基本结构。民事起诉状由首部、正文和尾部三个部分组成。首部包括标题和当事人身份信息。正文包括诉讼请求、事实和理由。尾部包括致送法院的名称、具状人姓名或名称、签字日期和附件。

2. 小张认真阅读了委托人提供的证据材料，梳理了案件关键事实，分析了该案的法律关系。在这些工作的基础之上，小张起草了如下民事起诉状：

民事起诉状

原告：赵××　　身份证号：××××　　性别：×

年龄：××岁　　民族：汉族　　籍贯：××××××

工作单位：×××××××公司

住址：××××××××

联系电话：××××××

被告：任××　　身份证号：××××　　性别：×

年龄：××岁　　民族：汉族　　籍贯：××××××

工作单位：×××××××公司

住址：××××××××

联系电话：××××××

诉讼请求：

1. 判决被告向原告偿还借款本金壹拾伍万元。

2. 判决被告向原告偿还全部借款利息（注：借款利息以壹拾伍万元本金为基数，以年利率6%为标准，自2020年12月2日起计算至全部本息付清之日止）。

3. 判决被告承担财产保全申请费壹仟肆佰柒拾元、财产保全保险费贰仟元。

事实与理由：

原告于2020年7月10日出借给被告10万元，后又于2020年11月6日出借给被告 5 万元，共计对被告享有人民币 15 万元的债权。上述两笔出借款均约定借款年利率为 6%，但未约定借款期限。

2020 年 12 月 2 日，原告向被告催告还款，要求被告务必于 2020 年 12 月 6 日之前向原告偿还全部借款，但被告至今仍分文未向原告偿还前述借款及逾期利息。

现原告为维护自身合法权益，根据《民法典》第 675 条："借款人应当按照约定的期限返还借款。对借款期限没有约定或者约定不明确，依据本法第五百一十条的规定仍不能确定的，借款人可以随时返还；贷款人可以催告借款人在合理期限内返还。"特向贵院提起诉讼，恳请贵院依法支持原告的全部诉讼请求！

此致

××××××人民法院

附件：

1. 起诉状副本

2. 证据目录

3. 证据材料

具状人：赵××

××××年××月××日

拓展阅读

如何制作民事答辩状

笔者认为，制作一份合格的答辩状需要注意以下几个问题：

1. 格式的规范性

根据《民事诉讼法》及最高人民法院发布的《民事诉讼文书样式》的规定，民事答辩状是具有一定的规范格式的文本，我们在制作答辩状的时候一定要注意文书的规范格式,这不但是最高人民法院的要求,还是自我形象的展示。因此,我们经常建议就算有些案件看上去看不起眼,一些被告觉得没有必要请律师,我们认为至少你还得提交一份规范的答辩状,就算是当事人不请律师,至少可以让法院、法官和对方当事人看到、知道被告也还是有律师指点和帮助的,至少他们不敢轻易糊弄被告了。再说,规范的格式,条理清晰,对于人民法院审理的法官来说也有所帮助,可以节省时间和精力,让他们有足够的时间多查明案件事实。

2. 制作答辩状之前,一定要认真阅读原告的起诉状

答辩是针对原告的起诉进行的答复和辩解,既然是对原告的答复和辩解,就必须要针对原告的起诉。那么,第一,我们就需要认真阅读原告的起诉状,看看他提出的是什么样的诉讼请求,有哪些具体的诉讼请求,原告的这些诉讼请求是不是准确、适当、合法、有理有据?

第二,通过认真分析原告的诉讼请求,再分析其诉讼请求所根据的事实和理由,看看原告起诉提出的事实是不是真实的,其理由是否充分?

第三,通过阅读原告的起诉状,看看原告在诉状中提到的有哪些证据,以及这些证据的来源是哪个渠道,真实性、合法性、关联性如何?证据是否真实?来源是否合法、可靠?

第四,通过阅读原告的起诉状,研究原告提出主张的法律依据是否准确合法?是否有明确、具体的法律依据?也就是通常所说的是否具有合法的请求权基础?他是依据什么法律规定提出的诉讼请求?有哪部法律、哪条规定赋予他有权提出这样的诉讼主张?其依据何在?

第五,通过前面几个方面的分析后,再看看原告的起诉是否搞错了对象?被告的主体资格是否适格?也就是自己是不是真正合格的被告?

第六,那就是看看原告的起诉是否超过了诉讼时效,一旦超过了诉讼时效,原告就丧失了胜诉权。这个问题被告一定要重视,如果被告不主动提出来,人民法院是不能也不会主动审查的。

3. 根据对方的漏洞和案件事实制作答辩状

答辩状的制作与起诉状的制作最大的不同在于一个重在“立”,一个重在“破”,起诉是“立”,答辩是“破”。答辩就是要找出原告起诉的破绽和漏洞,指出原告起诉状中的不足,找出法律关系和事实陈述的漏洞,证明原告的起诉所述不

实,其诉讼请求不应得到支持。

正如前面所讲,如果通过阅读原告的诉状,发现这个民事纠纷的诉讼时效已经超过,这就是我们说的过了诉讼时效期,原告的事实再客观真实,理由再充分,已经丧失了胜诉权,只要被告答辩时提出来,人民法院就不能支持原告的诉讼请求了。如果我们发现原告起诉搞错了对象,或者他根本无权起诉被告,比如根据合同相对性原理,原、被告之间根本就没有合同关系,原告以合同法律关系起诉被告,这个时候被告就可以合同相对性原理主张自己不是适格的被告。再如,原告主张的法律关系或许根本就不成立,或者原告适用法律错误,或者根本就缺乏请求权基础,等等。只要被告针对原告起诉的漏洞和案件的客观事实据实进行答辩,有理有据地对其进行还击,就可以有效地维护自身的合法权益。

在一些事实清楚、证据确凿充分的案件中,一味地胡搅蛮缠实际上对被告也没有好处,狡辩反而会适得其反,在答辩时可以从简,或者避重就轻,或者主动承认错误和示好,争取利益最大化和妥善化解矛盾。当然,在某些具体的时候,确实不太适合进行书面答辩的情况也可以不予书面答辩,在开庭时当庭答辩即可。总之,这个时候的策略是利益最大化,损失最小化,妥善处理纠纷,不可挑起事端,不可激化矛盾,冤家宜解不宜结。

——参见张洪:《(十一)如何制作民事答辩状》,载微信公众号"法之行"2018 年 12 月 24 日,https://mp. weixin. qq. com/s/HtlhrISIvvNZv2wMbh1axQ。

第五节 协助庭前准备

知识导图

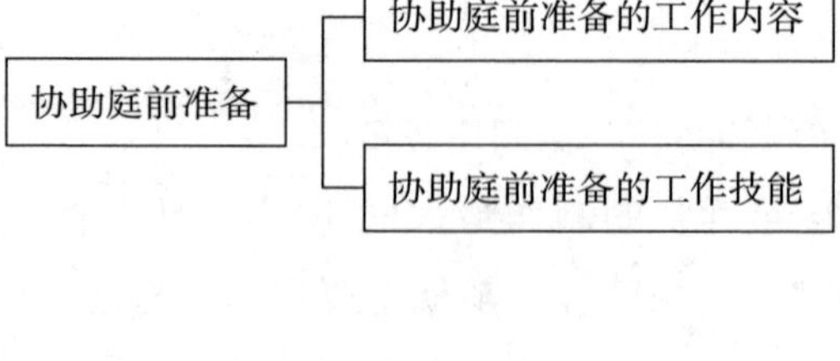

案例引入

小张是某律师事务所王律师的助理。最近，王律师承办了一起建设工程设计合同费纠纷。在该案中，原告起诉被告要求支付设计费用，并提供了建设工程设计合同、设计交付凭证、微信聊天记录等证据材料。王律师作为该案被告的代理律师，现安排小张归纳总结该案争议焦点。

问题：律师助理小张应该如何归纳该案争议焦点？

学习目标

1. 了解协助律师庭前准备的工作内容
2. 掌握联系出庭事宜的工作技能
3. 掌握梳理、归纳、标注案件材料的工作技能
4. 掌握起草出庭底稿的工作技能

基本知识

一、协助庭前准备的工作内容

俗话说："好的准备是成功的一半。"实际上，就庭前准备工作而言，好的准备是庭审成功的80%以上。律师助理应充分重视庭前准备工作的重要性，协助律师打好庭审战役。

在律师的指导下，律师助理协助律师所做的庭前工作主要有：(1)联系出庭事宜；(2)梳理案件材料；(3)归纳案件材料；(4)起草出庭底稿；(5)标注案件材料；(6)其他准备工作。

(一)联系出庭事宜

律师助理联系出庭事宜是指律师助理询问当事人、证人是否愿意出庭，如果他们愿意出庭，还需要告知他们出庭注意事项。

除离婚案件当事人，负有赡养、抚育、扶养义务和不到庭就无法查明事实的当事人必须亲自出庭外，其他案件的当事人不是必须亲自出庭。但是，由于庭

审活动涉及对案件事实的调查和质证，当事人作为事件的亲身经历者，参加庭审有助于法院查清案件事实，因此，在当事人能够出庭的情形下，当事人最好出庭。此外，在证人出庭作证的情形下，律师助理也需要及时和证人联系出庭事宜。

律师助理在和当事人、证人联系完出庭事宜后，应及时向承办律师反馈联系情况。

（二）梳理案件材料

律师助理梳理案件材料的工作要求是对案件材料进行全面梳理、查漏补缺。案件材料包括出庭手续材料、证据相关材料和法律文书三大类。

出庭手续材料包括当事人的授权委托书、当事人身份证明、律师执业证复印件、律师事务所的所函等材料。如果律师在立案之前就接受了当事人的委托，则律师在法院立案之时已提交上述材料，出庭时无须再次提交；但是，如果律师在立案之后才接受当事人的委托，且尚未向法院提交上述材料的话，则律师应在庭审活动开始前向法官提交上述材料。

证据相关材料包括证据目录和证据材料。证据目录和证据材料应一一对应，证据材料中的页码应和证明目录中的页码保持一致，且证据相关材料无遗漏或错误之处。

法律文书包括起诉状、答辩状、质证意见、代理词、询问提纲、谈话笔录等材料。

（三）归纳案件材料

律师助理归纳案件材料的工作要求是简明扼要，条理清晰。具体工作包括归纳请求权基础、归纳案件事实、归纳质证意见、归纳争议焦点和归纳类案观点。

请求权基础分为请求权规范和法律行为两类。请求权规范是确立请求权的一般规范，法律行为则是确立请求权的个别规范，表现为当事人的意思表示。

案件事实是指案件发生时的客观事实情况。

质证意见是指针对对方证据材料的关联性、合法性、真实性，以及证明力所发表的法律意见。

争议焦点是指原、被告双方在诉辩主张、案件事实以及请求权基础等方面存在的不同观点。

类案观点是指与待决案件在基本事实、争议焦点、法律适用等方面具有相似性，且已经人民法院裁判生效的案件所呈现的观点。

律师助理从上述各方面对案件材料进行归纳总结，为下一步起草出庭底稿奠定基础。

（四）起草出庭底稿

出庭底稿建立在起诉状、答辩状、证据材料、质证意见、代理词等一系列法律文书的基础之上，通常包括诉讼请求、请求权基础表、质证意见、案件事实、主要观点、法律条文等内容。

庭审活动紧张而激烈。无论是法庭调查，还是法庭辩论，都需要律师充分熟悉案件材料，并能简明扼要地阐述己方主张，反驳对方观点，以及回答法官质询。律师助理起草出庭底稿既有助于律师进一步熟悉案情，也有助于律师高效地参加庭审活动。

（五）标注案件材料

标注案件材料的工作要求是准确明了，重点突出。具体工作包括对证据清单、证据材料、法律文书、出庭底稿和类案检索报告等案件材料的标注。律师助理对案件材料标注的内容既可以是案件关键点，也可以是案件疑点，还可以是案件争议焦点。总之，律师助理对案件材料中需要注意之处都应该进行标注。

律师助理对案件材料的标注工作有助于律师在庭审时迅速找到所需材料，高效率、高质量地进行庭审活动。

（六）其他准备工作

1. 了解审判人员

了解审判成员主要包括两方面：一是了解审判人员是否存在回避事由，二是了解审判人员对相似案件的办案观点。

(1)了解审判人员及其他参与庭审的人员是否存在回避事由

审判人员应自行回避,且当事人也有权要求审判人员回避的法定事由包括:是本案当事人或者当事人、诉讼代理人近亲属的;与本案有利害关系的;与本案当事人、诉讼代理人有其他关系,可能影响对案件公正审理的。此外,审判人员接受当事人、诉讼代理人请客送礼,或者违反规定会见当事人、诉讼代理人的,当事人也有权要求其回避。

上述回避事由也适用于书记员、翻译人员、鉴定人、勘验人等其他参与庭审的人员。

根据律师的指示,律师助理应在庭审前对上述人员是否存在回避事由进行调查,并将调查结果向律师进行汇报,以便律师决定是否提出回避申请。

(2)了解审判人员对相似案件的办案观点

法官常年办案,逐渐会形成自己对某类案件的办案观点。律师助理应在庭审前进行网络检索,进一步梳理承办法官对相似案件的办案观点,有助于承办律师寻找最有利于法官接受己方观点的突破口,并及时调整代理思路。

2. 线上庭审

近年来,线上庭审逐渐在各地法院普及。在符合法律规定的前提下,法院可采用线上庭审的方式审理案件,线上庭审与线下庭审具有同等法律效力。

当事人或者承办律师如果确定采取线上庭审方式进行诉讼,律师助理应在开庭前与书记员、法官助理或者承办法官联系沟通,确认法官是否同意线上庭审。如果法官和双方当事人均同意线上庭审,律师助理应提前做好线上庭审的各项准备工作,如提交证据材料、测试线上庭审设备和网络环境、核对对方提交的案件材料等,以便律师顺利参加线上庭审。

二、协助庭前准备的工作技能

(一)联系出庭事宜的工作技能

律师助理在开庭日期确定之后,需要及时和当事人、证人联系出庭事宜。

1. 联系当事人出庭的工作技能

对于当事人必须亲自出庭的案件,律师助理应在接到法院传票之日就告知当事人法院开庭时间;对于不是当事人必须亲自出庭的案件,律师助理除了告知当事人法院开庭时间外，还应在开庭前询问当事人是否愿意和律师一起出庭。对于必须出庭的当事人，以及愿意和承办律师一起出庭的当事人，律师助理应和当事人约定在开庭前和承办律师见面的时间和地点，以便承办律师对当事人就庭审注意事项进行庭前辅导。此外，律师助理还应提醒当事人准时到达法庭，并携带身份证原件。如有当事人亲属参与旁听的，应让当事人转告其亲属旁听时需要携带身份证原件，并严格遵守庭审秩序。

2. 联系证人出庭的工作技能

在有的民事诉讼案件中，律师需要申请证人出庭。律师应在举证期限届满前向法院递交证人出庭作证申请书。在申请书中，应当写清楚作证的主要内容、作证内容与待证事实的关联性，以及证人出庭作证的必要性。

如果法院同意证人出庭作证，律师助理应告知证人出庭的时间和地点，并提醒证人携带身份证原件出庭。此外，还应特别告知证人在庭审时不能进行虚假陈述，不能在庭上照着证词进行宣读，证人需要接受对方当事人、代理人以及法官的质询。

（二）梳理案件材料的工作技能

案件材料包括证据材料、法律文书和法律条文。

1. 梳理证据材料的工作技能

律师助理在梳理证据材料时，应注意证据目录是否有遗漏之处或者错误之处，证据原件是否有遗漏或者当事人未提交证据原件，其他证据材料是否有遗漏，以及是否存在不利于己方当事人的证据材料。

如果律师助理发现证据目录有遗漏或者错误之处，应及时对证据目录进行修订。

如果律师助理发现证据原件在当事人处，应提醒当事人准备好证据原件，在庭审那天进行出示；如果当事人不出庭参加庭审，律师助理应让当事人提前将证据原件提交给律师，并对证据原件按照证据目录里的顺序进行整理。

如果律师助理发现证据原件、证据材料有遗漏，或者存在不利于己方当事人的证据材料，应立即向律师反馈，根据律师的意见及时采取补救措施。

2. 梳理法律文书的工作技能

在梳理法律文书时，律师助理应特别注意法律文书对事实的描述。根据最高人民法院《关于民事诉讼证据的若干规定》（法释〔2019〕19 号）第 3 条的规定，当事人及其代理人在法律文书中明确承认的对己不利的事实，法院将依据证据规则视为当事人自认的事实。因此，律师助理如果在法律文书中发现有对己方当事人不利的事实陈述，必须立即告知律师，由律师决定如何处理不利陈述。

3. 梳理法律条文的工作技能

律师助理应在庭审前梳理与案件相关的法律条文，供律师进行研读。法律条文既包括程序法，也包括实体法。程序法包括与当事人主体资格、诉讼时效、管辖法院等相关的法律条文，实体法包括与诉讼请求相关的法律条文。以诉讼请求为追究被告违约责任为例，实体法包括合同的订立和生效、合同的履行、合同的权利和义务、违约责任等法律条文。

（三）归纳案件材料的工作技能

律师助理梳理完案件材料后，接下来要做的就是归纳案件材料。归纳案件材料的工作要求是简明扼要，条理清晰。

1. 归纳请求权、抗辩权基础的工作技能

律师助理平时应有意识地制作各类案件的请求权、抗辩权基础备考表，并烂熟于心，这样遇到某类案件纠纷时，就可以参照备考表进行相应的调整和完善。

以民间借贷合同纠纷为例，请求权、抗辩权基础如表 4－4 所示：

表4－4　请求权、抗辩权基础①

案由	诉讼请求（出借人）	请求权基础	抗辩主张（借款人）		抗辩权基础
民间借贷	返还借款	《民法典》第667～680条	不存在借贷关系	系出资款、系货款、系工程结算款、系被告在空白纸上签名等	《民法典》、《公司法》及司法解释等相关条款
			存在借贷关系	已归还部分或者全部借款	
				原告欠被告其他款项超过被告欠原告的借款	
				出具借条属实，但系原告出借给案外人，被告并未实际收到钱款	
				出具借条系受胁迫	
			其他情形	系赌债	
				基于夫妻关系的连带债务人的抗辩理由	
				基于保证人关系的连带债务人的抗辩理由	

律师助理在协助承办律师办理民间借贷相关案件时，可根据实际案情，对表4－4进行增加和删减，进一步修订和完善。

2. 归纳案件事实的工作技能

律师助理在归纳案件事实时，需要遵循以下几个方面的要求：

（1）全面性

全面性是指将案件事实的时间、地点、人物、事件（起因、经过和结果）、争议、证据、当事人主张及与案件处理结果有关系的其他事实交代完整、清楚。

（2）简洁性

简洁性是指删除与案件处理结果无关的信息，并用简洁精练的语言概括案件

① 参见《请求权、抗辩权基础备考表》，载百度文库网，https://wenku.baidu.com/view/82f04d070708763231126edb6f1aff00bfd57041.html?_wkts_=1678969407251&bdQuery=请求权基础表。

事实的次要信息，突出案件事实的核心信息。

(3)客观性

客观性是指在归纳案件事实时，不得加入任何主观臆断，必须严格保留案件事实的原貌。

(4)逻辑性

逻辑性是指归纳案件事实要符合逻辑性，用逻辑的方式准确严谨地梳理出案件发展的过程，概括整个案件事实。[①]

3. 归纳争议焦点的工作技能

律师助理在归纳争议焦点时，应依次从案件起诉条件、案件证据、案件事实和法律适用四个方面进行：

(1)案件起诉条件争议焦点：原、被告双方对于案件是否符合起诉条件的争议焦点。

(2)案件证据争议焦点：原、被告双方对证据材料的关联性、合法性、真实性、证明力，以及举证责任分配规则的争议焦点。

(3)案件事实争议焦点：原、被告双方对引起法律关系产生、变更和消灭的事实的争议焦点。

(4)法律适用争议焦点：原、被告双方对案件法律适用的争议焦点，既包括对法律规范不同理解产生的争议焦点，也包括对法律空白补充产生的争议焦点。[②]

当然，并不是所有案件在这四个方面都存在争议焦点。有的案件可能在起诉条件方面不存在争议，但是在证据材料和案件事实方面存在争议；有的案件可能在起诉条件、证据材料、案件事实等方面都不存在争议，但是在法律适用方面存在争议。无论是哪方面的争议，只要影响案件结果，就应进行归纳，以引起律师的重视。

4. 归纳质证意见的工作技能

法院在立案之后，会给原、被告双方确定举证期限，通常情况下双方会在开庭前向法院提交证据，但有时对方也可能在开庭时才向法院提交证据。

如果对方已经在开庭前提交证据材料，律师助理应针对对方的证据材料起草

---

① 许晓峰编著：《民事案件处理实务》，知识产权出版社 2021 年版，第 14 ~ 15 页。

② 许晓峰编著：《民事案件处理实务》，知识产权出版社 2021 年版，第 185 ~ 187 页。

质证意见初稿，并归纳己方的质证意见的主要观点。

如果对方没有在开庭前提交证据材料，律师助理应根据己方提供的案情和证据材料，站在对方的角度思考对方可能提交的证据材料，并起草和归纳己方的质证意见。

5. 归纳类案观点的工作技能

律师助理在归纳类案观点之前，应先完成类案检索。中国裁判文书网是我国最权威的法院裁判文书网站。具体检索方法包括关键词检索、法条关联检索和案例关联检索三种。

如果检索到的类案是支持己方观点的判例，律师助理应归纳该类案与己方代理的案件的相似之处；如果检索到的类案是不支持己方观点的判例，律师助理应归纳该类案与己方代理的案件的不同之处；如果支持己方和反对己方的裁判数据均有，且支持己方的数据多于反对己方的数据，在遵循客观、中立原则的前提下，律师助理应对两类观点均进行归纳，并以数据或图表的方式呈现检索结果的统计规律或者司法实践中的裁判趋势。

律师助理在完成上述各项工作后，应及时将相关工作成果提交给律师审阅，并根据律师的意见进行修订和完善。

（四）起草出庭底稿的工作技能

出庭底稿可以视为诉讼请求、请求权基础表、案件事实、争议焦点、质证意见、类案观点等内容的简化版。

律师助理通过之前对请求权、抗辩权基础、案件事实、争议焦点、质证意见、类案观点的梳理和归纳，起草出庭底稿便是水到渠成的事情了。律师助理将这些内容提纲挈领地进行汇总，出庭底稿就形成了。出庭底稿有助于律师快速掌握案件的关键内容。

（五）标注案件材料的工作技能

1. 标注证据目录的工作技能

律师助理对证据目录主要进行两方面的标注：(1)标明哪些证据是原件，哪些证据不是原件，证据原件需要在庭审结束后及时返还当事人；(2)在每一组证据后面标明法律依据,以便律师在庭审时能迅速找到每一项证据所对应的法律依据。

2. 标注证据材料的工作技能

律师助理在证据材料复印件上主要标注案件关键信息。以合同纠纷案件为例,律师助理可以在证据材料上标注合同的订立、合同的履行、违约责任等关键信息,以方便承办律师在参加庭审时有针对性地进行快速查阅。

3. 标注法律文书的工作技能

法律文书包括起诉状、答辩状、质证意见、代理词、询问提纲、请求权、抗辩权基础表等。律师助理在对这些法律文书进行标注时,重点标注诉讼请求、关键事实、争议焦点、重要法条和主要观点,以便律师对这些重要内容一目了然。

(六)其他准备工作的工作技能

1. 了解审判人员的工作技能

(1)了解审判人员是否存在回避事由

律师助理可以通过与当事人沟通、网络检索,以及询问他人等方式了解审判人员是否存在回避事由。律师助理如果发现审判人员或其他相关人员存在回避事由,应立即告知律师,由律师或者当事人依法申请审判人员或其他相关人员进行回避。

(2)了解审判成员的办案观点

目前,各地法院的判决书均在中国裁判文书网上进行公布。律师助理可在中国裁判文书网上检索审判人员尤其是主审法官审理的类案,梳理审判人员的裁判观点,并及时将梳理结果告知律师,以便律师根据审判人员的裁判观点及时调整庭审诉讼策略。

2. 线上庭审的工作技能

(1)律师助理应提前将己方证据通过线上进行提交。同时,律师助理应及时查阅法院送达的信息,对方有无通过线上提交证据。

此外,有的法院还要求当事人提交纸质版证据材料的复印件。在这种情形下,律师助理应向法官助理或书记员核对对方提交的证据材料,己方是否已全部收到。

(2)律师助理应提前测试线上庭审设备和网络环境。律师助理如果发现无法登录线上法庭,应仔细检查具体原因。如果属于登录账号和密码有误,应及时告知法院,更换为正确的账号和密码;如果属于设备内存不够安装线上庭审软件,则可适当删除设备中不用的软件、视频、文件等,为安装线上庭审软件腾出空间,或者更换为内存充足的设备;如果属于网络不流畅,则应更换至网络流畅的环境。

引例分析

小张仔细阅读了案件起诉材料,从请求权基础入手,对案件争议焦点进行了分析和总结,具体过程如下:

1. 从请求权基础入手,确定原告的请求权基础

小张根据原告的起诉材料及相关证据,初步判断原告的请求权基础系基于合同履行请求权的法律规范。

2. 从请求权基础入手,确定原告诉请的构成要件

因原告诉请被告支付设计费,小张预测、分析其请求权基础的构成要件至少要基于以下几个方面:

(1)合同必须合法有效;

(2)原告按照合同约定完整、全面履行了设计的义务;

(3)根据合同约定,设计费的付款条件已经成就;

(4)因被告违约对原告造成了相应经济损失(违约/赔偿);

(5)本案主体适格、诉讼时效未过、原告的几项诉讼请求基于同一的法律关系规范等。

3. 从请求权构成要件入手,明确双方的争议焦点

小张通过对以上的分析及初步的判断并认真阅卷后,确定双方的初步争议之处:

(1)合同是否合法有效?若无效,争议焦点即下一步涉及合同无效的过错、责任比例等;

(2)若合同有效,案件的焦点即成为付款条件是否成就,往下一步来说,付款条件成就与否需要举证质证,可能涉及下一步的焦点,原告是否完整履行了合同

约定的义务,等等,不一而足。①

沙场练兵

【训练场景】

甲在乙的餐厅就餐后因忘带钱包与手机而无法支付餐费,故乙将甲困在餐厅不让其离开,并要求甲联络家人或朋友代付餐费。为摆脱乙的控制,甲经同意自行上卫生间时乘机翻窗逃跑,但不慎自二楼坠落,导致肋骨骨折住院治疗 1 个月。现甲诉至法院,称依据《民法典》第 1165 条及第 1179 条,请求法院判决乙赔偿医疗费与误工费。法院即将开庭审理该案。

【训练任务】

王律师作为被告乙的诉讼代理律师,现安排律师助理小张针对原告的起诉状及相关证据材料,分析原告的诉讼请求是否能得到法院的支持。

【训练技能】

小张通过仔细阅读原告提供的证据材料,并认真分析《民法典》第 1165 条及第 1179 条,从请求权基础入手,认为法院不会支持原告的诉讼请求。

1. 检索法条

《民法典》第 1165 条第 1 款规定:"行为人因过错侵害他人民事权益造成损害的,应当承担侵权责任。"《民法典》第 1179 条规定:"侵害他人造成人身损害的,应当赔偿医疗费、护理费、交通费、营养费、住院伙食补助费等为治疗和康复支出的合理费用,以及因误工减少的收入……"

2. 请求权基础的适用前提

责任成立[绝对权被侵 + 加害行为 + 责任成立因果关系 + 不法性(不法阻却事由,抗辩) + 责任能力(抗辩) + 过错] + 责任范围(损害 + 责任范围因果关系)。

其中,不法性阻却事由与无责任能力应由被告主张,其余前提应由原告主张。但若原告的陈述中涉及对己不利的事项,也应一并审查。

---

① 参见杜军辉:《如何归纳案件争议焦点——正确的提出问题往往比解决问题还重要》,载微信公众号"企业法律风险防控"2021 年 2 月 23 日,https://mp.weixin.qq.com/s/jcHiL_0HC3qicAx14fN-QQ。

原告的陈述是否符合请求权构成要件?

(1)绝对权被侵。甲的肋骨骨折,健康权被侵,该要件满足。

(2)加害行为。乙将甲困在餐厅,但甲上卫生间时乙并未跟随,没有实施积极的作为加害行为。至于乙是否构成不作为侵权,就需要探讨乙是否有作为义务,甲系经乙同意自行前往卫生间,乙并未跟随,难谓存在作为义务。

据此,加害行为要件不满足,小张无须审查其他要求,也不必继续审查请求权是否消灭或可否行使。

小张的审查结论:因原告甲的陈述不能支持其主张,故其诉讼请求不具有法律合理性,应该不会得到法院的支持。

——参见吴香香著:《请求权基础——方法、体系与实例》,北京大学出版社2021年版,第31~32页。

拓展阅读

要件诉讼九步法操作指南

要件诉讼九步法具体步骤如下:

第一步,定事实,厘清生活事实,用法言法语整理重塑为法律事实。

第二步,定关系,从纷繁复杂的事实中,全面梳理其中的法律关系。

第三步,定请求,从剪不断、理还乱的法律关系中,确定向谁,请求什么。

第四步,定规范,运用法条的学说,找出请求权基础规范体系和抗辩权规范体系。

第五步,充足性分析,对照规范和事实,分析是否能够提出一个足以穿透被告防御的请求权,也就是分析请求权构成要件事实是否存在,抗辩权要件事实是否不存在。

第六步,真实性分析,围绕要件事实收集、整理证据,确保请求权要件事实能够证明,抗辩权要件事实能够有效化解。

第七步,妥当性分析,对规范、事实以及规范与事实的连接进行论证,使法官能够确信支持我方请求是现行法律框架下的最优解。

第八步,文书写作,将前述的诉讼请求、要件事实、论证理由、证据等以诉状的形式进行加工和整理。

第九步,诉讼活动,围绕要件事实进行举证、质证、辩论,围绕妥当性分析进行法庭陈词,实现我方主张。

——参见段清泉:《要件诉讼九步法操作指南》,载微信公众号“民法学人”2018 年 3 月 5 日,https://mp. weixin. qq. com/s/Ik9UCIVrXhyBNwa - KSBUEQ。

第六节 督促案件执行

知识导图

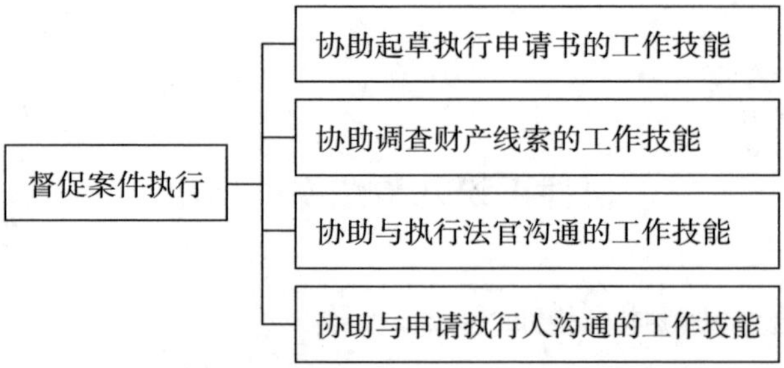

案例引入

小张是某律师事务所的实习律师,是王律师的助理。最近,当事人李某和小张所在的律师事务所签署了委托代理合同,委托该律师事务所代理自己与被告之间发生的民间借贷合同纠纷案,委托期间为一审阶段和执行阶段。该律师事务所指派王律师承办该案。经过王律师的努力,法院判决原告李某胜诉。一审判决生效后,被告陈某拒不执行生效判决书确认的义务。原告李某向法院申请强制执行。法院对该执行案件立案后,王律师安排助理小张与执行法官进行沟通,督促该案的强制执行工作。

问题:为督促该案的强制执行工作,小张应该采取哪些措施与执行法官进行沟通?

学习目标

1. 掌握起草执行申请书的工作技能
2. 掌握调查财产线索的工作技能
3. 了解与法官、委托人沟通的工作技能

基本知识

案件进入执行阶段之后，律师助理可以协助律师从事的工作主要有：起草执行申请书、调查财产线索、与执行法官和当事人进行沟通。

一、协助起草执行申请书的工作技能

执行申请书是指根据生效法律文书，享有权利的一方当事人在对方当事人拒绝履行义务的情况下，向有管辖权的人民法院提出请求强制执行的书面申请。

（一）执行申请书结构

执行申请书包括以下内容：

1. 申请人和被申请人的基本信息

申请人是指执行依据里载明的权利人。如果申请人或被申请人是自然人，基本信息包括姓名、身份证号、性别、年龄、民族、籍贯、工作单位、职业、住址和联系电话。

如果申请人或被申请人是组织，基本信息包括名称、统一社会信用代码、注册地址、法定代表人（或者单位负责人）和联系电话。

2. 申请内容

申请内容是请求被申请人按照执行依据确定的义务来履行义务。以被申请人履行金钱义务为例，包括申请被申请人给付本金、逾期付款利息以及迟延履行利息等内容。

3. 申请依据

申请依据也称执行依据，是指债权人据以申请执行和执行机关据以采取执行措施的生效法律文书。执行依据应当具有给付内容，且属于法院可以强制执行的

已经生效的法律文书。执行依据可分为七类：(1)法院制作的执行依据，包括判决书、裁定书、调解书、支付令、决定书；(2)仲裁机构制作的仲裁裁决书、调解书；(3)公证机关制作的依法赋予强制执行效力的债权文书；(4)外国法院判决、裁定与外国仲裁裁决；(5)我国港澳台地区的民事判决、裁定与仲裁裁决；(6)行政处罚决定和行政处理决定；(7)由法院执行的其他法律文书。①

4. 事实与理由

事实与理由部分简要介绍执行依据以及债务人不履行执行依据所确定的义务的情况。

5. 附件

通常包括执行依据以及生效证明。

6. 尾部

包括"此致　×××人民法院"、申请人签名和申请日期。

(二)执行申请书范文

执行申请书

申请人：××，男，××××年××月××日出生，汉族，住址：广西融安县××乡××村屯××号。身份证号码：××××××××××××××××。

被申请人：广西南宁市××××有限公司，住所地南宁市民族大道×××大厦××楼。

法定代表人：×××，总经理。联系电话：×××××××××。

申请内容：

1. 依法强制被申请人支付申请人人民币××××××元整。

2. 依法强制执行被申请人的逾期付款利息×元(自××××年××月××日至判决生效之日××××年××月××日，按银行同期贷款利息计算)。

3. 依法强制被申请人给付迟延履行利息×元(自××××年××月××日起

① 肖建国主编：《民事执行法》，中国人民大学出版社2014年版，第119～128页。

暂算至××××年××月××日，计算至实际支付之日，按银行同期贷款利息计算）。

申请依据：

广西壮族自治区南宁市中级人民法院（2010）南市民一终字第×××号民事判决书。

事实与理由：

申请人与被申请人因劳动争议纠纷一案，于2010年××月××日经南宁市×××区人民法院作出一审判决，被申请人不服提起上诉。现经南宁市中级人民法院依法开庭审理，并于2010年××月××日作出（2010）南市民一终字第×××号民事判决书。该判决为终审判决，但被申请人拒绝执行该判决内容的给付义务。为了维护申请人的合法权益和既得利益，特向贵院申请强制执行，恳请贵院依法强制执行。

此致

南宁市×××区人民法院

申请人（签名及捺印）：

年　　月　　日①

二、协助调查财产线索的工作技能

尽管民事执行的开展不以申请执行人提供被执行人的财产线索作为条件，但是如果申请执行人能够提供被执行人的财产线索，无疑会大大提高财产执行的效率，并加大财产执行的力度，因此，律师助理应有意识地培养自己协助律师调查财产线索的工作技能。

（一）可以执行的财产

律师助理协助律师调查财产线索时，首先需要了解哪些财产属于可以执行的

---

① 佚名：《执行申请书》，载法律快车网2021年10月21日，https://www.lawtime.cn/info/minshi/msssws/201412173311406.html。

财产,以下财产均属于可执行的财产:

1. 有形财产

(1)不动产

主要指房屋(包括地上建筑物、构筑物、地下室、仓库、停车场、桥梁、水坝、水塔、烟囱等)和林木等不动产。

(2)动产

包括船舶和航空器、机动车辆、货币、有价证券(包括股票、基金份额、债券等),存单、凭证式国库券、金银等贵重金属,以及其他动产。

2. 无形财产

农村土地承包经营权、土地使用权、其他自然资源使用权、专利权、注册商标专用权、著作权、股权、公路运营权、出租车运营权、航道经营权,以及其他无形财产。

(二)豁免执行的财产

豁免执行的财产是指基于保障社会安全或者债务人的生存、维护社会公益或者第三人利益,促进社会文化发展,或者基于特定财产的性质,贯彻特定的立法政策等考虑,法律禁止执行机关采取执行措施的被执行人的财产,分为法定豁免执行的财产和依财产性质豁免执行的财产两大类。①

1. 法定豁免执行的财产

(1)维护债务人的生存权而豁免执行的财产,包括被执行人及其所扶养家属的生活必需费用、生活必需品、居住房屋。

(2)基于尊重著作人格权与促进文化教育发展而不得执行的财产,包括未公开的发明或者未发表的著作,以及学校直接用于公共教育事业的财产。

(3)基于尊重债务人的荣誉、精神利益而不得执行的财产,包括结婚指环、勋章、奖章、奖杯等财产。

(4)基于公共利益而不得执行的财产,包括消防设施、国防科研试制费、商业银行根据国家政策向特定企业发放的具有特定用途的贷款、军费、学校的教育设

---

① 肖建国主编:《民事执行法》,中国人民大学出版社 2014 年版,第 100 页。

施、医疗设施、工会的经费、财政预算外资金等。

（5）基于善良风俗而不得执行的财产，包括遗像、牌位、墓碑及其祭祀、礼拜所用之物等。

（6）基于维护社会安定而不得执行的财产，包括信用证开证保证金，证券经营机构清算账户资金，证券、期货交易保证金，银行承兑汇票保证金，社会保险基金和社会基本保障基金，金融机构存款准备金和备付金，金融机构的营业场所，最低生活保障资金，军人抚恤优待经费等。

（7）基于履行国际法义务而不得执行的财产，包括使馆馆舍财产以及外交代表财产等。①

2. 依财产性质豁免执行的财产

指在性质上不得让与，不能处分，或者无独立财产权益的财产，包括非融通物、专属性权利、须经第三人同意始得让与之权利，后者如解除权、撤销权。

（1）非融通物

包括公有物、公用物、禁止物。

公有物包括供公共目的使用之行政财产或供财产上目的所使用之物，如金融机构的营业场所、营运中的运钞车。

公用物是指供一般公众使用之物，如公众可以用于逗留、集会、赏玩、阅览、运动、娱乐的属于公用物范畴的公共设施。

禁止物是指基于法律规定禁止持有或交易之物，如伪造货币、毒品、枪支弹药等。

（2）专属性权利

专属性权利分为归属上专属于债务人的权利即专属享有权，以及行使上专属于债务人的权利即专属行使权。

专属享有权，只能由权利人本人享有，如亲属间的扶养请求权、债务人的终身定期金等。

专属行使权，权利行使与否，只能取决于权利人的决定，不得让与或继承，因而不得作为执行标的。②

---

① 肖建国主编：《民事执行法》，中国人民大学出版社 2014 年版，第 100 ~ 102 页。

② 肖建国主编：《民事执行法》，中国人民大学出版社 2014 年版，第 102 ~ 104 页。

（三）协助调查财产线索的途径

1. 挖掘申请执行人提供的材料

申请执行人在和被执行人交往中通常会有函件、合同、聊天记录，以及经济往来的相关材料，律师助理通过仔细审查申请人提供的这些材料，可以发现被执行人的实际办公地点、联系方式、动产、不动产及各种收益、债权、银行账号等基本情况。

此外，如果法律没有特别规定或者夫妻没有特别约定的话，婚姻关系存续期间获得的财产属于夫妻共同财产。因此，如果被执行人系自然人，且存在配偶，律师助理对被执行人的配偶状况也需要进行关注，如配偶的姓名、工作单位及其收入情况，为追加其为被执行人做准备。同理，被执行人与他人合伙共有的财产，以及已设置了担保或其他优先权的财产，也应当予以关注。①

2. 外出调查取证

外出调查分为两种情形：一种情形是律师持律师执业证、律所介绍信、授权委托书外出调查，另一种情形是律师持法院签发的律师调查令外出调查。无论是何种情形，律师助理均不能独自进行调查，必须随同律师一起外出调查。

3. 法院发布悬赏公告

如果法院和律师穷尽上述各种途径均无法查找到被执行人的财产，根据律师的指示，律师助理可和申请执行人沟通发布悬赏公告事宜，悬赏公告应当载明悬赏金的数额或计算方法、领取条件等内容。

悬赏公告应当在全国法院执行悬赏公告平台、法院微博或微信等媒体平台发布，也可以在执行法院公告栏或被执行人住所地、经常居住地等处张贴。申请执行人申请在其他媒体平台发布，并自愿承担发布费用的，人民法院应当准许。②

（四）协助调查财产线索的工作技能

1. 协助调查被执行人的银行存款

如果被执行人是企业的话，律师助理可以协助律师到市场监督管理局调取被

---

① 华律网整理：《怎样取得被执行人的财产线索》，载华律网 2023 年 3 月 9 日，https://www.66law.cn/laws/433812.aspx。

② 最高人民法院《关于民事执行中财产调查若干问题的规定》（2020 年修正）第 22 条。

执行人的工商档案，企业工商内部档案会记载被执行人的银行账户信息。

如果被执行人有多个银行账户信息，律师助理还可以随同律师一起外出调查，采用以下方法进一步查询被执行人的账户：

（1）以谈业务为名，和被执行人联系，询问将钱汇至被执行人的哪个账户。

（2）到税务局查询企业缴增值税、所得税或营业税的账户。

（3）到电信局查询企业电话费从哪个账户交纳（适合被执行人为大型企业及其集团）。

（4）到自来水公司煤气公司查询企业缴纳水费、煤气费账户。

（5）到电力局查询企业缴纳电费账户。①

2. 协助调查被执行人的股票债券

（1）通过上海、深圳两个证券交易所的证券登记公司，可查被执行人在全国任何一家证券公司证券营业部的开户情况、账上现金情况以及股票数目情况。

（2）通过全国中小企业股份转让系统（http://www.neeq.com.cn/disclosure/stockissue.html）可网络查询新三板发行的股票情况，也可在公司现场查询股票情况。

（3）通过中央国债登记结算有限责任公司查询被执行人持有的债券情况。

3. 协助调查被执行人的不动产

（1）查询房屋的位置

通过调取被执行人水费、电费、燃气费等生活费账单，可以查询到被执行人房屋的具体位置。如果知道房屋位于哪个小区，但是不知道房屋的具体门牌号，可持法院颁发的律师调查令到小区物业公司进行查询。

（2）查询房屋的产权

在查询到房屋的具体位置后，律师助理可和承办律师一起到房产所在区的不动产交易中心查询不动产的产权信息，如房屋所有权、土地使用权、异议情况、房地产抵押、预购房屋及抵押、建设工程抵押、房屋租赁、房地产权利限制、地役权等情况。

需要注意的是，执行法院可通过全国网络查控系统查询被执行人名下的银行

---

① 佚名：《老赖总没钱，多半是装的，看完这个就好了》，载微信公众号“A 资产”2016 年 4 月 19 日，https://mp.weixin.qq.com/s/6gsHB7b6K68F5YVsdjHeAw。

存款、车辆、不动产、微信钱包、支付宝等信息情况，通过点对点系统查询被执行人名下的金融理财产品、股息红利和住房公积金情况。因此，执行案件立案后，被执行人名下的银行存款、车辆、不动产、金融理财产品、股息红利和住房公积金等财产线索，法院通常情形下可以较为轻易地获得。但是，在案件尚未立案，或者立案之后案件终本的情形下，申请执行人、律师和律师助理仍需要调查被执行人的上述财产线索。

4. 协助调查被执行人的股权

（1）通过企业信用信息公示系统、企查查、天眼查、启信宝等平台或被执行人有可能投资兴办实业公司的市场监督管理部门，可调查被执行人有无投资兴办的实业公司，是否持有非上市公司股权。

（2）通过中央证券登记结算公司上海或深圳分公司可调查被执行人投资于上市公司的股权情况。

5. 协助调查被执行人的债权

申请执行人只能申请法院执行已到期的债权，不能执行未到期的债权。对于未到期的债权，申请执行人可以先申请法院予以保全，待债权到期后再申请法院予以执行。

律师助理可通过以下几种途径协助律师调查被执行人的债权情况：

（1）对上市公司及其子公司，应优先关注其年度报告或半年度报告，该报告会较为详细地记载债务人的诉讼债权信息及大量应收账款信息等。查询平台包括国家企业信息公示系统、企业官网、企查查、天眼查、启信宝等。

（2）通过中国裁判文书网、中国执行信息公开网等数据库，以债务人名称为关键词检索案例，进一步查找债务人的债权信息。对于案例信息不仅需要关注判项部分内容，也要关注案例正文部分的内容，因为判决正文中法院认定事实部分或者本院认为部分，可能涉及债务人对第三人享有的追偿权等信息。

（3）通过商业查询平台（企查查、天眼查、启信宝等），以债务人名称为关键词检索，关注“开庭公告”部分，找寻债务人为原告的案件，再通过 12368 司法热线查询相关案件的执行法官、书记员的姓名及联系方式，将案件信息、承办法官信息提供给执行法官，并持续关注案件审理进度及其他情况。

（4）通过招投标网站，查找债务人与他人的交易信息，并尝试锁定债权信息。

(5)通过中国人民银行动产融资统一登记公示系统，选择按担保人查询，并以债务人的名称为关键词检索债务人以其对次债务人的应收账款为他人提供担保的信息，如此也就检索到了债务人对次债务人的债权信息。①

6. 协助调查被执行人的车辆

如前文所述，法院可以通过网络查控系统查找到被执行人名下的车辆的数量和车牌号，但是案件终本后，法院便不会主动查询被执行人名下的车辆信息，需要执行申请人先提供车辆线索。

作为律师助理，可以通过以下途径协助律师调查被执行人的车辆情况：

查找被执行人的户籍资料，即查询被执行人的亲属的身份证，包括配偶、子女、父母，因为被执行人的车辆可能登记在这些人名下。

登录"交管 12123"App 输入上述姓名、身份证、被执行人的手机号选择忘记密码，来判断被执行人是否购买了车辆。

通过开具律师调查令查询被执行人名下的车辆线索。注意被调查单位为某市车辆管理所，调查内容为被执行人名下现在登记的车辆及历史登记的车辆信息。

调查完被执行人名义的车辆后，律师助理还应进一步协助律师调查车辆停放的具体位置，以便法院对车辆进行查封、扣押。律师助理可通过停车软件查询车辆在哪个位置，如 ETCP、爱停车。例如，在微信上搜索 ETCP 公众号，选择停车缴费，再输入被执行人的车牌号，便可查询出被执行车辆的具体位置。②

7. 协助调查被执行人的无形资产

(1)通过国家知识产权局等知识产权管理部门查找专利权、商标权和著作权等知识产权。

可登陆专利检索及分析官网(https://pss - system. cponline. cnipa. gov. cn/conventionalSearch)查询被执行人的专利权情况。

可登录中国商标网(https://sbj. cnipa. gov. cn/sbj/index. html)查询被执行人的商标权情况。

---

① 以法自绳:《【执行实务】自助查询被执行人财产线索方法一览》，载微信公众号"以法自绳"2023 年 3 月 26 日，https://mp. weixin. qq. com/s/721nkwsQV8aiaWZ9pwKOOg。

② 执行好手:《【财产线索】如何查找被执行人的车辆?》，载知乎网，https://zhuanlan. zhihu. com/p/612361892。

可登录中国版权保护中心（www. ccopyright. com. cn）查询被执行人的著作权情况。

（2）通过中华人民共和国自然资源部网站以及全国各地方相关部门官方网站查询被执行人名下土地使用权、采矿权、探矿权等无形资产。

8. 协助调查被执行人的其他财产

（1）通过被执行人、保证人与第三方签署的合同调查仓单、提单、提货单对应的财产线索。

（2）若被执行人可能持有贵金属，根据已经了解的情况，分析其可能持有的贵金属类型、交易平台等，再向具体的交易平台查询具体持有情况。

（3）机器设备、古玩字画等变现价值较高的财产，通过中国人民银行动产融资统一登记公示系统可查询到已质押登记的机器设备，但对于未质押登记的机器设备及被执行人持有的古玩字画等财产，只能通过前往被执行人经营场所、住所地等走访或询问关联关系主体进行调查。①

（五）协助变更、追加被执行人

最高人民法院《关于民事执行中变更、追加当事人若干问题的规定》（2020 年修正）规定了以下 16 种变更、追加被执行人的情形，②申请执行人通过变更、追加被执行人，可以拓展可执行的财产范围。

1. 作为被执行人的自然人死亡或被宣告死亡，申请执行人可申请变更、追加该自然人的遗产管理人、继承人、受遗赠人或其他因该自然人死亡或被宣告死亡取得遗产的主体为被执行人。

作为被执行人的自然人被宣告失踪，可申请变更该自然人的财产代管人为被执行人。

2. 作为被执行人的法人或非法人组织因合并而终止，申请执行人可申请变更合并后存续或新设的法人、非法人组织为被执行人。

3. 作为被执行人的法人或非法人组织分立，申请执行人可申请变更、追加分

---

① 以法自绳：《【执行实务】自助查询被执行人财产线索方法一览》，载微信公众号“以法自绳”2023 年 3 月 26 日，https://mp. weixin. qq. com/s/721nkwsQV8aiaWZ9pwKOOg。

② 最高人民法院《关于民事执行中变更、追加当事人若干问题的规定》第 10 ~ 25 条。

立后新设的法人或非法人组织为被执行人，但被执行人在分立前与申请执行人就债务清偿达成的书面协议另有约定的除外。

4. 作为被执行人的个人独资企业，不能清偿生效法律文书确定的债务，申请执行人可申请变更、追加其出资人为被执行人。

5. 作为被执行人的合伙企业，不能清偿生效法律文书确定的债务，申请执行人可申请变更、追加普通合伙人为被执行人。

6. 作为被执行人的法人分支机构，不能清偿生效法律文书确定的债务，申请执行人可申请变更、追加该法人为被执行人。

7. 个人独资企业、合伙企业、法人分支机构以外的非法人组织作为被执行人，不能清偿生效法律文书确定的债务，申请执行人可申请变更、追加依法对该非法人组织的债务承担责任的主体为被执行人。

8. 作为被执行人的营利法人，财产不足以清偿生效法律文书确定的债务，申请执行人可申请变更、追加未缴纳或未足额缴纳出资的股东、出资人或依公司法规定对该出资承担连带清偿责任的发起人为被执行人，在尚未缴纳出资的范围内依法承担责任。

9. 作为被执行人的营利法人，财产不足以清偿生效法律文书确定的债务，申请执行人申请变更、追加抽逃出资的股东、出资人为被执行人，在抽逃出资的范围内承担责任。

10. 作为被执行人的公司，财产不足以清偿生效法律文书确定的债务，其股东未依法履行出资义务即转让股权，申请执行人申请变更、追加该原股东或依公司法规定对该出资承担连带责任的发起人为被执行人，在未依法出资的范围内承担责任。

11. 作为被执行人的一人有限责任公司，财产不足以清偿生效法律文书确定的债务，股东不能证明公司财产独立于自己的财产，申请执行人可申请变更、追加该股东为被执行人。

12. 作为被执行人的公司，未经清算即办理注销登记，导致公司无法进行清算，申请执行人可申请变更、追加有限责任公司的股东、股份有限公司的董事和控股股东为被执行人，对公司债务承担连带清偿责任。

13. 作为被执行人的法人或非法人组织，被注销或出现被吊销营业执照、被撤销、被责令关闭、歇业等解散事由后，其股东、出资人或主管部门无偿接受其财产，致使该被执行人无遗留财产或遗留财产不足以清偿债务，申请执行人申请变更、追加该股东、出资人或主管部门为被执行人，在接受的财产范围内承担责任。

14. 作为被执行人的法人或非法人组织，未经依法清算即办理注销登记，在登记机关办理注销登记时，第三人书面承诺对被执行人的债务承担清偿责任，申请执行人申请变更、追加该第三人为被执行人，在承诺范围内承担清偿责任。

15. 执行过程中，第三人向执行法院书面承诺自愿代被执行人履行生效法律文书确定的债务，申请执行人申请变更、追加该第三人为被执行人，在承诺范围内承担责任。

16. 作为被执行人的法人或非法人组织，财产依行政命令被无偿调拨、划转给第三人，致使该被执行人财产不足以清偿生效法律文书确定的债务，申请执行人申请变更、追加该第三人为被执行人，在接受的财产范围内承担责任。

三、协助与执行法官沟通的工作技能

实践中，律师助理和执行法官沟通通常有以下三种方式：

（一）拨打执行法官的办公电话

执行案件立案之后，申请执行人便可获得执行法官的姓名和办公室电话。律师助理应在执行法官刚上班和快下班的时候拨打执行法官的办公室电话，因为这两个时间点执行法官在办公室的概率比较大，如果在其他时间拨打电话，执行法官很有可能外出办案了。

（二）拨打 12368 司法热线电话

由于执行法官经常出差，律师助理即便在刚上班和快下班之时拨打执行法官的办公室电话，也是很难打通的。如果律师助理无法和执行法官取得联系，可以拨打 12368 司法热线电话，将律师想和执行法官沟通的事宜让 12368 接线员向执行法官转达，并留下自己的联系方式。一般在两个工作日内，执行法官便会和律师助理进行联系。

（三）现场与执行法官进行沟通

在执行法官不出差的情况下，有的法院会每周安排执行法官值一天班接待当事人。律师助理可以拨打 12368 电话查询执行法官的值班时间，并在值班时间随同律师一起到法院执行庭现场与执行法官沟通执行事宜。

四、协助与申请执行人沟通的工作技能

（一）及时汇报案件进展

申请执行人作为当事人，对于案件进展享有知情权，因此，只要案件一有进展，根据律师的指示，律师助理应及时向申请执行人汇报，而且，有时即便案件没有进展，律师助理也应按时向申请执行人进行汇报，并说明案件没有进展的原因，以消除申请执行人的顾虑，与申请执行人始终保持良好的沟通。

（二）安抚当事人的情绪

申请执行人都希望执行案件在立案之后，能进展顺利，尽快拿到执行款，但是，在执行领域，我国普遍存在人少案多，且很多案件财产线索少，执行艰难导致执行时间漫长的问题。漫长的等待，对于申请执行人而言，无疑是一种心理煎熬。律师助理应理解申请执行人的焦虑心情，适时安抚申请执行人的负面情绪，向申请执行人讲明我国执行难的现状，让申请执行人耐心等待案件出现转机。

引例分析

为督促该案的强制执行工作，小张应该采取以下措施与执行法官进行沟通：

1. 拨打执行法官的办公室电话。小张选择在执行法官刚上班和快下班的时候这两个时间点拨打执行法官的办公室电话，因为这两个时间点执行法官在办公室的概率比较大。

2. 拨打 12368 司法热线电话。由于执行法官经常出差，小张很难拨通执行法官的办公室电话，于是小张改为拨打 12368 司法热线电话，让 12368 接线员将自己的留言转达执行法官，并留下自己的联系方式。第二天，执行法官和小张取得

联系。

3. 现场与执行法官进行沟通。为了能和执行法官就执行事宜进行面对面的沟通交流，小张通过 12368 电话查询到执行法官在法院的值班时间，然后在执行法官的值班时间，随同律师一起就执行事宜和执行法官进行了面对面的沟通交流。

沙场练兵

【训练场景】

某律师事务所王律师最近作为原告某银行的代理律师承办了一起金融借贷纠纷二审案件，被告系一家上市公司。法院二审判决原告胜诉，但是被告拒不履行二审判决确认的义务。原告于是向法院申请强制执行。法院通过全国网络查控系统未查询到被执行人名下的财产。

【训练任务】

为向法院提供被执行人的财产线索，王律师安排助理小张通过网络调查被执行人名下的债权。

【训练技能】

小张通过以下多个途径网络调查了被执行人的债权情况：

1. 通过国家企业信息公示系统，小张查阅了被执行人的年度报告或半年度报告，该报告记载了债务人的诉讼债权信息及大量应收账款信息等。

2. 通过中国裁判文书网、中国执行信息公开网等数据库，以被执行人名称为关键词检索案例，小张进一步查找了被执行人的债权信息。

3. 通过商业查询平台（企查查、天眼查、启信宝等），小张以被执行人名称为关键词检索，从“开庭公告”内容中找寻被执行人为原告的案件。

4. 通过招投标网站，小张查找了被执行人与他人的交易信息，并尝试锁定债权信息。

5. 通过中国人民银行动产融资统一登记公示系统，小张选择按担保人查询，并以被执行人的名称为关键词检索被执行人以其对次债务人的应收账款为他人提供担保的信息。

通过上述网络调查，小张将其调查到的被执行人的几笔债权进行梳理，制作出被执行人债权调查清单，向王律师进行汇报，得到了王律师的赞扬。

拓展阅读

盈科观点｜执行案件中的财产线索查找思路

在民事执行案件办理中，办案法院执行局在应尽的工作职责以外，还需要申请执行人配合寻找被执行人的财产线索，或根据案件实际情况申请法院执行局对案件财产线索进行有针对性的查询，也是作为执行案件代理人应履行的工作职责。根据执行案件特点，结合以往办理执行案件经验，提出以下执行案件财产线索查找思路：

一、申请执行法院加大查询频率

在民事执行案件办理过程中，执行法院一般会进行2次到3次的网络查询。有些案件特殊，申请人有线索得知被执行人经常有大额银行流水，但苦于不知道具体银行账号，可以向法院执行局申请，加大网络查询频率，根据各个银行之间的余额变动信息，分析得出可能有经常使用的银行账户，冻结后较大可能会有收获。

二、申请执行法院进行"人行查询"

国内银行众多，不少案件在执行过程中不可能获得所有银行的反馈，执行系统网络查询中有一项"人行查询"，即中国人民银行查询，该项目往往是被执行人员忽略的内容。人行查询结果中会得到被执行人的所有银行账户开户信息，特别是被执行人在居住地以外的地方开户、一些地方性小银行开户，不能让这些银行账户成为漏网之鱼。

在笔者代理的一起执行案件中，被执行人应支付其父亲赡养费，但拒不履行，且该被执行人长期在外务工，极少回到户籍地，执行人员经过各种尝试，既联系不到被执行人，也没有找到可供执行的财产线索，申请人也无可奈何，找不到被执行人的行踪。通过向办案法院申请，执行法官将被执行人网络查询的银行信息打印后，笔者逐条分辨，在百余条信息中经过对比发现，人行查询中有一个开户信息是浙江省××市农村商业银行，该银行账户在银行反馈信息中并没有出现，猜测被执行人近期可能在浙江范围内务工，将分析信息提供给执行法官。于是，执行法官针对浙江省的所有银行再次发起网络查询，终于在浙江省内一家地方性银行中找到被执行人的财产线索，经过冻结扣划，顺利将赡养费执行到位。

三、申请执行法院将被执行人作为"申请执行人"的信息进行查询

案件的被执行人极有可能作为其他案件的申请执行人存在，若案件是在同一个执行法院，则执行法官很容易得到被执行人在其他案件中获得的执行回款信息。若案件是在其他法院，省内案件可以通过向法院申请，借助执行系统关联省内的案件信息，获得案件线索；省外案件则可以通过中国裁判文书网，查询被执行人的名称，获取相应的裁判文书，从而在其中寻找到执行线索。

在笔者代理的另一起执行案件中，笔者通过中国裁判文书网查询得知，被执行人在外地某法院有作为原告判决胜诉的案件，且标的较大，又通过中国执行信息公开网查询得知，外地某法院中有该被告的执行案件。于是迅速联系、预约执行法官，前往外地某法院执行局查询财产线索。果然，经查询，得知在该法院执行局中，被执行人有两起作为申请执行人的案件，且案件均控制有财产。通过与当地执行人员沟通协商，成功将尚未发放的财产控制。

四、申请执行法院追加未实际(抽逃)出资股东

在办理公司作为被执行人的案件中，公司相关股东将出资款项转入公司账户验资后又转出的，根据最高人民法院《关于民事执行中变更、追加当事人若干问题的规定》，作为被执行人的营利法人，财产不足以清偿生效法律文书确定的债务，申请人申请变更、追加抽逃出资的股东、出资人为被执行人，在抽逃出资的范围内承担责任的，人民法院应予支持。以上规定明确了股东具备抽逃出资行为的，申请人请求将存在抽逃出资行为的股东追加为被执行人，在抽逃出资范围内承担责任的，应予支持。

在某县级人民法院的一起执行案件中，笔者搜集到了作为法人的被执行人，其相关股东抽逃出资的证据。通过执行异议程序，申请追加抽逃出资的股东为被执行人，成功扩大了被执行人的范围，为执行案件提供了更多的机会。

——参见孟繁丽、孟繁茂：《盈科观点｜执行案件中的财产线索查找思路》，载微信公众号"盈科洛阳律师事务所"2021 年 7 月 27 日，https://mp.weixin.qq.com/s/zuDAW4lwKYyJCCC6R7TrnA。

第七节　协助参加二审

知识导图

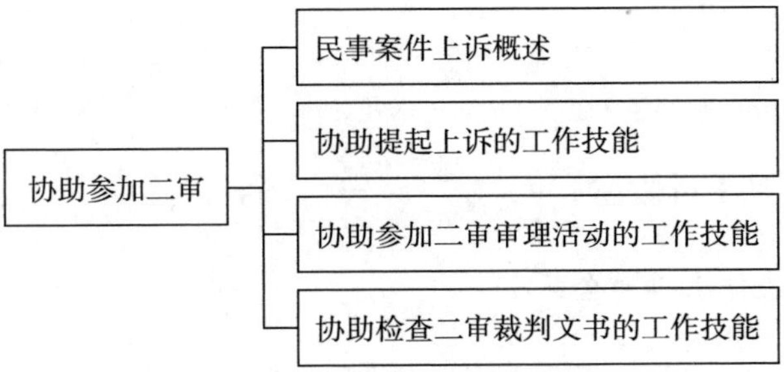

案例引入

某天，小牛来到律师事务所，作为律师助理的小张辅助律师一起接待了他。小牛说自己和朋友小郭成立了一家公司，因公司经营不善，一直亏损，赔了几十万元。老杨是小郭的母亲，老杨曾向小牛转款10万元。前不久老杨以民间借贷纠纷为由起诉小牛还款，小牛称，因为老杨是小郭的母亲，而且老杨一直在国外，所以才把小郭登记为公司股东，实际上老杨才是公司股东，老杨转给小牛的10万元是投资款，不是借款。现在公司赔钱了，老杨作为投资人，应该自负盈亏。虽然小牛在和老杨的微信聊天中有“保本”等类似表述，但这是相对于老杨作为投资人的优势地位，小牛处于弱势地位中不得已的表述。同时，小牛提供了一审判决书，一审法院适用《民法典》关于民间借贷的法律规定审理本案，判决小牛偿还老杨借款10万元及利息。小张第一次辅助律师做上诉案件，一方面想试试拳脚，另一方面却又有点儿不知从何做起。

问题：你认为小张在辅助律师提起上诉时需要注意什么？

学习目标

1. 了解民事案件上诉的含义和条件
2. 熟悉协助进行庭前准备和提交新证据的工作技能
3. 掌握协助调阅一审卷宗、起草上诉状并提交上诉材料的工作技能
4. 掌握协助检查二审裁判文书的工作技能

基本知识

一、民事案件上诉概述

（一）民事案件上诉的含义

民事案件上诉，是民事诉讼当事人对人民法院所作的尚未发生法律效力的一审判决、裁定，在法定期限内依法表示不服并提请上一级人民法院重新进行审判的民事诉讼活动，其法律后果是引起民事诉讼二审程序。

法院的裁判应当是公正的，但法院的裁判也不可避免地会出现一定概率的错误，那么在一审程序之上再行设立二审程序无疑就可以缩小这个误判的概率。因此，为了使法院的裁判尽可能地接近和达到公平正义，设立民事案件上诉制度来发现和纠正一审法院作出的错误裁判就是一个必要和良好的选择。

（二）民事案件上诉的条件

1. 上诉主体合法

上诉是因当事人对第一审裁判不服，请求二审法院予以改判的制度。因此，上诉人与被上诉人必须是参加第一审程序的诉讼当事人，其中上诉人仅限于一审判决中的实体权利义务承受人，包括第一审程序中的原告和被告、有独立请求权的第三人及一审法院判决承担民事责任的无独立请求权的第三人。

2. 上诉对象合法

可以提起上诉的对象包括一审判决书和裁定书，其中一审判决书原则上都能上诉，但其中排除了两类案件，一是最高人民法院作出的一审判决书，二是法院适用特别程序、督促程序、公示催告程序作出的判决书。可以提起上诉的裁定书包

括不予受理的裁定书、管辖权异议裁定书、驳回起诉裁定书以及驳回破产申请的裁定书。此外,人民法院适用简易程序审理的小额案件实行一审终审,对其裁判亦不得提起上诉。

3. 上诉时限合法

上诉必须在法定时限内提出:当事人不服地方人民法院第一审判决的,应当在判决书送达之日起15日内向上一级人民法院提起上诉;当事人不服地方人民法院第一审裁定的,应当在裁定书送达之日起10日内向上一级人民法院提起上诉。上诉期间从判决书、裁定书送达之日起计算,诉讼参加人各自接收裁判书的,从各自的起算日分别开始计算。

4. 上诉形式合法

当事人不服一审法院裁判提起上诉时,必须递交上诉状;一审宣判时或判决书、裁定书送达时,当事人口头表示上诉但未在法定上诉期间提交上诉状的,视为没有上诉。

二、协助提起上诉的工作技能

与律师助理在一审程序辅助律师进行的代理工作不同,二审代理工作不仅要针对对方当事人既有的诉讼主张和理由,更要针对一审判决书所认定的事实及适用的法律,突出证据特别是新证据的运用以及法律关系的推导,从而在二审程序中为委托人争取尽可能有利的结果。二审裁判必将成为生效的终审裁判,因此律师助理须全力以赴辅助律师做好二审代理工作。

(一)协助办理委托手续

一审判决的上诉期仅15天,一审裁定的上诉期仅10天,时间紧迫,律师助理应协助律师及时与当事人沟通委托代理事宜,督促当事人尽快办理二审委托手续。

律师助理应依照律师的指示,起草二审委托代理合同初稿,并提交给律师审阅。律师审阅通过后,律师助理将委托代理合同提交给当事人。当事人如对委托代理合同无异议,律师助理再将委托代理合同提交律师事务所进行审核。律师事务所审核通过后,律师助理就可以通知当事人签署委托代理合同。

需要注意的是，律师助理还应要求委托人在签署合同时一并出具授权委托书，委托书应当载明具体的委托事项和代理权限，由委托人签署。委托代理合同和授权委托书一般均为一式三份，一份交委托人，一份交律师事务所存档，一份由律师助理附卷存档。

此外，律师助理还应申请开具律师事务所的所函，所函应注明律师及律师助理的姓名和联系方式。

（二）协助调阅一审卷宗

不同于一审程序，二审案件在开庭前到法院阅卷尤其必要，依据最高人民法院《关于诉讼代理人查阅民事案件材料的规定》（2020 年修正）的规定，代理民事诉讼的律师和其他诉讼代理人以及当事人均有权查阅所代理案件的有关材料。

律师助理辅助律师阅卷应当按照以下程序进行：

1. 提出阅卷申请

律师助理应当提前与该案件的书记员或者审判人员联系，提出查阅案卷的申请。但是，如果查阅的案件有关材料已经审理终结，则应当与人民法院有关档案管理部门工作人员联系。联系阅卷时，律师助理应当注意与法院书记员或者相关人员约好阅卷时间。

2. 准备阅卷手续

律师助理随同律师阅卷时一般须分别出示律师执业证、申请律师执业人员实习证、身份证等有效证件以及授权委托书等，并登记填写查阅案件有关材料阅卷单，注明阅卷人的名字、证件号码和联系方式等内容，该阅卷单最终会附在所阅案卷中一并保管，从而也成为案卷内容之一。不同地区和层级的法院在具体手续上经常会存在一定的差异，律师助理在联系阅卷时应当提前仔细了解清楚。

3. 注意查阅范围

依据最高人民法院《关于诉讼代理人查阅民事案件材料的规定》（2020 年修正）的规定，查阅案件材料的范围限于案件审判卷和执行卷的正卷，包括起诉书、答辩书、庭审笔录及各种证据材料等。

根据最高人民法院发布的《人民法院诉讼文书立卷归档办法》的规定，人民法院的各类诉讼文书，按照利于保密、方便利用的原则分别立为正卷和副卷，内容分别为：

民事一审案件正卷包括的诉讼文书材料有：(1)卷宗封面；(2)卷内目录；(3)起诉书或口诉笔录；(4)立案(受理)通知书；(5)缴纳诉讼费或免费手续；(6)应诉通知书回执；(7)答辩状及附件；(8)原、被告诉讼代理人、法定代表人委托授权书、鉴定委托书及法定代表人身份证明；(9)原、被告举证材料；(10)询问、调查取证材料；(11)调解笔录及调解材料；(12)开庭通知、传票及开庭公告底稿；(13)开庭审判笔录；(14)判决书、调解书、裁定书正本；(15)宣判笔录；(16)判决书、调解书、裁定书、送达回证；(17)上诉案件移送函存根；(18)上级法院退卷函；(19)上级法院判决书、调解书、裁定书正本；(20)证物处理手续；(21)执行手续材料；(22)备考表；(23)证物袋；(24)卷底。

各类案件副卷包括的诉讼文书材料有：(1)卷宗封面；(2)卷内目录；(3)阅卷笔录；(4)案件承办人的审查报告；(5)承办人与有关部门内部交换意见的材料或笔录；(6)有关本案的内部请示及批复；(7)合议庭评议案件笔录；(8)审判庭研究、汇报案件记录；(9)审判委员会讨论记录；(10)案情综合报告原、正本；(11)判决书、裁定书原本；(12)审判监督表或发回重审意见书；(13)其他不宜对外公开的材料；(14)备考表；(15)卷底。

为此，律师助理应当注意查阅案件材料的范围仅限于案件审判卷和执行卷的上述正卷内容材料，不能查阅副卷材料。同时，还要特别注意不得将查阅的案件材料携出法院指定的阅卷场所。

4. 查阅案卷材料

“阅卷”不仅指阅读，还包括摘抄、复印和复制，因此，律师助理协助律师阅卷时，不仅可以阅读案卷材料，还可以摘抄、复印、复制案卷材料，但是复印案件材料应当取得案卷保管人员的同意。此外，复印的有关材料如果是已经审理终结的案卷材料，律师助理可以要求案卷管理部门在复印材料上盖章确认。

5. 交回案卷材料

律师助理协助阅卷时应当特别注意保持卷宗的整洁完好，不得标注、涂改、损毁、抽取案件材料，否则可能会涉及罚款、拘留等处罚，严重的甚至会涉及刑事责任。律师助理协助查阅案件有关材料后，应当及时将查阅的全部案件材料交回书记员或者其他负责保管案卷的工作人员，由书记员或者法院其他工作人员对案件材料当面清查并确认无误。此外,律师助理协助查阅的案件材料中涉及国家秘密、商业秘密和个人隐私的,应当注意予以保密。

(三)协助审查一审证据

无证据便无诉讼。一审裁判认定事实是否清楚以及是否存在错误,是二审法院依法审查并考量是否改判的重点内容之一,因此,律师助理协助审查一审证据时,应力争发现一审证据材料存在的问题。

1. 梳理证据材料

律师助理对一审双方提交的证据材料进行分类,梳理哪些属于双方没有异议的证据,哪些属于有异议的证据,以及双方异议之处。在梳理一审证据过程中,律师助理应当注意要针对证据的可靠性和准确性进行有目的的梳理,寻找证据之间可能存在的矛盾点,为后续对对方证据进行反驳或者削弱其证明力做好准备。

(1)对单个证据进行分别梳理。可以按两种顺序进行,一种是按证据所证明的案件事实发生的先后顺序逐个梳理单个证据,另一种是按证据所证明的案件事实的主次关系和证据本身的主次关系逐个梳理。

(2)对多个证据进行对比梳理。即对案件中的证明同一个事实的两个或者两个以上的证据材料进行比较和对照梳理。其中,既包括纵向对比梳理,如对同一个人就同一案件事实提供的多次陈述和意见作前后对比;也包括横向对比梳理,即对证明同一个案件事实的不同证据作并列的对比梳理,对比其内容和所反映的事实情况是否一致,以及能否符合常理地共同证明该案件事实。一般来说,证据和证据之间应当是协调一致的;如果两个证据的内容不一致,就说明这两个证据中至少有一个是不可靠的。因此,梳理证据不能孤立地进行,一定要结合其他证据综合进行分析、比较、判断。

(3)对全案证据进行综合梳理。即梳理证据与证据之间所有的相同点和矛盾点,一并对全案证据的所有方面进行总体综合比较分析,从而从整体上对证据的充分与否作出判断。

2. 审查证据"三性"

证据是认定案件事实的手段,是实现司法公正的保障,律师助理协助对一审证据进行审查,应当从客观性、合法性和关联性三个方面进行。

(1)证据的客观性(真实性),是指证据所反映的内容应当是真实的、客观存在的事实,而不是想象的、虚假的、捏造的事实,主要包括两个基本内涵:第一,证据必须是客观存在的实在之物;第二,证据必须是不以人的意志为转移的。

律师助理应当注意,人们通过语言、文字对物品或痕迹陈述出来的事实,实际上属于经验事实,并不能完全反映客观存在。因此,书证应当提交原件,物证应当提交原物,一切证据材料必须经过查证属实。

(2)证据的合法性,是指当事人收集和提供的证明案件真实情况的证据必须符合法律的规定,证据必须具备合法的形式、合法的来源并且是法定人员依照法律规定的程序和方法收集。

《民事诉讼法》规定的证据形式有当事人陈述、书证、物证、视听资料、电子数据、证人证言、鉴定意见、勘验笔录八种,律师助理应当注意裁判文书中的任何一种定案证据都必须属于上述类型之一,否则不可能成为诉讼证据。此外,证据还应在形式上具备完整的成立要件。如合同要经过双方当事人的签名、盖章;单位出具的证明材料,必须由单位负责人签名或盖章并加盖单位印章等。

证据来源的合法性直接影响证据内容的真实性,律师助理可以着重审查提供证据的相关人员情况,如是否与当事人有亲属、恩怨关系;是否在生理、心理、认知、表达方面存在瑕疵,从而导致在感知、记忆、表达等方面产生障碍或者错误理解等。

《民事诉讼法》对各种证据的收集、调取都规定了具体的程序,律师助理应当注意协助审查一审证据的收集手段是否合法、方法是否科学等。例如,以侵犯他人合法权益或者违反法律禁止性规定的方法取得的陷阱证据,书证的内容不完整或者断章取义,证据材料未经质证即转化为一审定案证据等,这些情形都将直接影响证据的合法性和可采性。

(3)证据的关联性又称相关性,是指证据与案件事实之间存在客观联系,只有与案件事实存在客观联系的证据,才能起到证明案件真实情况的作用。证据与案件事实的联系是多种多样的,有因果联系、条件联系、时间联系、空间联系、必然联系和偶然联系等。其中,往往与案件事实存在因果联系的证据才是最关键、最主要的证据。与待证事实没有联系的证据材料不具有关联性,不能作为定案的依据。

就审查一审案件证据而言,证据的关联性包括两个方面:一是证据与待证事实之间的相互联系,二是各个证据之间的相互联系。律师助理应当注意,审查一审证据要把一个证据同其他证据加以对照、印证和综合分析,审查判断是否所有证据都能够协调一致地指向同一事实。

律师助理对于审查证据材料中发现的问题,应形成书面的审查意见,及时提交给律师审阅。

(四)协助起草上诉状

民事案件的二审审理不是对案件的整体审理,而是围绕着上诉人的上诉请求进行的。这样,上诉状就有着决定性的意义,决定着二审的审理范围。因此,只有在形成二审的基本思路之后,才可以撰写上诉状。没有对案件进行深入的思考先写上诉状的做法是不可取的。

根据律师的指导,律师助理可参照以下技能起草上诉状初稿:

1. 确定被上诉人

写上诉状的第一步是确定当事人。一审的原告、被告、有独立请求权的第三人、无独立请求权但判决承担责任的第三人,这些当事人中谁对一审判决、裁定不服,均可以提起上诉。对于被上诉人而言,如果是普通的共同诉讼,原则上其他当事人就是被上诉人。律师助理应该清楚自己的当事人和谁存在争议,一般不会错列被上诉人。但需要注意的是,如果是必要的共同诉讼,且只有一人或者部分人提出上诉,则不能把其他人都列成上诉人或者被上诉人,而应当按照下列规则处理:

(1)上诉仅对与对方当事人之间权利义务分担有意见,不涉及其他共同诉讼人利益的,对方当事人为被上诉人,未上诉的同一方当事人依原审诉讼地位列明;

(2)上诉仅对共同诉讼人之间权利义务分担有意见,不涉及对方当事人利益的,未上诉的同一方当事人为被上诉人,对方当事人依原审诉讼地位列明;

(3)上诉对双方当事人之间以及共同诉讼人之间权利义务承担均有意见的,未提出上诉的其他当事人均为被上诉人。

因此,在上诉状中,除上诉人和被上诉人外,还可能有原审原告、原审被告、原审第三人的主体身份和法律地位。许多律师助理常常忽视这一点,把所有的其他当事人都列为被上诉人，不仅错列了当事人，而且容易凭空增加许多对立面。

2. 明确上诉请求

上诉状的第二项主要内容是上诉的请求，这决定着二审的审理范围和目的。二审的审理结果既可能是维持原判，驳回上诉，也可能是直接改判，还可能是发回重审，对此，律师助理应该特别注意：

(1)作为上诉人，其上诉请求绝不能是维持原裁判；

(2)原则上上诉的首要请求是撤销一审判决，但未必是撤销全部的判决内容，因此，应写清楚请求撤销一审判决的全部还是其中第几项；

(3)直接写出希望改判的结果，如果上诉人为一审的原告，那么二审请求的改判结果应该和一审的诉讼请求一致，不应该提出一审起诉中没有提出的诉讼请求；

(4)上诉的最终目的应该是改判，理想情况是二审直接改判，上诉人一般没有必要直接请求发回重审；

(5)上诉人在二审中应当慎重增加一审未提出的独立诉讼请求，除自愿调解外，新增加的独立的诉讼请求涉及被上诉人的审级利益，不属于二审审理范围；

(6)如果上诉人为一审的被告，那么二审的诉讼请求应该是请求改判不承担责任，而不能是请求对方赔偿损失。

3. 明确上诉事实和理由

上诉状的第三项内容是事实和理由，其在上诉状中占主要篇幅。律师助理应该针对一审判决，主要从事实和法律两方面讲出自己的理由，要注意上诉状不同于代理词，在上诉状中一方面要列明上诉的范围和理由，即为什么以及在哪些方面对一审判决不服，要求二审如何裁判；另一方面也要注意没有必要详细陈述理由，详细陈述工作可以留在法庭上做。上诉状的要点是上诉范围一定要全面，上诉请求一定要准确，上诉理由(包括事实依据和法律依据)一定要明确，而具体陈述则只需要简练说明即可。这是因为，二审的审理范围仅限于上诉人上诉的范围，包括上诉请求和上诉理由，并且法官还会根据上诉人的上诉状和被上诉人的答辩状来确定法庭调查的重点和法庭辩论的重点。律师助理应该对上诉状的作用有清醒的认识，明白它绝不仅仅是提起二审，而是决定着二审的基本走向。有些案件之所以会败诉，其实早在起草上诉状时就已经埋下了“种子”。

律师助理起草完上诉状初稿后,应及时提交给律师审阅,再将律师审阅通过后的上诉状提交给上诉人。

(五)协助提交上诉材料

1. 核对当事人签名的上诉状内容

律师助理将经律师审阅后的上诉状提交给当事人后,应认真听取当事人的意见,并将当事人的意见转达给律师,由律师决定是否有所调整。上诉状在经当事人同意定稿以后,律师助理要告知当事人不要自行修改,即使是个别字词或者标点符号的修改也要事先告知律师或者律师助理。如果是让当事人自己打印并提交上诉状,律师助理发送给当事人的上诉状文件形式应该是 pdf 等不能直接修改的形式,以防止打印时误操作。

上诉状应该工整打印,在上诉人盖章或者签字后送交法院。尽管司法实务中法院并没有要求上诉状必须打印,但律师助理应避免手抄,除非具有较强的硬笔书法功底,因为一般情况下手抄稿容易潦草不清,会给人以轻率和不重视的感觉。

无论是律师助理自己打印还是交当事人打印,律师助理在提交前都要仔细校对文稿,不要出现文字错误,否则容易让当事人和法官对律师的工作态度和工作能力产生怀疑,极端情况下甚至会直接导致对二审审理和裁判产生重大不利影响,此为大忌。

2. 在上诉期限届满前提交上诉状

律师助理特别要注意,判决书、裁定书尾部记载的时间仅是表明文书制作的时间,并不是文书实际送达的时间。因此,律师助理要核实清楚当事人在一审送达回证上注明的收到判决书、裁定书的日期,从而准确计算、确定并牢牢记住上诉期限的截止日期。如果因为律师助理的过错致使上诉超过期限,无疑是不可饶恕的重大失职行为,律师助理以及律师甚至包括律师事务所都可能会赔偿当事人由此遭受的损失。当然,如果能证明是因为不可抗拒的事由或者其他正当理由而耽误期限,律师助理应该立即向人民法院申请顺延期限,由人民法院决定是否同意。

受理上诉的法院为一审法院的上级法院,因此基于法理和法律规定,上诉状无疑可以直接送交到二审法院。但由于一审法院还要将一审案卷整理并移送到二审法院,因此一般情况下律师助理还是将上诉状先行送交给一审法院为妥。此外，递交上诉状后，律师助理还应该督促当事人按照法院的要求在规定时间内交纳上诉费，否则，法院可以按自动撤诉处理。

三、协助参加二审审理活动的工作技能

（一）跟进二审审理进程

二审法院经过阅卷、调查和询问当事人，对没有提出新的事实、证据或者理由，认为不需要开庭审理的，可以不开庭审理，径行作出判决或者裁定。实务中尽管民事案件中二审不开庭的情形不多，大部分二审案件都通过开庭形式进行审理，但律师助理不可在递交上诉状后不闻不问，一味坐等法院的开庭通知。

律师助理应该经常和二审法官取得联系，交流消息。如果获悉二审有可能不开庭，律师助理应及时将律师的代理意见提交给法庭，并为律师争取与法官当面表达意见的机会；如果律师认为不开庭审理于己方当事人不利，律师助理应当根据律师的指示向法院表达坚持要求开庭的意愿；如果对方代理人提交了代理词，律师助理应和法院书记员沟通查阅对方代理词，发现对方的新观点需要反驳的，律师助理应当根据律师的指示再向法院提交一份补充代理词，尽可能扩大己方的影响力。

（二）协助获取并提交新证据

律师助理应根据律师的指示，协助律师获取二审新证据。

1. 新证据的范围

律师助理应当注意，二审新证据包括：一审庭审结束后新发现的证据，当事人在一审举证期限届满前申请人民法院调取未获准许的证据，二审法院经审查认为应当准许并依当事人申请调取的证据。

2. 新证据的重要性

律师助理应当意识到，二审法官最感兴趣的往往是一审中没有提到的新证据和新观点，至于一审中双方原有的证据和观点，二审法官在庭前阅卷时就已经有判断。因此，律师助理协助律师发现和提交新的证据，有助于改变一审法律文书中对己方不利部分的认定和裁判。

3. 新证据的获取方法

律师助理首先要明确新证据的存管单位，然后根据法律规定和相关单位的要求准备调查所需手续材料。需要特别注意的是，是否必须律师本人到场或者是否需要法院出具调查令方能进行和完成调查取证。如果证据不能立等可取，律师助理需要随时关注办理进度，及时询问新证据的受理查询单位，并将询问结果向律师反馈。

4. 新证据的提交期限

依据最高人民法院《关于适用〈中华人民共和国民事诉讼法〉的解释》（2022年修正）的规定，人民法院确定举证期限，“当事人提供新的证据的第二审案件不得少于十日”，这意味着二审案件同样适用举证期限制度。但从司法实践来看，律师助理应当注意，只要与案件相关的证据，即使超过举证期限，二审法院原则上也会采纳，只不过是对于故意或者重大过失的举证方可以予以训诫、罚款。因此，对于二审新的证据而言，即使超过了举证期限，律师助理也应当协助律师全力提交。

（三）协助进行庭审工作

二审开庭以前，律师助理应该与一审庭前一样协助律师做好出庭准备。所有的证据，无论是一审中提交的，还是二审中新增加的，律师助理都应该予以整理清楚，至少复印成双份待用。律师助理还应事先协助起草出较详细的代理词提纲，并可在庭审中不断充实、修订其中的内容供律师参考。律师助理随律师出庭时还应带上一审裁判文书、必要的法律文本及相关案例，并叮嘱当事人出庭时带齐证据的原件。

四、协助检查二审裁判文书的工作技能

案件审理完毕后，二审法院会向当事人、律师送达二审裁判文书，律师助理应根据律师的指示，仔细检查二审裁判文书是否存在错误，并及时将检查结果告知律师。

（一）了解二审裁判文书的结构

以二审判决书为例，其内容主要由以下部分组成：（1）判决书头部部分。包括

法律文书的制作主体、性质、编号。(2)案件当事人及委托代理人部分。说明二审当事人及诉讼代理人的基本情况,同时列明各当事人在一审中的诉讼地位。(3)庭审程序说明部分。记载案件纠纷案由,一审审理结果,谁提起二审,一审案号,二审审判组织情况、审判程序情况、诉讼参加人到庭情况等。(4)庭审过程部分。其包括以下几个部分:第一,"原告向一审法院起诉称"部分,列明一审原告陈述的事实及诉求;第二,"被告在一审法院答辩称"部分,列明一审被告答辩的观点、反驳、抗辩等意见;第三,"一审法院审理查明"部分,列明一审法院经审理后原、被告双方主张的事实理由及其成立的相关证据材料;第四,"一审法院认为"部分,列明一审法院据事实、证据,进行法律适用说明,以及判决主文。(5)二审查明事实部分,描述二审有无新证据。如有,双方进行质证,如无,一般法院记载为:"经审理查明,一审法院查明的事实与本院查明的事实无异,本院予以确认。上述事实,有双方当事人庭审笔录在案佐证。"(6)二审法院意见部分。阐述二审法院查明相关事实理由后,对本案法律适用的相关阐述,最后表明是否支持上诉人请求。(7)判决结果部分。即二审判决书判项主文。(8)法院告知及结尾部分。

(二)阅读和检查二审裁判文书

律师助理可以根据具体情况采取顺序性、选择性或者跳跃性的阅读方式:一般可以首先看二审判决主文的判项部分,知晓裁判结果;其次是阅读二审法院意见部分,从而可以获悉二审法院的裁判理由和逻辑;再次是阅读二审查明事实部分,了解二审法院对事实及证据的认定;最后是阅读其他部分。

阅读过程中律师助理应注意裁判文书是否存在文字错误、漏写甚至漏判现象。我国现行民事诉讼法律对民事裁判文书瑕疵的补正程序规定较为笼统,目前审判实践中进行补正的措施各式各样,一般不论裁判差错的轻重程度,都另行作出裁定进行补正,或者收回原裁判文书后经改动再重新作出同一案号的裁判文书。律师助理如果发现裁判文书存在瑕疵,则应立即告知律师,由律师决定是否向法院申请勘误。

引例分析

1. 小张需要注意上诉期限。小张需要向小牛核实收到一审判决书的时间,从而确定上诉期限的截止时间。

2. 小张需要协助律师全面了解一审中各方提交的全部材料，如起诉状、答辩状、代理意见及各方的证据材料等，小张需要协助律师查看一审的庭审笔录，若小牛没有，小张还需要协助律师向一审法院申请调取。

3. 小张还需要认真研读分析一审裁判文书，并协助律师向小牛全面了解案件情况，核实是否有新证据。

4. 小张在充分了解案件情况的基础上，需要检索相关法律、法规和案例并起草上诉状，组织证据材料，经律师审查确定后辅助律师向一审法院递交上诉状，并督促小牛完成诉讼费缴纳等上诉手续。

沙场练兵

【训练场景】

某金属结构厂与某城建公司签订分包合同，约定由某金属结构厂负责某桥梁的安装工作，该桥梁已于一年前通车运行。双方虽有结算，但仅有相关人员签字，结算单据上未见某城建公司相关印章。一审经过公章鉴定，得出分包合同上的某城建公司的印章与提供的样本不是同一枚，某城建公司辩称合同上的公章是由与其联营的第三人加盖的。遂法院以此认定，某金属结构厂与某城建公司不存在分包关系，驳回了某金属结构厂请求支付工程款等全部诉讼请求。某金属结构厂收到一审判决书的当日便来到某律师事务所向王律师咨询，并当场确定了委托代理关系。

【训练任务】

王律师安排律师助理小张起草上诉状初稿，可小张觉得公章鉴定都是“假章”了，不知怎么办才好。你认为小张应该如何完成起草上诉状初稿的工作？

【训练技能】

要完成王律师安排的起草上诉状初稿工作，小张一是要协助律师分析公章问题，二是要掌握起草上诉状的基本技能。

1. 关于公章问题

(1)从合同形式上分析，虽然司法鉴定的结论是案涉合同上的印文和被上诉人提交的印文不是同一枚印章盖印，但是不能证实案涉合同上的印章不是合法的；即使按照被上诉人一审辩称的该公章是由第三人加盖的，基于双方联营体关系，第三人的盖章行为也代表了包含被上诉人在内的联营体的意志，上诉人有理由确信案涉分包合同是被上诉人的真实意思表示。

(2)从实际履行上分析，上诉人分包得到了案涉工程后，实际履行了制造、安装等全部合同义务，案涉工程虽未进行竣工验收，但已投入使用。退一步讲，即使按照被上诉人辩称与上诉人之间不存在分包关系，但上诉人作为实际施工人也有权向作为承包人的被上诉人主张工程款。

2. 起草上诉状的技能

首先，小张需要在二审上诉期限届满前完成王律师安排的撰写上诉状初稿的工作，同时需要注意预留王律师修改上诉状并让委托人确认上诉状和最后提交上诉状的时间。

其次，小张需要全面了解一审中各方提交的全部材料，并认真研读分析一审裁判文书，就事实部分和法律适用部分充分研究，并向委托人核实是否有新证据。

最后，小张在充分了解案件情况的基础上，需要检索相关法律法规和案例并撰写上诉状初稿。小张应当注意上诉状初稿在形式上需要符合的相关格式要求；内容上需要明确上诉请求内容，并从事实认定和法律适用两方面进行简要阐述说明。

拓展阅读

列明程序问题，分析法律适用

上诉的范围包括认为一审或程序错误，或适用法律错误。所以，撰写上诉状时，需要对何为程序错误，以及如何分析法律适用有一定的了解。

程序方面，二审需要审查的程序问题也有多种表现，如未送达的缺席审理、该回避未回避、审判组织的组成违法、遗漏或超出诉讼请求、未追加必要的当事人、证据伪造或未经质证、鉴定程序违法，等等。当然，实体和程序很多时候密切相关，如代持股权的确认，要以公司为被告，名义股东为第三人；当债务人已进入破产程序时，债权人只能提起确认之诉，而不能主张给付。这些程序性问题，要求代理人对实体法熟悉，并且对程序法也有所了解。

同时，撰写上诉状既要掌握法律问题分析的基本方法，也要对不同法律关系的区别有所了解。举例而言，假如上诉是对合同的解除、撤销或者无效提出异议，那么解除时有无解除权，是基于法定解除，还是约定解除；撤销权的行使有无过除斥期间；无效后果如何处理，都直接关系到实体责任，都应当在上诉理由中予以考量。

对于法律关系的认定提出异议，也可以在上诉时进行明确论述。比如，自带生产工具提供劳务是雇佣还是承揽的判断；对一笔转账款是借贷关系，还是居间报酬，要明确分析两者的异同。再如，在建设工程领域，要区分款项的具体构成，工程内造价和合同外费用，以及工期延误造成的损失等，均应一项项厘清，要有的放矢，尽量避免“眉毛胡子一把抓”。

需要注意的是，在侵权案件中，当事人一般在上诉状中只对责任大小提出异议，事实上也应综合考虑侵权的具体构成要件、原因力和过错程度的大小、受害人过失、有无免责情形以及在多人侵权时，是共同侵权，还是共同危险行为，抑或数人无意思联络侵权等因素是否也构成上诉理由，如有，则也可以考虑对影响责任大小的因素展开阐述，但切忌不着边际地泛泛而谈。

但是，在二审中，有一个关键点是当事人不得违背诚实信用原则，对在一审中放弃的实体权利进行上诉主张。比如，一方明确与对方之间存在委托合同关系，其又以不当得利上诉，是难以获得二审支持的。

——参见何健：《法官眼中，理想的上诉状应该怎么写？》，载微信公众号“庭前独角兽”2022 年 2 月 22 日，https://mp. weixin. qq. com/s/NNYb4J1rKJ – 5Agb7WRLGeQ。

第八节　协助参加再审

知识导图

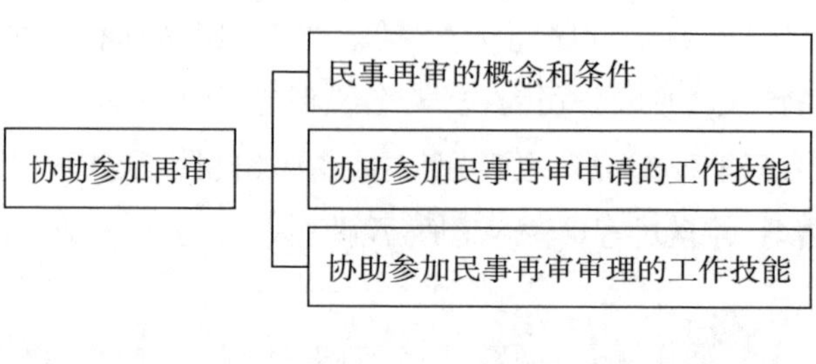

案例引入

小张是一名实习律师，系某律师事务所王律师的助理。王律师最近作为A公司的再审诉讼代理人承办了一起建设工程分包合同纠纷案。

该案基本情况：A公司与B公司签订了建设工程分包合同，该分包合同约定B公司将桥梁的钢箱梁制造、安装工程分包给A公司。A公司按约完成了钢箱梁制造及安装，虽然没有经过验收，但该桥梁已经实际通车运行。A公司找到王律师，要求起诉B公司支付工程款。在一审中，B公司主张，B公司与A公司没有合同关系，经过鉴定，分包合同上的印章与B公司提供的检材不一致。一审法院认定分包合同上加盖的B公司印章虚假，遂驳回了A公司的全部诉讼请求。A公司不服一审判决结果，决定继续委托王律师进行上诉，然而，二审仍维持原判。A公司觉得工程确实是自己干的，干完活却拿不到钱，判决结果难以接受，要求王律师继续代理提起再审程序。王律师安排小张准备再审申请材料。

问题：小张在准备再审申请材料时需要做哪些工作？

学习目标

1. 了解民事再审的概念和条件
2. 熟悉协助参加民事再审受理审查和立案审查的工作技能
3. 掌握协助调取、审查一审、二审卷宗以及起草和提交再审申请书的工作技能

基本知识

一、民事再审的概念和条件

（一）民事再审的概念

民事再审又称审判监督，是指人民法院对裁判已经发生法律效力的案件再一次进行审理并重新作出裁判的诉讼活动，是一种事后救济程序，即法院裁判发生法律效力之后的补救程序，它不属于审级制度内的结构，不构成独立的审级。

我国的再审制度包括两类：一类是基于当事人诉权的再审，即当事人不服已经生效的裁判文书，向再审法院提起再审申请，经审查立案后由再审法院对案件再行审理。另一类是基于法定审判监督权的再审，即法定的机关和公职人员，对有错误的已经发生法律效力的裁判文书提起再行审理，包括人民法院依职权决定提起再审和人民检察院民事抗诉提起再审。

（二）申请民事再审的条件

民事再审是为纠正生效裁判错误而设立的特别救济程序，与一审、二审程序的功能和作用存在明显区别，以案件的裁判已经发生法律效力为前提，并有严格的范围和条件限制。

1. 申请民事再审的主体资格

一般而言，能够申请民事再审的主体有三类：第一类是判决、裁定、调解书列明的当事人；第二类是认为原判决、裁定、调解书损害其民事权益，所提出的执行异议被裁定驳回的案外人；第三类是上述当事人或案外人死亡或者终止后的权利义务承继者。

律师助理需要特别注意的是，判决或调解书生效后，当事人可以将判决或调解书确认的债权转让，但债权受让人对已经生效的判决或调解书有异议，则无权就该判决或调解书申请再审。

2. 申请民事再审所针对的对象

一般而言，当事人针对已经发生法律效力的判决、裁定、调解书都可以申请再审。其中，对于法院裁定，只有不予受理和驳回起诉的裁定才能申请再审。

法律文书生效是当事人申请再审不可或缺的必备要件，对于判决、裁定尚未生效且依法可以上诉的案件，当事人可以通过上诉提起第二审程序寻求权利的进一步救济；对于调解书尚未发生法律效力的案件，当事人可以通过拒绝签收调解书，使调解书不能生效而由人民法院作出裁判。

3. 具有法定的申请再审事由

根据《民事诉讼法》的规定，当事人对已经发生法律效力的判决、裁定，认为有错误的，可以向上一级人民法院申请再审，但不停止判决、裁定的执行。

再审程序是一种纠正判决、裁定或者调解书错误的程序，因此，只有认为判决、裁定或者调解书存在错误的，当事人才有必要申请再审。判决、裁定没有错误的，当事人不能申请再审，即使申请，也不会引起再审程序。

二、协助参加民事再审申请的工作技能

存在再审事由的司法裁判违背了“努力让人民群众在每一个司法案件中感受到公平正义”的司法理念，对当事人不公平，也损害了社会民众对司法的信赖。律师助理辅助律师参与再审程序代理工作，从而促使当事人获得最终公正的司法裁判结果，意义重大。

（一）协助检查是否属于不能申请再审的案件

依据《民事诉讼法》、最高人民法院《关于适用〈中华人民共和国民事诉讼法〉的解释》（2022年修正），对于下列案件，当事人依法不得申请再审；当事人提出申请的，应当视为不符合申请条件。

1. 判决解除婚姻关系的案件

人民法院作出的解除婚姻关系的判决一旦发生法律效力，男女双方之间基于婚姻关系而形成的夫妻关系就会消灭，双方均可以与他人建立婚姻关系。如果当事人要改变原裁判文书对婚姻关系的解除，可以重新进行结婚登记，没有必要由人民法院对案件进行再审。律师助理需要注意，在这种案件中，当事人不得申请再审的内容仅限于解除婚姻关系部分，当事人就离婚案件中的财产分割问题申请再审的则不受此限。

2. 适用特别程序、督促程序、公示催告程序、破产程序等非诉讼程序审理的案件

民事诉讼特别程序包括选民资格案件、宣告失踪或者宣告死亡案件、认定公民无民事行为能力或者限制民事行为能力案件、认定财产无主案件、确认调解协议案件、实现担保物权等案件，对于按照特别程序审理的案件，即使判决生效后出现了新情况，当事人或者利害关系人也可以依特别程序的规定申请作出新判决，撤销原判决，当事人没有必要申请再审。

对于按照督促程序、公示催告程序审结的案件，如果裁判确有错误，当事人、利害关系人可以另行起诉，通过普通诉讼程序解决纠纷。

对于按照企业法人破产还债程序审结的案件，由于债务人随着破产清算完毕而丧失主体资格，即使裁判有错误，其主体资格也难以恢复，即使恢复也难以继续开展经营活动。因此，对于按照上述程序审理的案件，当事人不得申请再审。

3. 再审申请被驳回后再次提出申请或者对再审判决、裁定再次提出申请的案件

立法不允许当事人就这类案件申请再审，主要目的是尽可能地维持裁判的既判力，防止当事人滥诉。人民法院依再审程序已经对案件进行了再审的，如果允许当事人无限制地申请再审，会使法院裁判长期处于不稳定状态，影响当事人之间实体权利义务关系的安定性，损害另一方当事人的合法权益。

律师助理需要注意的是，这类案件在申请主体方面仅仅针对之前曾经提出过申请的一方当事人，并不阻止同案的其他当事人对此生效裁判提出再审申请。

4. 在人民检察院对当事人的申请作出不予提出再审检察建议或者抗诉决定后又提出申请的案件

这是我国“法院纠错先行，检察机关监督断后”，即有限再审原则的体现，两者的程序顺序是不可逆的，此时当事人的再审申请权利已经用尽，当事人只能通过信访申诉等途径寻求救济。

律师助理对案件的可再审性检查完毕后，应将检查结果形成书面意见，提交律师审阅，由律师认定该案件是否属于不能申请再审的案件。

（二）协助办理申请再审委托手续

律师助理应依照律师的指示，起草再审委托代理合同初稿，并提交给律师审阅。律师审阅通过后，律师助理将委托代理合同提交给当事人。当事人如对委托代理合同无异议，律师助理再将委托代理合同提交律师事务所进行审核。律师事务所审核通过后，律师助理就可以通知当事人签署委托代理合同了。需要注意的是，委托代理合同一式三份，一份交委托人，一份交本所存档，一份由律师助理附卷存档。

委托人应在签署再审委托代理合同的同时出具授权委托书，载明具体的委托事项和代理权限，同时还应载明代理期间为再审程序，由委托人签署。委托权限应当注明是一般授权还是特别授权，其中变更、放弃、承认诉讼请求和进行调解、

和解等事项,应当有当事人的特别授权,律师助理应注意将上述权限含义向委托人一一说明。授权委托书也是一式三份,一份交受理案件的法院,一份交本所存档,一份由律师助理附卷存档。

此外,律师助理还应申请开具律师事务所的所函,所函应注明律师及律师助理的联系方式。

(三)协助调取一审、二审卷宗材料

再审委托手续办完之后,如果该案的一审、二审诉讼活动是由其他律师代理,那么律师助理应根据律师的指示,让当事人提供尽可能详细的一审、二审诉讼情况,提交尽可能完整的证据材料和诉讼文书,必要时可与一审、二审代理人取得联系,以便律师全面掌握案情。

此外,律师助理还应根据律师的指示,和法院联系阅卷事宜。律师助理辅助律师阅卷须提前向法院书记员联系,由法院书记员安排阅卷时间,然后随同律师一起到法院阅卷。律师和律师助理阅卷时须分别出示律师执业证、申请律师执业人员实习证、授权委托书,登记阅卷人证件号码和联系方式等内容。律师助理应保持卷宗整洁,不得涂改、损毁、抽取案件材料。阅卷完毕,将案件材料交还管理人员,查阅案件材料中涉及国家秘密、商业秘密和个人隐私的,律师和律师助理均应当保密。经法院许可,律师和律师助理可将一审、二审开庭笔录及对方当事人一审、二审提交的证据、代理词等卷宗材料复印、复制带回认真研究。

(四)协助审查一审、二审案卷材料

律师助理应在律师的指导下,对一审、二审裁判文书以及事实证据等全部案卷材料进行审查,着重审查是否存在以下几方面情形:

1. 原裁判文书认定的事实和证据可能存在错误

(1)是否发现了新的重要证据或者证据线索,能够使原判决、裁定或者调解书的基础丧失。

(2)原裁判文书认定事实是否清楚、完整,有无前后矛盾,是否原裁判文书认定事实的重要证据不足或是伪造,或者有充足理由说明主要证据不能成立的。

(3)原证据是否充分、确凿,认定案件基本事实所必需的主要证据是否未经质

证。需要注意的是，未经质证不包括拒绝发表质证意见或者质证中未对证据发表质证意见情形。

（4）是否存在对审理案件需要的主要证据，当事人因客观原因不能自行收集，书面申请人民法院调查收集，人民法院未调查收集的情形。

2. 原裁判文书适用法律可能存在错误

（1）适用法律是否得当，适用的法律条文与案件性质、主要事实是否一致。

（2）是否适用已经失效或者尚未施行的法律、违反法律溯及力规定、违反法律适用规则、明显违背立法原意的。

（3）一审认定的事实与判决、裁定的结果是否具备必然的逻辑关系。

3. 原审判活动可能存在影响案件正确判决的违法情况

（1）是否存在如审判组织的组成不合法或者依法应当回避的审判人员没有回避等情形。

（2）是否存在无诉讼行为能力人未经法定代理人代为诉讼或者应当参加诉讼的当事人，因不能归责于本人或者其诉讼代理人的事由，未参加诉讼的。

（3）是否存在违反法律规定，剥夺当事人辩论权利的，包括不允许当事人发表辩论意见、应当开庭审理而未开庭审理、违反法律规定送达起诉状副本或者上诉状副本，致使当事人无法行使辩论权利的等情形。

（4）是否存在未经合法传票传唤，缺席判决的情形。

4. 其他情形

（1）是否存在原判决、裁定遗漏或者超出诉讼请求的情形。

（2）是否存在据以作出原判决、裁定的法律文书被撤销或者变更的情形，这里的法律文书既包括发生法律效力的判决书、裁定书、调解书，也包括发生法律效力的仲裁裁决书、具有强制执行效力的公证债权文书。

（3）是否存在确定民事责任明显违背当事人约定或者法律规定的情形。

（4）是否有足够的证据证明调解违反自愿原则或者调解协议内容违法的情形。

律师助理对于审查原裁判文书中发现的问题，应形成书面的审查意见，提交给律师审阅。

(五)协助获取再审新证据

根据《民事诉讼法》的规定,如果有新的证据,足以推翻原判决、裁定的,人民法院应当再审。所谓再审“新的证据”,是指在原诉讼过程中没有发现、收集、提供,而在原审庭审结束后新发现的证据,这是对当事人提供的证据在时间方面的要求。所谓“足以推翻原判决、裁定”,是指当事人新提供的证据将全部或者部分否定原来的判决、裁定,这是对当事人新提供的证据在证明力方面的要求。在再审活动中,原审中没有提到的新证据和新观点非常有助于改变原审法律裁判文书中对己方不利部分的认定。

再审新证据主要包括以下方面:一是原审庭审结束前已客观存在,因客观原因于庭审结束后新发现的证据;二是原审庭审结束前已经发现,但因客观原因无法取得或在规定的期限内不能提供的证据;三是在原审庭审结束后形成,且无法据此另行提起诉讼的,如原审庭审结束后,原作出鉴定意见、勘验笔录的又重新进行鉴定、勘验,并且推翻了原结论的证据;四是当事人在原审中提供的主要证据,原审未予质证、认证且未作为裁判根据,但足以推翻原判决、裁定的,应当视为新的证据。

律师助理辅助律师从当事人处获取的新证据应当注意核对原件,并将来自当事人的新证据原件及时交还当事人妥善保管,同时自己保管复印件、复制件;除非特殊原因,不得接受当事人的原件,以防自己保管不善丢失。律师助理对保留的复印件或复制件亦应当妥善保管,不得丢失或废弃,同时,对当事人提交的材料负有保密义务,不得向承办案件参与人以外的人披露。

律师助理辅助律师共同向新的证人调查收集证据时首先应当告知自身身份并且出示委托书或介绍信,告知证人当如实反映与本案有关的情况。此外,律师助理应当制作调查笔录,全面准确地记录谈话内容,并交由证人阅读或向其宣读。如有补充,应由证人在修改、补充处签字、盖章或捺印确认。经确认无误后,由调查人、证人、律师助理签名、盖章或捺印确认。律师助理应当要求证人在调查笔录上签署下述文字:“以上笔录本人阅读过,与本人的陈述一致。”

律师助理需要特别注意的是,新证据应当在提出再审申请时一并提交,并说明其知道或者应当知道该新证据的时间,以及将该证据作为新证据的理由。

（六）协助起草再审申请书

申请再审不能以口头的形式提出，因此律师助理应在律师的指导下起草再审申请书初稿，初稿完成后交由律师审阅。

再审申请书应当载明下列事项：(1)再审申请人、被申请人及原审其他当事人的基本情况。当事人是自然人的，应列明姓名、性别、出生日期、民族、职业（或工作单位及职务）、住所及有效联系电话、邮寄地址；当事人是法人或者其他组织的，应列明名称、住所和法定代表人或者主要负责人的姓名、职务及有效联系电话、邮寄地址。(2)作出判决、裁定、调解书的人民法院名称，判决、裁定、调解文书案号。(3)具体的再审请求。(4)申请再审所依据的法定情形，须列明所依据的法律具体条、款、项及具体事实、理由。(5)再审申请书应当明确申请再审的人民法院，并由再审申请人签名、捺印或者盖章。

律师助理应当特别注意再审申请书不能使用涉嫌攻击、侮辱其他当事人或者原审法院和法官的用语。

（七）协助提交再审申请材料

1. 核对当事人签名盖章的再审申请书内容

律师助理将经律师审阅后的再审申请书提交给当事人后，应认真听取当事人的意见，并将当事人的意见转达给律师，由律师决定是否采纳。再审申请书无论是律师助理自己打印还是交当事人打印，律师助理都要仔细校对文稿，不能出现文字错误。

此外，律师助理应适应我国正在进行的法院审级职能定位改革带来的新变化。比如，当事人向最高人民法院申请再审的，除依法必须载明的事项外，还应当在再审申请书中声明对原判决、裁定认定的基本事实、认定事实的主要证据、适用的诉讼程序没有异议，同时载明案件所涉法律适用问题的争议焦点、生效裁判适用法律存在错误的论证理由和依据。

2. 确定申请民事再审的受理法院

申请再审属于非常规救济性的措施，一般是向作出生效裁判法院的上一级法院提出申请，如作出生效裁判原审人民法院如果是中级人民法院，其上一级人民法院就是高级人民法院。然而,为便利当事人行使申请再审权利,降低申请再审成本,当事人一方人数众多(10 人以上)和当事人双方(原告和被告)均为公民的案件,也可以向原审人民法院申请再审。

律师助理需要特别注意的是,向最高人民法院申请再审的额外条件。当事人对高级人民法院作出的已经发生法律效力的民事判决、裁定、调解书,认为有错误的,一般应当向原审高级人民法院申请再审;只有符合下列情形之一的,才可以向最高人民法院申请再审:一是再审申请人对原判决、裁定认定的基本事实、主要证据和诉讼程序无异议,但认为适用法律有错误的;二是原判决、裁定经高级人民法院审判委员会讨论决定的。实践中第二种情况较为少见,多数情况下只有第一种情况可以向最高人民法院申请再审。

3. 在上诉期限届满前提交再审申请材料

当事人申请再审,应当在判决、裁定发生法律效力后 6 个月内提出;有新的证据足以推翻原判决、裁定的,或者原判决、裁定认定事实的主要证据是伪造的,或者据以作出原判决、裁定的法律文书被撤销或者变更的,或者审判人员审理该案件时有贪污受贿,徇私舞弊,枉法裁判行为的,自知道或者应当知道之日起 6 个月内提出。律师助理一定要牢牢记住再审申请的期限,判决书、裁定书上的时间并不是送达的时间,要向当事人了解清楚送达回证上注明的收到判决书、裁定书的日期。

律师助理应当根据律师的指示提交再审申请书,并按照被申请人及原审其他当事人人数提交再审申请书副本。除再审申请书外,律师助理还应当协助律师提交以下材料:

(1)再审申请人是自然人的,应提交身份证明复印件;再审申请人是法人或其他组织的,应提交加盖公章的营业执照复印件、法定代表人或主要负责人身份证明书。

(2)授权委托书原件、律师事务所所函原件和律师执业证复印件。

(3)申请再审的判决、裁定、调解书经核对无误的复印件;判决、裁定、调解书系二审裁判的,应同时提交一审裁判文书经核对无误的复印件。

(4)在原审诉讼过程中提交的主要证据复印件。

(5)支持申请再审所依据的法定情形和再审请求的证据材料。

(6)再审申请人有新证据的,应按照被申请人及原审其他当事人人数提交相应份数的新证据。

再审申请书等材料一般应使用 A4 纸,律师助理同时可以考虑附上与书面材料内容一致的可编辑的一审、二审裁判文书和再审申请书的电子文本(word 文本),并提供所有纸质文件的便携式格式文本(pdf 文本),将上述两种格式的电子文本刻录在同一张光盘中,与纸质材料一并提交。

三、协助参加民事再审审理的工作技能

(一)协助参加再审受理审查

再审案件的办理程序首先是由再审法院立案庭对再审申请是否受理进行审查。再审受理审查阶段一般属于形式审查,主要审查提出再审申请是否在法定期间内,申请人有没有申请再审的权利,提出再审的生效裁判文书是否允许提出再审申请,申请再审的事由是否符合法律规定,再审申请受理的法院是否有再审管辖权,再审材料是否符合要求等。

最高人民法院《关于人民法院登记立案若干问题的规定》(自 2015 年 5 月 1 日起施行)明确规定,一审民事案件属于立案登记范围,而申请再审案件不属于立案登记范畴。因此,律师助理应当注意不能对立案登记的范围存在认识误区,不能忽视再审案件受理阶段工作的重要性。

律师助理应当注意协助律师配合再审法院对申请材料的审查,主要有以下方面:(1)再审申请人须是生效裁判文书列明的当事人或者符合法律和司法解释规定的案外人;(2)再审法院一般须是原审法院的上一级法院;(3)申请再审的裁判须是属于法律和司法解释允许申请再审的生效裁判;(4)申请再审的事由须是符合《民事诉讼法》规定的情形。

此外,律师助理应注意及时与再审法院受理部门保持联系,如果获悉有材料不符合受理要求的,应尽快补正提交。再审法院认为符合要求的,一般会给再审申请人一份受理通知书。

(二)协助参加再审立案审查

法院立案庭受理再审申请的人员对再审案件形式审查符合要求后,会将案件

材料按照程序转给合议庭，由其对再审材料进行实质性审查，这是再审申请最为重要也是最为艰难的阶段。

再审申请的立案审查一般包括四种方式：一是通过对再审申请书等材料的审查能够认定再审事由成立的，可以径行裁定再审；二是仅审查再审材料难以作出裁定的，要调阅原审卷宗进行审查，也就是调阅一审、二审的案件材料进行全面审查，一般耗时会比较长；三是对于再审申请人以有新的证据足以推翻原判决和裁定为由申请再审的，一般要询问案件的当事人，询问在法庭进行，案件当事人应该到场接受询问，并且制作规范的询问笔录；四是再审听证，这是介于公开开庭和询问之间的一种较为正式的审查方式，有利于再审当事人更好地表达意见。

律师助理不可在递交再审材料后不闻不问，一味坐等法院的通知，而是应该经常和再审立案法官取得联系，交流消息，并为律师争取与法官能够当面交流意见的机会。

再审审查的最终结果是下达再审裁定，内容是裁定再审或者裁定驳回再审申请。

（三）协助参加再审案件审理

经再审立案审查裁定再审的案件，就进入再审审理阶段。根据法律规定，裁定再审的案件，发生效力的判决和裁定是第一审法院作出的，再审案件按照一审程序审理，再审判决、裁定可以上诉；发生效力的判决和裁定是第二审法院作出的，按照二审程序进行审理，再审判决、裁定是发生效力的判决、裁定，不能上诉。对于上级人民法院提审的案件，则要按照二审程序审理，所作判决、裁定是发生效力的判决、裁定，亦不能上诉。

律师助理应当注意，人民法院审理再审案件应当围绕再审请求进行。当事人的再审请求超出原审诉讼请求的，基于对方当事人的审级利益考虑不予审理。此外，再审案件的审理程序和普通案件的审理程序基本相同，应组成合议庭按照通常的一审或者二审程序进行审理。律师助理协助参加再审案件审理的工作技能与协助参加原审一审或者二审的工作技能相同。

引例分析

1. 小张需要全面梳理原审一审、二审中各方提交的全部材料，如起诉状、答辩状、上诉状、代理意见及各方的证据材料等。此外，小张还需要查阅一审、二审的庭审笔录，认真研读分析一审、二审裁判文书。

2. 小张需要进一步检索相关法律、法规、案例、学术观点等，梳理再审申请思路。

3. 小张需要撰写再审申请书初稿和证据目录初稿。

4. 小张需要将再审申请书、证据目录等初稿，以及梳理后的证据材料，提交王律师进行审阅。

5. 王律师审阅通过后，小张应在再审期限内向法院提交再审申请的相关材料。

沙场练兵

【训练场景】

某农村商业银行股份有限公司诉吕某、韩某、吴某金融借款合同纠纷一案，在一审审理过程中，韩某、吴某二人因涉嫌非法吸收公众存款罪被羁押于派出所，该二人诉讼文书送达地址确认书中记载的送达地址为家庭地址。一审法院按上述地址送达了一审判决，但被退回；二审法院仍按韩某、吴某诉讼文书送达地址确认书中记载的家庭地址送达开庭传票，亦被退回，韩某、吴某均未参与该案的二审审理。一年后，韩某、吴某获悉二人在该案二审判决中败诉，遂委托某律师事务所王律师和律师助理小张代理申请再审。

【训练任务】

王律师安排小张协助其一起调取了一审和二审案卷材料，并要求小张仔细阅读案卷材料，结合事实和法律提出关于再审理由的建议。

【训练技能】

针对再审案件，律师助理需要协助律师全面梳理原审中各方提交的全部材料及庭审笔录等，认真阅读和分析原审判决书。具体到本案，对于金融借款纠纷，小张需要协助律师仔细梳理双方的资金往来，认真分析双方的实体债权债务关系和程序权利义务。

本案中,小张特别关注再审申请人二审未出庭应诉的情况。小张在阅卷中发现,一审、二审法院开庭通知邮寄后均被退回,其中一审送达《退改批条》载明,“无人签收,收件人坐牢”;二审送达《退改批条》载明,“原址查无此人”。小张又查询了《民事诉讼法》相关规定,发现“被告坐牢”这种情形不属于《民事诉讼法》规定的“无正当理由拒不到庭”的情形,法院缺席判决系程序严重违法,该案符合再审申请的条件。

小张立即将上述情况报告给王律师,并提出初步法律意见:《退改批条》已经明确载明“收件人坐牢”,一审、二审法院均应知晓,却均仍按家庭地址送达开庭传票,因此韩某、吴某不属于法律规定的“无正当理由拒不到庭”的情形,缺席判决违法。为此,小张向律师建议,申请再审的理由为:第一,将《退改批条》作为新的证据,该证据能够使原判决的基础丧失;第二,存在未经合法传票传唤即缺席判决的情形,原审判活动可能存在影响案件正确判决的违法情况。

拓展阅读

民事再审申请书

再审申请人(一、二审诉讼地位):×××,男/女,××××年××月××日出生,×族,……(写明工作单位和职务或者职业),住……。联系方式:……。

法定代理人:×××,……。

委托诉讼代理人:×××,……。

被申请人(一、二审诉讼地位):×××,……。

二审上诉人/二审被上诉人(一审诉讼地位):×××,……。

一审原告/被告/第三人:×××,……。

……

(以上写明当事人和其他诉讼参加人的姓名或者名称等基本信息)

再审申请人×××因与×××……(写明案由)一案,不服××××人民法院(写明原审人民法院的名称)××××年××月××日作出的(××××)……号民事判决/民事裁定/民事调解书,现提出再审申请。

再审请求:

一、依据《中华人民共和国民事诉讼法》第二百零七条第×项、第×项规定,请求再审立案。

二、依法撤销××××人民法院××号民事判决书/民事裁定/民事调解书或民事判决书第×项。

三、依法判令……或驳回……诉讼请求;

……

四、由××承担本案×诉讼费用。

事实和理由:

(写明申请再审的法定情形及事实和理由,每一项作为一点并详细说明)。

依据《中华人民共和国民事诉讼法》第二百零七条第一项、第二项、第三项、第六项、第十一项……申请再审。

一、有新证据足以推翻一审判决。现提交如下新证据:(一)××证据;(二)××证据;……。上述新证据来源、何时发现、因何原因逾期提交、证明何种待证事实,该事实可证明原判决何处错误,足以推翻一审判决。

二、一、二审判决认定××基本事实缺乏证据证明。系何种事实缺乏证据证明。

三、一、二审判决认定事实的××主要证据是伪造。(一)……。(二)……。具体哪一证据系伪造,原证据、原事实具体情况。

四、二审判决适用法律确有错误。具体写明何种事实属于适用法律确有错误,因何种原因错误,应当适用××法律。

五、一审判决遗漏诉讼请求。申请人在一审中提出××诉讼请求,一审法院未予处理。

六、送达程序违法,剥夺当事人辩论权利。(一)写明何种情况下获知案件情况。(二)一审向何处送达,采用何种公告情况。(三)未到庭应诉的原因。

……

新证据(无新证据的无须列明)

写明证据和证据来源,证人姓名和住所。

此致

××××人民法院

附:本民事再审申请书副本×份

再审申请人(签名或者盖章)

××××年××月××日

(向法院递交材料的日期)

——参见《立案指南之六——再审立案指南(试行)》,载深圳市中级人民法院官网 2023 年 3 月 27 日,https://www.szcourt.gov.cn/article/1064403144663040。

第九节　协助立卷归档

知识导图

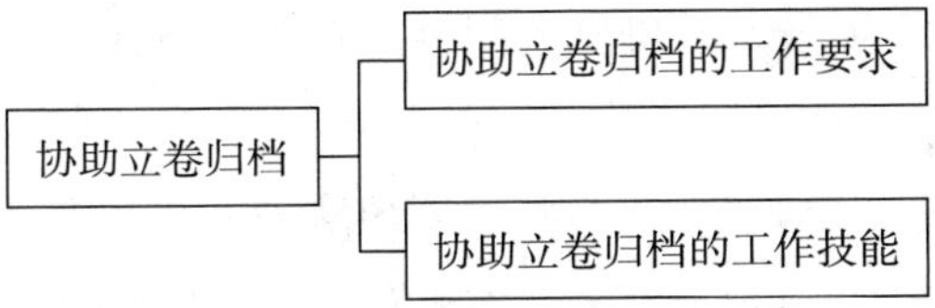

案例引入

小张毕业于一所“双一流”大学的法学专业,他顺利通过法律职业资格考试后,进入了某知名律师事务所,成为王律师的助理。入职之初,小张大部分时间用于协助王律师对案卷进行立卷归档。一个月后,小张认为立卷归档工作不仅枯燥,而且对提升自己的办案能力没有什么帮助,纯粹是浪费自己的宝贵时间,不理解王律师为什么会让自己做立卷归档这样的基础工作。

问题:为什么王律师会让小张做立卷归档这样的基础工作?

学习目标

1. 了解协助立卷归档的工作要求
2. 掌握撰写办案小结的工作技能
3. 掌握协助立卷归档的工作技能

基本知识

一、协助立卷归档的工作要求

(一)协助立卷归档的工作意义

律师业务档案,是律师进行业务活动的真实记录,反映律师维护国家法律正确实施,维护委托人合法权益的情况,体现律师的基本职能和社会作用。① 律师承办业务形成的文件材料,必须严格按照司法部、国家档案局印发的《律师业务档案立卷归档办法》(司律通字〔1991〕153 号)规定的要求立卷归档。②

就律师助理而言,其协助律师立卷归档具有以下三点意义:

1. 有助于提升执业能力

律师助理在整理案卷材料时,有机会对案卷材料重新阅读和思考,对办案过程进行全面回顾,从而学习到律师的办案思路、办案经验,以及法律文书的写作方法。

笔者在做律师助理时,曾经连续 3 个月整理律师事务所主任的办案卷宗,一边整理卷宗,一边仔细阅读主任撰写的每一份法律文书。一份卷宗整理完了,笔者对案件的法律关系、诉讼策略、文书写作都有了自己的体悟。3 个月之后,律所主任才让笔者参与他承办的案件,撰写起诉状、代理词、质证意见等法律文书初稿。由于笔者从 3 个月的立卷归档工作中学习了各种法律文书的写法,因此初次撰写法律文书就得到了律所主任的好评。由此可见,简单的事情如果用心做,也会带来丰厚的收获。

---

① 《律师业务档案立卷归档办法》(司律通字〔1991〕153 号)第 1 条。

② 《律师业务档案立卷归档办法》(司律通字〔1991〕153 号)第 2 条第 1 款。

2. 有助于规范执业行为

各地律师协会对律师业务案卷都有归档要求。律师助理作为律师的助手，自律师接受委托之时起，就应该严格按照立卷归档的要求对各种手续及材料进行整理，并随时检查各种手续及材料是否符合归档的要求，在结案归档时再认真反思整个案件的办理流程是否有待完善提高。养成良好的卷宗整理的习惯，有助于规范律师助理的工作。

3. 有助于做好收尾工作

律师助理在整理卷宗材料的过程中，还有可能发现案件在办理过程中出现的问题。例如，律师收到的裁判文书没有转交委托人，委托人提交的证据原件没有退还委托人。发现问题后，律师助理应立即处理此类问题，将裁判文书转交委托人，将证据原件退还委托人。此外，律师助理在整理卷宗的过程中，还应将其注意到的案件关键时点，如申请强制执行的期限、上诉的期限、申请再审的期限等，及时提醒委托人，这些案件收尾工作体现了律师助理认真负责的工作态度，并有可能促成尚在犹豫是否继续委托的委托人再次委托，有利于维护客户关系。

（二）协助立卷归档的工作要求

律师助理协助立卷归档的工作要求包括归档材料完整、清晰和有序。

1. 归档材料完整

材料完整是指归档的文件应符合当地律师协会的要求，材料齐全，没有遗漏和破损。

律师助理自律师接受委托之时起，就应开始收集保存案件相关材料。在案件办理完毕后，律师助理还应全面整理、检查办理该案的全部文书材料，在查漏补缺的同时，需要去掉不必归档以及重复归档的材料。

2. 归档材料清晰

律师办案过程中制作的各种书面材料，包括谈话笔录、会见记录、调查记录、诉讼文书等材料，都必须用黑色钢笔或签字笔书写、签发，要求字体整齐、清晰。

律师助理对破损的材料应进行修补或复制，复制件放在原件后面。对字迹难以辨认的材料应提醒律师附上抄件。需要附卷的信封要打开平放，邮票不要揭掉。

归档案卷应用黑色钢笔或签字笔逐页填写或者打印案卷封面及卷内目录，内容要完整，字迹要工整。

3. 归档材料有序

归档案卷应按照案卷封面、案卷目录、案卷材料、案卷封底的顺序进行排列。案卷材料通常应按照诉讼程序的客观进程或时间顺序进行排列。

二、协助立卷归档的工作技能

律师助理应在律师的指导下，进行立卷归档工作。立卷归档一般包括七个程序：填写案卷封面、编制案卷目录、整理案卷材料、撰写办案小结、填写归档文件、扫描案卷材料和装订案卷材料。

（一）填写案卷封面的工作技能

1. 填写案卷封面

律师助理应认真填写案卷封面。

（1）“　　年度　　字　第　号”处填写律师事务所内部的卷宗档案号。

（2）“案由”填写法院裁判文书上确认的案由。

（3）“法院　　字第　号”填写裁判文书号。

（4）“收案日期”填写委托代理合同的签署日期。

（5）“结案日期”填写收到判决书（裁定书、调解书）之日。

（6）“审级”填写一审或二审或再审。

（7）“审理结果”填写裁判文书中“判决如下”或者“裁定如下”的内容。

（8）“归档日期”填写将卷宗档案交给律师事务所档案员的日期。

（9）“保存期限”由律师提出并报律师事务所主任决定。

（10）“保存期限”“档案号数”“统计类别”“档案号”由律师事务所档案员填写。

关于“保存期限”，需要注意的是，根据《律师业务档案管理办法》第18条第5款的规定，列为长期或短期保管的律师业务档案，具体保管期限，由立卷人提出并报律师事务所主任决定。

2. 案卷封面模板

案卷封面模板见表4－5。

表4－5　案卷封面模板

<table>
<tr><td colspan="6">北京市　　　　律师事务所
民　事　　　　　　　　卷　宗</td></tr>
<tr><td colspan="6">年度　　　　字　　第　　号</td></tr>
<tr><td>案　由</td><td colspan="2"></td><td colspan="3">法院　　字第　　号</td></tr>
<tr><td>律师</td><td>委托人</td><td colspan="2">对方当事人</td><td colspan="2">委托代理人</td></tr>
<tr><td></td><td></td><td colspan="2"></td><td colspan="2"></td></tr>
<tr><td>收　案
日　期</td><td colspan="2"></td><td>结　案
日　期</td><td colspan="2"></td></tr>
<tr><td>审级</td><td colspan="2"></td><td>审理结果</td><td colspan="2"></td></tr>
<tr><td>归　档
日　期</td><td colspan="2"></td><td>档　案
号　数</td><td></td><td>统计
类别</td></tr>
<tr><td>保　存
年　限</td><td colspan="2"></td><td>卷内共计</td><td colspan="2">页</td></tr>
<tr><td>档　案
类　号</td><td colspan="5"></td></tr>
</table>

(二)编制案卷目录的工作技能

1. 编制案卷目录

律师助理应先对案卷材料进行归类分组，然后再按照律所的要求编制目录。

案卷目录通常包括以下内容：

(1)委托代理材料：法律服务合同、授权委托书、委托人身份证明、律师服务费发票等材料。

(2)证据材料：证据目录、原告提交的证据材料、被告提交的证据材料、法院调取的证据材料以及其他证据材料。

(3)律师起草的法律文书：起诉状(或答辩状)、代理词、质证意见、法律意见、接案笔录、法律风险告知书、谈话笔录、诉讼保全申请书、证据保全申请书及相关材料、终止或者解除委托合同的协议书等。

(4)法院制作的材料:案件受理通知书、传票、举证义务告知书、庭审笔录、判决书、裁决书、调解书等。

(5)其他案卷材料:送达地址确认书、证据交接表、送达回执、快递信封和实物证据等。

上述材料有的是必需的,如法律服务合同、授权委托书、委托人身份证明、律师服务费发票等材料;有的则不是必需的,如谈话笔录、诉讼保全申请书、证据保全申请书。此外,需要注意的是,目录中的编号、材料名称、复印件/原件可以先填写好,页码可待案情材料整理结束编完码再填写。

2. 案卷目录模板(民事一审)

案卷目录模板(民事一审)见表4-6。

表4-6　案卷目录模板(民事一审)

序号	材料名称	原件/复印件	页码
一、委托代理材料			
1	委托代理合同(合同编号:　　　　)		
2	委托人身份证明		
3	授权委托书		
4	发票		
5	终止或者解除委托代理合同的协议(如有)		
二、原告提供的材料			
6	起诉状及立案证据材料		
7	被告住址证明		
8	变更诉讼请求申请书(如有)		
9	诉讼保全申请书及证据材料(如有)		
10	证据保全申请书及证据材料(如有)		
11	证据目录		
12	证据材料		
13	代理词(原告代理律师)		

续表

序号	材料名称	原件/复印件	页码
14	质证意见		
15	其他法律意见书（如有）		
三、被告提供的材料			
16	管辖权异议申请书（如有）		
17	证据目录		
18	证据材料		
19	答辩状		
20	代理词（被告代理律师）		
21	质证意见		
22	其他法律意见书		
四、法院制作的材料			
23	案件受理通知书		
24	传票		
25	举证义务告知书		
26	管辖权异议民事裁定书（如有）		
27	庭审笔录（如有）		
28	民事判决书（调解书、裁定书）		
五、其他材料			
29	送达地址确认书		
30	证据交接表		
31	送达回执		
32	快递信封		
33	实物证据		
六、办案小结			
七、交卷归档确认表			

（三）整理案卷材料的工作技能

1. 材料整理的时间

自律师接受委托并开始承办法律事务之时起，律师助理便应注意收集保存有关材料，着手立卷的准备工作。

在法律事务办理完毕后，律师助理还应全面整理、检查办理该项法律事务的全部文书材料，补齐遗漏的材料，并去掉不必立卷归档以及重复归档的材料。

2. 材料存档的份数

律师助理在立卷归档过程中，内容相同的文字材料一般只存一份，但有的情形需要保存多份材料。例如，如果将法院判决或者裁定当作证据进行举证，则在归档的时候应将法院判决书或者裁定书准备两份分别放入文书部分和证据部分。又如，如果案卷中的文书内容一致，但签字人不一致，也应当分别留存。

3. 不必存档的材料

《律师业务档案立卷归档办法》第 9 条规定："下列文书材料，不必立卷归档：一、委托律师办理法律事务前有关询问如何办理委托手续的信件、电文、电话记录、谈话记录以及复函等；二、没有参考价值的信封；三、其他律师事务所（法律顾问处）委托代查的有关证明材料的草稿；四、未经签发的文电草稿，历次修改草稿（定稿除外）。"

4. 需要注意的事项

（1）委托人分为自然人、法人和非法人组织三大类。自然人提供身份证复印件，法人提供法定代表人身份证复印件及身份证明，非法人组织提供主要负责人的身份证复印件及身份证明。身份证明是指法人（或者非法人组织）出具的证明法定代表人（或者主要负责人）身份的证明。

（2）如果委托人或者证人提供的材料只有一份，不能将证据原件装订入卷。律师助理应在法院对证据原件进行核实后，及时将证据原件退还给委托人或者证据提供者，并留存复印件装订入卷。

（3）对于已提交给人民法院或有关部门的证据材料，律师助理应将其副本或复印件入卷归档。

（4）有的法官不是以传票，而是以短信或者微信的方式通知律师开庭时间，在这种情况下,律师助理应提醒律师将短信或者微信截屏打印出来,并将打印件归档。

(5)对于实物证据,律师助理可将其照片及证物的名称、数量、规格、特征、保管处所等记载或留存附卷后,分别保管。

(四)撰写办案小结的工作技能

1. 办案小结结构

办案小结通常包括基本信息、案情简介、工作概况、案件结果、律师意见和律师事务所意见几个部分。

(1)基本信息:包括委托人姓名、委托人在案件中的地位、案由、收案日期、初次会见或谈话日期和首次庭审日期。

(2)案情简介:简要介绍案件情况,包括案件所涉纠纷发生的主体、时间、地点和主要情节。

(3)工作概况:包括立案、调查取证、梳理证据材料、撰写证据清单、撰写法律文书、参加庭审活动等工作。

(4)案件结果:法院判决书、调解书、裁定书的裁决结果。

(5)律师意见:律师对案件结果是否满意。

(6)律师事务所意见:律师事务所对律师承办案件的工作评价。

2. 办案小结模板

办案小结模板见表4-7。

表4-7　办案小结模板

委托人		案件中的地位	
案由		收案日期	
初次会见或谈话日期		首次庭审日期	
简要案情			

续表

律师工作情况	
案件结果	
律师对案件结果的意见	
律师事务所的意见	

（五）填写归档文件的工作技能

1. 填写归档确认表

律师助理在整理归档材料完毕后，应填写归档确认表。具体填写方法：对照归档材料，在归档确认表中用铅笔在已经找到的材料后画一个“√”，如此循环，直到所有归档材料都在归档确认表中得到确认。未在归档确认表中得到确认的材料，有的属于可有可无的材料，如诉讼保全申请书、证据保全申请书、先予执行申请书及相应的担保文件；有的则属于必须有的材料，如授权委托书、律师服务费发票，对于必须有但是又遗漏的材料，律师助理应向律师或者律师事务所负责行政、财务的老师咨询如何解决。

归档确认表模板见表 4－8。

表 4－8 归档确认表模板

<table>
<tr><td>部门负责人签字</td><td></td><td>承办人</td><td colspan="2"></td><td>合同编号</td><td></td></tr>
<tr><td>委　托　人</td><td colspan="3"></td><td>业务类别</td><td colspan="2">民事诉讼</td></tr>
<tr><td>对方当事人</td><td colspan="3"></td><td>律师费是否到账</td><td colspan="2">□是　□否</td></tr>
</table>

续表

案由/项目名称				是否开具发票	□是　□否
业务接收日期		业务办结日期		裁判/审批机构	

案卷提交材料确认明细				
民事案件提交材料明细（行政、仲裁可参照此项）	刑事案件提交材料明细			非诉业务提交材料明细
□委托代理合同 □授权委托书 □起诉状、上诉状 □质证意见或答辩状 □阅卷笔录 □会见当事人谈话笔录 □调查材料（证人、证言、书证） □诉讼保全申请书、证据保全申请书、先予执行申请书及相应的担保文件 □法院裁定书 □律师代理意见 □集体讨论记录 □代理词 □出庭通知书 □庭审笔录 □判决书、裁定书、调解书、裁决书 □其他证据材料 □办案小结 □办结业务登记表 □其他	侦查阶段 □刑事委托合同 □授权委托书或指定书 □会见通知书 □会见嫌疑人、委托人、证人笔录 □调查材料 □承办人向侦查机关提供的相关材料 □集体讨论记录 □起诉意见书或不起诉意见书、撤销案件决定书 □办案小结 □办结业务登记表 □其他	审查起诉阶段 □刑事委托合同 □授权委托书或指定书 □阅卷笔录及阅卷材料 □会见被告人、委托人、证人笔录 □调查材料 □律师提出的辩护或代理意见 □集体讨论记录 □起诉书 □辩护词或代理词（给检察机关的） □不起诉决定书 □办案小结 □办结业务登记表 □其他	审判阶段 □刑事委托合同 □授权委托书或指定书 □阅卷笔录 □会见被告人、委托人、证人笔录 □调查材料 □集体讨论记录 □起诉书、上诉书 □辩护词或代理词 □出庭通知书 □裁定书、判决书 □上诉书、抗诉书 □办案小结 □办结业务登记表 □其他	常年法律顾问提交材料明细 □常年法律顾问合同 □聘方基本情况介绍材料 □办理各类法律事务（如起草规章、审查合同、参与谈判、代理解决纠纷、提出法律建议或法律意见、咨询或代书等）的记录和有关材料 □顾问合同存续、中止、终止的情况 □工作小结 □办结业务登记表 □其他 专项法律顾问（公司重组、并购、上市发行等）提交材料明细 □专项法律顾问合同 □聘方基本情况介绍材料 □有关公司重组、并购、上市发行等项目的律师尽职调查报告、律师工作报告、法律意见书等 □工作底稿等辅助性工作文件 □工作小结（若是阶段性结案，需要具体说明） □办结业务登记表 □其他

续表

					其他非诉业务提交材料明细 □法律服务合同 □委托书 □与委托人谈话笔录 □委托人提供的证据等材料 □律师调查材料 □律师出具的工作报告、法律意见，起草、审查、修改的法律文件，办理具体法律事务的记录等 □工作小结 □办结业务登记表 □其他
归档日期		交卷人		收卷人	
是否涉密	□是 □否		解冻情况说明		

2. 填写交卷登记表

交卷登记表包括交卷部门、案由、委托人、对方当事人、律师、合同编号、交卷人、收卷人、解冻情况说明、资金是否到账、备注、交卷部门负责人签字等内容。

交卷登记表模板见表4－9。

表4－9　交卷登记表模板

编号：

交卷部门	
案　　由	
委托人	
对方当事人	
律师	
合同编号	

续表

交卷人		交卷数量		交卷日期	
收卷人		收卷数量		收卷日期	
解冻情况说明					
资金是否到账					
备　　注					
交卷部门负责人签字					

注:已交卷资料未归档不得借阅,如有特殊情况需要借阅者,要重新办理交卷手续。

3. 填写交卷清单

交卷清单通常包括年度编号、编号、案件编号、案由、委托人、对方当事人、律师、卷宗数量等内容。

年度编号和编号可以暂空,由律师事务所档案员填写,其他内容由律师助理填写。

交卷清单模板见表4－10。

表4－10　交卷清单模板

年度编号	编号	案件编号	案由	委托人	对方当事人	律师	卷宗数量	备注

（六）扫描案卷材料的工作技能

如果律师事务所要求，归档除了纸质版，还需要存留电子版，那么律师助理在整理完案卷材料后，还应将案卷材料扫描成电子版提交给律师事务所档案保管人员。此外，律师助理自己也应留存一份电子版，以便日后重阅案卷材料所需。

扫描注意事项：

1. 扫描整部卷宗，包括封面和封底；
2. 确定是双面扫描还是单面扫描；
3. 扫描完成后检查是否有缺漏，如有遗漏，需要对缺漏页进行扫描；
4. 使用 U 盘保存卷宗电子版；
5. 卷宗电子版格式为 pdf；
6. 根据律师事务所要求对文件进行命名。

（七）装订案卷材料的工作技能

装订案卷材料通常需要经过打孔、订册、粘贴封条、加盖律师印四个环节。

律师事务所一般会配置专用的电动打孔机，律师助理按照打孔机的使用说明进行打孔即可；打完孔后，使用棉线将案卷装订成册；穿好棉线后，在封底棉线装订处粘贴封条；最后，在封条两端分别加盖主办律师的律师印。

装订完案卷材料后，交给律师审查，律师审查完毕后，律师助理再交给律师事务所的档案员，至此，归档工作全部完成。

引例分析

王律师将立卷归档工作交给小张来完成，是基于以下几点考虑：

1. 小张不具备独立承办案件的能力。小张刚从大学毕业，初入律场，需要在律师的指导下，循序渐进地培养办案工作技能。

2. 立卷归档工作的试错成本较低。相较于外出调查取证、起草法律文书、出庭前准备等工作而言，立卷归档工作的试错成本较低，通常不会因为律师助理的工作失误而给当事人带来损失。

3. 立卷归档工作是迅速提升办案能力的有效途径。小张在整理案卷材料时，有机会对案卷材料进行阅读思考，对办案过程进行全面回顾，从而学习到王律师的办案思路、办案技能、办案经验，以及办案教训，有助于小张在短时间内了解律师办案的全过程，提升小张的办案能力。

因此，只要小张足够用心，立卷归档工作就既不枯燥，也没有浪费时间，而是迅速提升办案能力的有效途径。

沙场练兵

【训练场景】

当事人陈某和某律师事务所签订委托代理合同，委托该律师事务所代理其与A公司之间的股东资格确认纠纷案的一审诉讼活动。该律师事务所指派王律师承办该案。20天前，法院就该案作出一审判决。上诉期届满后，该案原、被告双方均未上诉，一审判决已生效，王律师已完成当事人陈某的委托事项。

【训练任务】

王律师安排小张完成案卷整理归档工作。小张应该怎样做，才能高质量地完成立卷归档的工作？

【训练技能】

1. 小张需要了解立卷归档的工作要求。

立卷归档的工作要求包括归档材料完整、清晰和有序。

材料完整是指归档的文件应符合当地律师协会的要求，材料齐全，没有遗漏和破损。

材料清晰是指所有的案卷材料（包括案卷封面及卷内目录）都必须用黑色钢笔或签字笔书写、签发，要求字体整齐、清晰。

归档案卷应按照案卷封面、案卷目录、案卷材料、案卷封底的顺序进行排列。案卷材料通常应按照诉讼程序的客观进程或时间顺序进行排列。

2. 小张需要按流程完成下面七项工作：填写卷宗封面、编制案卷目录、整理案卷材料、撰写办案小结、填写归档文件、扫描案卷材料和装订案卷材料。每一个程序都代表一项工作，每一项工作都需要具备相应的技能。

拓展阅读

案卷是什么

它是一个案件的全部材料。其中包含从收案、接受委托、调查取证、会见当事人、证据编用、庭审过程以及庭后的必要工作等记载资料,诸如起诉状(仲裁申请书)、答辩状、证据、代理词、判决书等各种法律文书。

它是办案律师与对方律师以及法官思想交锋的战场。案卷里的材料并不是办案律师一家独唱,还有对方提交的证据和相关法律文书。

它是办案律师办案思路的书面载体。比如在民商事案件中,起诉状或答辩状体现了办案律师为当事人设计的权利诉求,以及该诉求所依托的事实、请求权基础和法律依据;在代理词中,律师要结合证据对事实进行提炼和确认,继而目光在法律与事实间来回穿梭,以期小前提与大前提准确结合;案卷最后一页的"办案小结"是办案律师对自己办案思路的一个反省和总结,哪些意见被采纳了,哪些没有被采纳以及原因出在哪里,等等。

也就是说,你可能花一个月的时间来整理案卷,却把办案律师十年做过的所有案件全过了一遍,他十年的经验可能就会被你一个月吸收,他花一年懂得的一个道理你可能一个月就会明白。你站在巨人的肩膀上前方一片光明,而他的背后却是泥泞不堪的弯路。

当然,这一切依赖于你怎么去整理案卷。

——参见柳一舟:《为什么去律所实习,他们都让你先整理案卷?》,载微信公众号"律途漫漫"2016 年 7 月 22 日,https://mp.weixin.qq.com/s/O9HPBxv51oW5EXg5AzxlSA。

第五章　律师助理协助办理刑事诉讼业务的工作技能

第一节　协助办理刑事公诉案件

知识导图

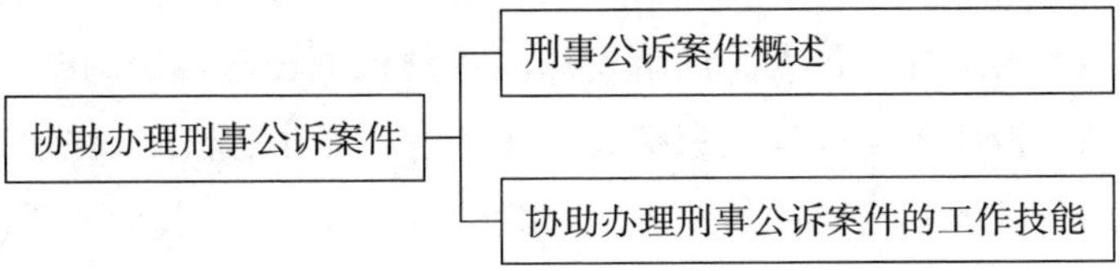

案例引入

实习律师小张是某律师事务所王律师刑辩团队的成员。王律师最近承办了一起涉嫌故意伤害罪的刑事公诉案件。前期,小张已经跟随王律师开展了会见和阅卷工作,现在快要开庭了。王律师安排小张做好出庭前的准备,并和当事人保持密切沟通。小张第一次做刑事公诉案件,对于出庭前的准备工作、与当事人沟通的工作心里有些没底。

问题:小张在庭审前应主要做哪些准备工作?他在庭审前与当事人沟通的重点是什么?

学习目标

1. 掌握协助律师办理收案手续
2. 掌握制作会见笔录的工作技能

3. 掌握协助阅卷的重点
4. 熟悉制作调查笔录的工作技能
5. 熟悉申请取保候审的条件
6. 掌握协助庭前准备的工作技能
7. 掌握协助立卷归档的工作技能

基本知识

一、刑事公诉案件概述

(一)刑事公诉案件的概念

公诉案件,是指由国家设立的专门机关及其人员依法向法院提起诉讼,要求法院通过审判追究被告人刑事责任的案件。公诉权,是指法律规定具有公诉职能的机关代表国家为追究被告人的刑事责任向审判机关提起诉讼的权力。在我国,检察机关是唯一行使公诉权的国家机关。在刑事诉讼中,除了人民法院直接受理的告诉才处理和其他不需要进行侦查的轻微的刑事案件外,其他案件均由人民检察院提起公诉。我国公诉权的主要内容包括:审查起诉、决定起诉或不起诉、提起公诉、派员出席法庭支持公诉。

律师在刑事公诉案件中担任犯罪嫌疑人、被告人的辩护人时,其职责是根据事实和法律,为犯罪嫌疑人、被告人无罪、轻罪或者减轻、免除犯罪嫌疑人、被告人的刑事责任而进行辩护。

(二)刑事公诉案件的流程

刑事公诉一审案件包括公安侦查、检察院审查起诉和法院审判三个阶段。

1. 公安侦查阶段

公安侦查阶段是指公安机关对案件正式立案到案件侦查终结这个阶段。公安机关在侦查阶段的主要工作是查清犯罪事实,根据侦查终结后的调查情况,对案件进行相应处理,包括移送检察院审查起诉和撤销案件两种情形。

2. 检察院审查起诉阶段

检察院审查起诉阶段是指公安机关将案件移送到检察院后至检察院将案件

移送到法院审判这个阶段。检察院在审查起诉阶段的工作主要是审查犯罪嫌疑人是否确有犯罪行为，如果确有犯罪行为，罪名是什么，是否存在不予起诉的情形，证据材料是否充分，等等。检察院审查起诉完毕后，根据审查起诉的情况对案件进行相应处理，包括提起公诉、不予起诉和退回补充侦查三种情形。

3. 法院审判阶段

法院审判阶段是指检察院将案件移送到法院后至法院对案件进行宣判这个阶段。法院在审判阶段的工作重心是确定被告人是否构成犯罪，如构成犯罪，应如何量刑，法院依据相关法律和证据材料，对案件进行审理，对被告人定罪量刑，或者判决被告人无罪。

（三）律师助理的工作

律师助理在公诉案件中可以协助辩护律师开展的工作包括：协助接待案件咨询，协助办理收案手续，协助会见犯罪嫌疑人、被告人，协助查阅案卷、协助调查取证，协助申请变更、解除强制措施或释放犯罪嫌疑人、被告人，协助庭前准备，协助参加庭审，协助立卷归档等。

根据最高人民法院、最高人民检察院、公安部、国家安全部和司法部发布的《关于依法保障律师执业权利的规定》（司发〔2015〕14 号）以及中华全国律师协会颁布的《律师办理刑事案件规范》（律发通〔2017〕51 号）的相关规定，申请律师执业的实习人员，即实习律师，作为律师助理可以协助律师参与阅卷、会见、庭审工作。因此，本节中阅卷、会见、庭审工作中所指的律师助理均是指实习律师，不包括未获得“申请律师执业人员实习证”的其他人员，其余工作中所涉及的律师助理则包括实习律师和其他人员。

需要说明的是，限于本书篇幅，本节只介绍律师助理在公诉案件一审阶段协助辩护律师的工作技能。

二、协助办理刑事公诉案件的工作技能

（一）协助接待案件咨询

律师助理可以随同辩护律师一起接待刑事案件的咨询人。与民事案件不同的是，民事案件的咨询人通常是当事人自己，但是由于刑事案件的当事人被羁押

在看守所，无法亲自委托律师为自己辩护，因此，刑事案件的咨询人通常是当事人的近亲属。

1. 了解基本案情

辩护律师在首次接待刑事案件的咨询人时，通常会向咨询人了解以下基本案情，律师助理应做好相应记录：

(1)犯罪嫌疑人或被告人的基本情况(姓名、曾用名、别名、性别、出生时间、出生地、民族、居住地、文化程度、前科劣迹、有无精神病史和身体健康情况、家庭成员姓名及身体健康情况，是否怀孕、哺乳、唯一抚养人等)。

(2)确认咨询人与犯罪嫌疑人或被告人的身份关系，确认咨询人具有委托人的资格。

(3)询问咨询人是否已经收到刑事拘留或者逮捕等相关通知书，以了解犯罪嫌疑人或被告人的涉案罪名、案件所处的阶段、是否被羁押以及被羁押的场所。

(4)询问咨询人是否了解案件承办单位、承办人员姓名、联系方式。

(5)确认咨询人是否已经委托辩护人以及辩护人的人数。

(6)其他与案件相关的情况。

2. 提供法律咨询

辩护律师在为咨询人提供法律咨询时，律师助理应当协助辩护律师制作谈话笔录，全面记录以下内容：

(1)咨询人提出的咨询问题。

(2)辩护律师解答的内容。

(3)律师事务所提供法律服务的内容。

(4)辩护律师的权限。

(5)案件可能涉及的法律风险。

(二)协助办理委托手续

咨询人确定委托后，律师助理应让委托人尽快提供下列资料：(1)犯罪嫌疑人、被告人的身份证明；(2)代为委托的，应提供系犯罪嫌疑人、被告人的监护人或近亲属的证明文件；(3)犯罪嫌疑人、被告人被采取强制措施通知书。

与此同时，律师助理应协助办理以下材料：(1)律师事务所与委托人签署委托代理合同;(2)委托人签署授权委托书;(3)委托人签署风险告知书;(4)同一律师事务所在接受两名或两名以上的同案犯罪嫌疑人、被告人的委托,分别指派不同的律师担任辩护人的,须告知委托人并经其同意;(5)律师事务所开具办案所需的相关诉讼文书。上述手续,律师事务所均应留存原件或存根备查,因此,律师助理应对上述材料妥善保管至归档结案。

辩护律师接受委托或者指派后,律师助理应当根据辩护律师的指示,及时与办案机关联系,提交委托手续,包括授权委托书原件、律师事务所介绍信原件、辩护律师的律师执业证复印件等。

(三)协助会见嫌疑人、被告人

委托手续办完之后,辩护律师应尽快去看守所会见犯罪嫌疑人、被告人。作为律师助理的实习律师可以协助辩护律师进行会见工作。

1. 会见的阶段

刑事案件的程序通常包括侦查、审查起诉和审判阶段,这三个阶段的会见又可以细分为首次会见、拘留后批捕前会见、批捕后会见、审查起诉后会见、庭前会议前会见、庭审前会见、庭审后会见等情形。

在不同的刑事案件阶段,律师会见犯罪嫌疑人、被告人的目的不同,相应地,会见侧重点也有所不同。辩护律师和实习律师会见时应当与犯罪嫌疑人、被告人就相应阶段的辩护方案、辩护意见进行沟通。

2. 会见前的准备

(1)进一步了解案情

如果辩护律师是在侦查阶段接受委托,且委托人对案情的介绍过于简略,实习律师可和侦查机关进行沟通,进一步了解犯罪嫌疑人涉嫌的罪名和案件有关情况。如果辩护律师是在审查起诉阶段或之后接受委托,实习律师可以和检察院、法院进行沟通阅卷事宜,由辩护律师携带自己一起进行阅卷,进一步了解案件有关情况。

(2)进行预约会见

会见有两种方式:现场会见和视频会见。新冠疫情期间,有的看守所采用了视频会见方式,但无论是现场会见,还是视频会见,实习律师均需要提前向看守所了解预约会见的途径以及会见所需的手续材料。由于各地看守所预约会见的途径可能不同,因此,实习律师需要根据各地看守所要求进行预约会见。例如,在北京,实习律师可以通过微信小程序、公安局网站等途径预约会见场所和会见时间。

预约会见成功后,实习律师应通知委托人,了解其是否有转达问候、交代家事等允许辩护律师转达的合法事项,并将委托人交代的事项转告辩护律师,由辩护律师确定是否可以代为转达。

(3)准备会见材料

现场会见时,实习律师需要提前了解看守所的地理位置、作息时间,准备会见所需的材料,包括委托人的授权委托书、律师事务所的介绍信、辩护律师的律师执业证复印件、自己的“申请律师执业人员实习证”复印件,并制作会见提纲等。

3. 遵守会见规定

实习律师协助辩护律师会见在押犯罪嫌疑人、被告人时,应当严格遵守公安部、司法部《关于进一步保障和规范看守所律师会见工作的通知》(公监管〔2019〕372 号),以及看守所依法作出的有关规定。

主要包括:

(1)辩护律师应当向看守所出示律师执业证书、授权委托书和律师事务所证明,实习律师应当出示“申请律师执业人员实习证”。

(2)未经允许,不得直接向犯罪嫌疑人、被告人传递药品、财物、食物等物品,不得将通信工具提供给犯罪嫌疑人、被告人使用,不得携犯罪嫌疑人、被告人亲友会见。但是经允许,实习律师可以接受犯罪嫌疑人、被告人提交的与辩护有关的书面材料,也可以向犯罪嫌疑人、被告人提供与辩护有关的文件与材料。

(3)实习律师应将随身携带的手机关机或者调至静音状态后,连同其他和会见无关的物品放置看守所的存包处,但经看守所许可,实习律师可以在无网络状态下使用电脑记录会见内容。

(4)会见时,辩护律师和实习律师应保护自身安全,在犯罪嫌疑人、被告人脱逃、自伤、自残、自杀的情况下,应及时向看守所工作人员报告。

(5)会见结束后,辩护律师和实习律师应当及时告知羁押场所民警,民警将犯罪嫌疑人、被告人接收后,方可离开会见场所。

4. 会见需要了解的情况

辩护律师会见犯罪嫌疑人、被告人时，应当重点向其了解下列情况，实习律师协助进行记录：

（1）犯罪嫌疑人、被告人的个人信息等基本情况；

（2）犯罪嫌疑人、被告人是否实施或参与所涉嫌的犯罪；

（3）犯罪嫌疑人、被告人对侦查机关侦查的事实和罪名是否有异议，对起诉意见书、起诉书认定其涉嫌或指控的事实和罪名是否有异议；

（4）犯罪嫌疑人、被告人无罪、罪轻的辩解；

（5）犯罪嫌疑人、被告人有无自首、立功、退赃、赔偿等从轻、减轻或免予处罚的量刑情节；

（6）犯罪嫌疑人、被告人有无犯罪预备、犯罪中止、犯罪未遂等犯罪形态；

（7）立案、管辖是否符合法律规定；

（8）采取强制措施的法律手续是否完备、程序是否合法；

（9）是否存在刑讯逼供等非法取证的情况，以及其他侵犯人身权利和诉讼权利的情况；

（10）犯罪嫌疑人、被告人及其亲属的财物被查封、扣押、冻结的情况；

（11）侦查机关收集的供述和辩解与律师会见时的陈述是否一致，有无反复以及出现反复的原因；

（12）其他需要了解的与案件有关的情况。

5. 会见中的法律咨询

辩护律师会见犯罪嫌疑人、被告人时，应当向犯罪嫌疑人、被告人介绍刑事诉讼程序；告知其在刑事诉讼程序中的权利、义务；告知犯罪嫌疑人、被告人权利行使方式及放弃权利和违反法定义务可能产生的后果，具体包括以下内容，实习律师协助进行记录：

（1）有关强制措施的条件、期限、适用程序、申请变更的法律规定；

（2）有关申请调查人员、侦查人员、检察人员及审判人员回避的法律规定；

（3）犯罪嫌疑人对侦查人员的讯问有如实回答的义务，对与本案无关的问题有拒绝回答的权利；

（4）犯罪嫌疑人有自书供述的权利，对侦查人员制作的讯问笔录有核对、补

充、更正、附加说明的权利,对没有错误的笔录负有签名确认及捺手印的义务;

(5)对侦查机关作为定案证据使用的鉴定意见,犯罪嫌疑人享有知情权、申请补充鉴定或重新鉴定的权利;

(6)犯罪嫌疑人享有辩护权的内容;

(7)犯罪嫌疑人享有申诉、控告的权利;

(8)犯罪嫌疑人所涉嫌罪名的构成要件、量刑幅度;

(9)认罪认罚、自首、立功及其他量刑情节的法律规定;

(10)刑事案件诉讼程序、管辖的法律规定;

(11)认罪认罚、速裁程序的程序以及后果;

(12)其他有关法律问题。

6. 制作会见笔录

实习律师应根据会见内容,认真撰写会见笔录。会见笔录撰写完毕后,实习律师应当将其交给辩护律师审阅,审阅通过后,再将会见笔录交给犯罪嫌疑人、被告人进行阅读,如果犯罪嫌疑人、被告人有需要修订之处,由犯罪嫌疑人、被告人自行修订,并在修订处签字捺手印。犯罪嫌疑人、被告人对会见笔录无异议的,应在会见笔录末尾处写上“以上笔录内容属实,与我所说相符”,并签字捺手印,写上日期,进行确认。

(四)协助查阅案卷

最高人民法院、最高人民检察院、公安部、国家安全部、司法部联合印发的《关于依法保障律师执业权利的规定》第 14 条第 3 款中规定:“辩护律师可以采用复印、拍照、扫描、电子数据拷贝等方式复制案卷材料,可以根据需要带律师助理协助阅卷。办案机关应当核实律师助理的身份。”该规定中的律师助理包括执业律师和实习律师,在本项目协助辩护律师阅卷的律师助理仅指实习律师。

1. 联系阅卷

自案件移送审查起诉之日起,律师助理应当按照辩护律师的指示,及时与检察院、法院联系,办理查阅、摘抄、复制案卷材料等事宜。

各地检察院、法院关于阅卷的相关规定有所不同。例如,有的检察院有专门的阅卷预约平台,有的检察院允许网上阅卷,还有的检察院允许异地阅卷。因此,律师助理要认真学习现代信息技术在阅卷环节的应用,熟悉办案机关网络平台的使用。

此外,律师助理还应该了解各地司法机关对于律师阅卷的手续材料的具体要求。通常而言,阅卷所需的手续材料包括委托人的授权委托书原件、律师事务所介绍信原件、律师执业证复印件、申请律师执业人员实习证复印件(注:同时核对原件)。

实习律师可以和办案机关协商当日安排阅卷,无法当日安排的,可以要求办案机关安排在3个工作日以内阅卷,并不得限制辩护律师阅卷的次数和时间。辩护律师可携带实习律师进行阅卷。

2. 案卷材料

案卷材料包括案件的全部诉讼文书和证据材料。对于以下案卷材料,辩护律师和律师助理更应及时查阅、复制:

(1)侦查机关、检察机关补充侦查的证据材料;

(2)人民检察院、人民法院根据犯罪嫌疑人、被告人、律师的申请向侦查机关、公诉机关调取在侦查、审查起诉期间已收集的有关犯罪嫌疑人、被告人无罪、罪轻的证据材料;

(3)人民法院根据被告人、律师的申请调取的检察机关未移送的证据材料以及有关被告人自首、坦白、立功等量刑情节的材料。

根据相关法律的规定,对讯问过程应当进行同步录音录像的,律师助理可以协助辩护律师根据案件需要依法要求查阅、复制。

复制案卷材料可以采用复印、拍照、扫描、电子数据拷贝等方式。律师助理在摘抄、复制时应当保证案卷材料的准确性、完整性。

3. 阅卷重点

实习律师应当认真研读全部案卷材料,并根据案情需要对以下重要事项制作阅卷笔录或案卷摘要,以方便辩护律师进行查阅:

(1)犯罪嫌疑人、被告人的个人信息等基本情况;

(2)犯罪嫌疑人、被告人被认定涉嫌或被指控犯罪的时间、地点、动机、目的、手段、后果及其他可能影响定罪量刑的法定、酌定情节等;

(3)犯罪嫌疑人、被告人无罪、罪轻的事实和材料;

(4)证人、鉴定人、勘验检查笔录制作人的身份、资质或资格等相关情况；

(5)被害人的个人信息等基本情况；

(6)侦查、审查起诉期间的法律手续和诉讼文书是否合法、齐备；

(7)鉴定材料的来源、鉴定意见及理由、鉴定机构是否具有鉴定资格等；

(8)同案犯罪嫌疑人、被告人的有关情况；

(9)证据的真实性、合法性和关联性，证据之间的矛盾与疑点；

(10)证据能否证明起诉意见书、起诉书所认定涉嫌或指控的犯罪事实；

(11)是否存在非法取证的情况；

(12)未成年人刑事案件，在被讯问时法定代理人或合适成年人是否在场；

(13)涉案财物查封、扣押、冻结和移送的情况；

(14)认罪认罚情况；

(15)其他与案件有关的情况。

4. 保密义务

实习律师查阅、摘抄、复制的案卷材料属于国家秘密的，应当经过人民检察院、人民法院同意并遵守国家保密规定。律师助理不得向犯罪嫌疑人、被告人的亲友以及其他单位和个人提供，不得违反规定，擅自向媒体或社会公众披露、散布案件重要信息和案卷材料。

(五)协助调查取证

辩护律师经证人或者其他有关单位和个人同意，可以向他们收集与案件有关的证据材料；被调查人不同意的，可以申请人民检察院、人民法院收集、调取相关证据，或者申请人民法院通知该证人出庭作证。辩护律师调查、收集与案件有关的证据材料，应当持律师事务所证明，出示律师执业证书，一般由二人进行。辩护律师可以携带律师助理进行调查取证。

辩护律师经人民检察院或者人民法院许可，并且经被害人或者其近亲属、被害人提供的证人同意，可以向他们收集与案件有关的证据材料。律师助理可以随同辩护律师做一些辅助工作，如安排调查行程，制作调查笔录，进行录音录像等。

1. 调查的基本原则

律师助理协助辩护律师进行调查取证时，应当严格遵守合法、客观、全面、及时的基本原则:(1)不得伪造证据。严禁为达到诉讼意图或目的,改变证据的内容、形式或者属性。(2)在收集证据过程中,应当以客观求实的态度对待证据材料,不得以本人的好恶选择证据,不得以自己的主观想象去改变证据原有的形态及内容。(3)不得威胁、利诱他人提供虚假证据。(4)不得妨碍他人合法取得证据。(5)不得向司法机关提交明知是虚假的证据。

2. 制作调查笔录

辩护律师调查、收集证据材料时,为保证证据材料的真实性,可以根据案情需要邀请与案件无关的人员在场见证。辩护律师对证人进行调查时,律师助理应当制作调查笔录。调查笔录应当载明调查人、被调查人、记录人的姓名,调查的时间、地点,被调查人的身份信息,证人如实作证的要求,作伪证或隐匿罪证应当负法律责任的说明以及被调查事项等。

调查笔录应当客观、准确地记录调查内容,并经被调查人核对。被调查人如有修改、补充,应当由其在修改处签字或者捺手印确认。调查笔录经被调查人核对后,应当由其在笔录上逐页签名并在末页签署记录无误的意见。

律师助理制作调查笔录时不得误导、引诱证人。不得事先书写笔录内容;不得先行向证人宣读犯罪嫌疑人、被告人或其他证人的笔录;不得替证人代书证言;不得擅自更改、添加笔录内容;向不同的证人调查取证时应当分别进行;调查取证时犯罪嫌疑人、被告人的亲友不得在场。

3. 其他调查技能

律师助理协助辩护律师收集物证、书证和视听资料时,应当尽可能提取原件;无法提取原件的,可以复制、拍照或者录像,并记录原件存放地点和持有人的信息。

律师助理可以协助辩护律师采取复制、打印、截屏、拍照或者录像等方式收集、固定电子邮件、电子数据交换、网上聊天记录、博客、微博客、微信、手机短信、电子签名、域名等电子数据,并记录复制、打印、截屏、拍照、录像的时间、地点、原始储存介质存放地点、电子数据来源、持有人等信息,必要时辩护律师可以委托公证机构对上述过程进行公证。

对于存在于存储介质中的电子数据,律师助理应当尽可能收集原始存储介质。对于存在于网络空间中的电子数据,可以通过有权方提取或通过公证形式予以固定。

律师助理协助辩护律师调查、收集证据材料时,可以依法录音、录像。

(六)协助申请变更、解除强制措施或释放犯罪嫌疑人、被告人

1. 协助申请取保候审

被羁押的犯罪嫌疑人、被告人符合下列条件的,辩护律师应当为其申请取保候审:

(1)可能判处管制、拘役或者独立适用附加刑的;

(2)可能判处有期徒刑以上刑罚,采取取保候审措施不致发生社会危险性的;

(3)犯罪嫌疑人、被告人患有严重疾病、生活不能自理,采取取保候审措施不致发生社会危险性的;

(4)犯罪嫌疑人、被告人正在怀孕或者哺乳自己的婴儿,采取取保候审措施不致发生社会危险性的;

(5)羁押期限届满,案件尚未办结,需要采取取保候审措施的。

律师助理可在辩护律师的指导下,起草取保候审申请书初稿,然后交由辩护律师审定。

2. 协助申请监视居住

犯罪嫌疑人、被告人符合逮捕条件,但具备下列条件之一,辩护律师可以为其申请监视居住:

(1)患有严重疾病、生活不能自理的;

(2)怀孕或者正在哺乳自己婴儿的妇女;

(3)系生活不能自理的人的唯一抚养人;

(4)因为案件的特殊情况或者办理案件的需要,采取监视居住措施更为适宜的;

(5)羁押期限届满,案件尚未办结,需要采取监视居住措施的。

此外,犯罪嫌疑人、被告人符合取保候审条件,但不能提出保证人也不缴纳保证金的,辩护律师可以为其申请监视居住。

律师助理可在辩护律师的指导下,起草监视居住申请书初稿,然后交由辩护律师审定。

3. 协助申请羁押必要性审查

(1)羁押必要性审查的概念、申请人

羁押必要性审查,是指人民检察院依据《刑事诉讼法》第95条规定,对被逮捕的犯罪嫌疑人、被告人有无继续羁押的必要性进行审查,对不需要继续羁押的,建议办案机关予以释放或者变更强制措施的监督活动。

羁押必要性审查的申请人可以是犯罪嫌疑人、被告人及其法定代理人、近亲属或者辩护人。

(2)羁押必要性审查的申请条件

辩护律师发现犯罪嫌疑人、被告人具有下列情形之一的,可以向检察院提出羁押必要性审查申请:

①案件证据发生重大变化,没有证据证明有犯罪事实或者犯罪行为系犯罪嫌疑人、被告人所为的;

②案件事实或者情节发生变化,犯罪嫌疑人、被告人可能被判处拘役、管制、独立适用附加刑、免予刑事处罚或者判决无罪的;

③继续羁押犯罪嫌疑人、被告人,羁押期限将超过依法可能判处的刑期的;

④案件事实基本查清,证据已经收集固定,符合取保候审或者监视居住条件的。

辩护律师发现犯罪嫌疑人、被告人具有下列情形之一,且具有悔罪表现,不予羁押不致发生社会危险性的,亦可以向检察院提出羁押必要性审查申请:

①预备犯或者中止犯;

②共同犯罪中的从犯或者胁从犯;

③过失犯罪的;

④防卫过当或者避险过当的;

⑤主观恶性较小的初犯;

⑥系未成年人或者年满75周岁的人;

⑦与被害方依法自愿达成和解协议,且已经履行或者提供担保的;

⑧认罪认罚的;

⑨患有严重疾病、生活不能自理的;

⑩系怀孕或者正在哺乳自己婴儿的妇女;

⑪系生活不能自理的人的唯一扶养人；

⑫可能被判处一年以下有期徒刑或者宣告缓刑的；

⑬其他不需要继续羁押犯罪嫌疑人、被告人的情形。

律师助理可在辩护律师的指导下，起草羁押必要性审查申请书初稿，然后交由辩护律师审定。

4. 协助申请释放、解除强制措施

犯罪嫌疑人、被告人被羁押的案件，办案机关在《刑事诉讼法》规定的羁押期限内未能办结的，辩护律师可以要求释放犯罪嫌疑人、被告人，或者要求变更强制措施。

对被采取取保候审、监视居住措施的犯罪嫌疑人、被告人，办案机关在《刑事诉讼法》规定的强制措施期限内未能办结的，辩护律师可以要求解除强制措施。

律师助理可在辩护律师的指导下，起草释放、解除强制措施申请书初稿，然后交由辩护律师审定。

（七）协助庭前准备

律师助理可在辩护律师的指导下，起草“三纲一词一报告”初稿，然后交由辩护律师审定。“三纲一词一报告”是指庭审发问提纲、举证质证提纲、答辩提纲、辩护词和审查报告。

1. 庭审发问提纲

庭审发问提纲是指针对公诉人、其他被告人、证人等庭审参与人提出的问题所起草的提纲。律师助理在起草庭审发问提纲时应将案件定罪量刑的关键性事实作为发问的重点，如影响罪与非罪、此罪与彼罪界限的犯罪事实，以及重要的量刑情节等。

2. 举证质证提纲

举证质证提纲包含举证提纲和质证提纲两个部分。举证提纲是针对有利于被告人的事实进行举证的提纲，质证提纲是针对公诉人提供的不利于被告人的证据进行质证的提纲。律师助理在起草举证提纲时，应结合前期的调查取证，从关联性、合法性和真实性以及证明力等方面对证据进行举证。

准备质证提纲和质证意见。律师助理应在辩护律师指导下对公诉方提供的涉案物证，书证，证人证言，被害人陈述，犯罪嫌疑人、被告人供述和辩解，鉴定意见，勘验、检查、辨认、侦查实验等笔录，视听资料、电子数据等证据材料逐一进行研究，形成质证意见。根据案件不同情况，律师助理既可以对单个证据准备质证意见，也可以就一组证据、一类证据，或涉及某一待证事实的多份证据准备综合质证意见。律师助理应当围绕证据的真实性、合法性、关联性，就证据资格、证明力以及证明目的、证明标准、证明体系等准备质证意见。认为可能存在以非法方法收集证据情形的，应当与辩护律师一起研究申请排除非法证据。

3. 答辩提纲

答辩提纲是针对案件的事实认定以及法律适用，对于可能成为庭审争议的焦点问题所作的答辩提纲。

4. 辩护词

辩护词是针对被告人无罪或者罪轻进行辩护的书面文件。律师助理在起草辩护词的过程中，应对全案证据体系进行梳理，并对案件事实以及适用法律进行分析。

5. 审查报告

审查报告是对卷宗材料所涉及的重要事实、关键证据、争议焦点、适用法律、辩护策略等进行的全方位的梳理和分析。一份高质量的审查报告，可以有效提高辩护律师的辩护质量和效率。

（八）协助参加庭审

最高人民法院《关于适用〈中华人民共和国刑事诉讼法〉的解释》（法释〔2021〕1号）第68条规定：“律师担任辩护人、诉讼代理人，经人民法院准许，可以带一名助理参加庭审。律师助理参加庭审的，可以从事辅助工作，但不得发表辩护、代理意见。”需要注意的是，该解释第68条规定的“发表辩护、代理意见”是概称，包括申请回避、举证、质证、辩论以及发表辩护、代理意见等诉讼行为，这些行为都应当由辩护人、诉讼代理人完成，不能交由律师助理代为实施。[①] 此外，这里的律师助理是指已获得“申请律师执业人员实习证”的实习律师。

---

① 姜启波等：《〈关于适用刑事诉讼法的解释〉的理解与适用》，载《人民司法》2021年第7期。

实习律师协助辩护律师参加庭审时所做的辅助工作，包括整理资料、做庭审记录等。例如，法庭核对被告人年龄、身份、有无前科劣迹等情况有误，可能影响案件审理的，实习律师应当认真记录，并提醒辩护律师在法庭调查时予以澄清。

（九）协助立卷归档

刑事案件结案后，律师助理应根据辩护律师的指示，对全部案卷材料进行立卷归档。

1. 立卷归档要求

刑事案件立卷归档应符合《律师业务档案立卷归档办法》《律师业务档案管理办法》《律师业务档案保管期限表》等规范要求。《律师业务档案立卷归档办法》第 12 条中规定，律师业务档案应按照案卷封面、卷内目录、案卷材料、备考表、卷底的顺序排列。案卷内档案材料应按照诉讼程序的客观进程或时间顺序排列。

2. 立卷归档顺序

刑事案件立卷归档的具体顺序为：(1) 律师事务所批办单；(2) 收费凭证；(3) 委托书或指定书；(4) 阅卷笔录；(5) 会见被告人、委托人、证人笔录；(6) 调查材料；(7) 承办人提出的辩护或代理意见；(8) 集体讨论记录；(9) 起诉书、上诉书；(10) 辩护词或代理词；(11) 出庭通知书；(12) 裁定书、判决书；(13) 上诉书、抗诉书；(14) 办案小结。

3. 案卷目录模板

随着律师刑事业务的发展，近年来，一些地方结合实际出台了案卷归档管理规范。比如，《天津市律师事务所业务档案立卷归档管理办法》《重庆市律师业务档案立卷归档指引》等。刑事案件卷内目录参考模板见表 5 – 1。

表 5 – 1　刑事案件卷内目录参考模板

刑事案件卷内目录（参考模板）					
编号	文件名称	页次	编号	文件名称	页次
1	收案表		4	收费凭证	
2	法律事务委托合同		5	委托人身份证明	
3	风险告知书		6	授权委托书	

续表

编号	文件名称	页次	编号	文件名称	页次
7	会见笔录		18	附带民事诉讼的文件资料	
8	撤案决定书及相关材料		19	其他当事人的文件资料	
9	起诉意见书和指控犯罪材料		20	取保、出庭等程序性文件	
10	审查起诉辩护词和证据材料		21	一审法院判决书、调解书	
11	不起诉决定书及相关材料		22	二审文件资料(顺序同上)	
12	起诉书或刑事自诉状		23	再审文件资料(顺序同上)	
13	指控犯罪的证据材料		24	律师工作记录表/办案日志	
14	阅卷光盘		25	办案小结	
15	检索报告		26	律师服务质量反馈意见卡	
16	庭审提纲		27	其他证据	
17	一审辩护词和证据材料				
备考					

本卷宗连底带面共计　　页,附证物　　袋

引例分析

在刑事开庭审理前,小张在王律师的指导下,主要开展以下工作:研究证据材料,进行法律条文检索、类案检索,起草辩护词初稿,准备发问提纲、质证提纲、举证提纲、辩护提纲等初稿。

庭审前,小张在王律师的指导下,需要协助王律师一起与当事人重点沟通以下内容:(1)与当事人及其家属协商确认最终的辩护方案;(2)根据辩护方案提交相关申请,如管辖申请、回避申请、证人出庭申请、调取证据申请、排除非法证据等;(3)为当事人做出庭前的辅导,讲明刑事审判的流程、当事人的辩论意见和最后陈述、法庭上出现突发情况如何应对等。

沙场练兵

【训练场景】

2014年2月24日凌晨,某市某村村民周某国被人发现在家中受伤,后被送往医院抢救,同年2月26日经抢救无效死亡。经鉴定周某国符合右颈内动脉损伤后血栓形成致外伤脑梗死亡。事发当晚与周某国有积怨的张某曾和他人到过周某国家,并发生争吵。

本案证据情况,其中部分证据摘录如下:

1. 被害人周某国录音。接受证据材料清单载:2014年2月25日,某县公安局刘李庄刑警队,接受关于周某国陈述张某用木棍殴打其的录音一段,此录音由周某军录制。庭审中,公诉机关当庭播放了上述录音,在录音中周某国说是张某用木棍打他。

2. 证人周某军证言。该证人证言主要说明了抢救周某国的过程,以及为周某国录音的过程:过了一会儿芦庄派出所的人就来了,后来其想到其手机有录音的功能,就想在医院问周某国的时候用手机录个音。其当时见周某国挺清醒的就打开手机的录音功能,然后其拿着手机,让手机的话筒对着周某国的嘴边,其就一边问一边给他录音。录音的大概内容就是:周某国说是张某打他,是用木棍打的,打的脑袋。

3. 证人周某川证言,周某军在医院把他的手机打开了录音功能,然后问了其父周某国几个问题。当时其就在旁边听着。大概内容就是:周某军问周某国是谁打他,周某国说张某,周某军还问怎么打他,周某国说用棍子。张某与周某国有矛盾。其不清楚村里有几个叫张某的人,平时跟周某国有来往的就是被告人张某。

4. 接诊医生刘某宾证言(《刑事侦查卷宗贰》第121页):“他当时的意识时好时坏,而且说话也是断断续续的。”

5. 同病房病人李某宾证言(《刑事侦查卷宗贰》第136页):“当时躺在病床上的老头半昏迷。”

6. 周某国录音的制作者周某军证言(《刑事侦查卷宗贰》第67页),“我问他

‘你知道我是谁吗’他说知道,但是没有说我的名字”“我见周某国老是打呼噜”。①

【训练任务】

假设你是本案被告人张某辩护律师的律师助理小张,请结合案情与相关证据,着重对上述证人证言进行证据审查分析,起草质证意见。

【训练技能】

律师助理小张仔细研究了证据等案卷材料,结合刑事诉讼证据规则进行了证据审查。

律师助理对证人证言,应当重点从以下方面进行审查:(1)证言的内容是否为证人直接感知。(2)证人作证时的年龄、认知、记忆和表达能力,生理和精神状态是否影响作证。(3)证人与案件当事人、案件处理结果有无利害关系。(4)证人作证是否受到外界的干扰或影响。(5)证言之间以及与其他证据之间能否相互印证,有无矛盾;存在矛盾的,能否得到合理解释。(6)其他。

关于被害人周某国录音及亲属证言的质证意见:(1)做录音陈述时处于嗜睡、半昏迷状态;(2)所做陈述存在诸多与本案认定事实不符之处(如案发时间),导致本案事实不清;(3)亲属认定张某为伤害人全部为猜测性、推断性的证言,不得作为证据使用;(4)录音内容未作完整性、真实性鉴定。

拓展阅读

律师会见笔录

会见人:陈某真律师

被会见人:黄某

会见地点:南山市看守所

会见时间:2012 年 3 月 15 日

---

① 本案例参见“律师受委托为涉嫌故意伤害罪被告人张某二审辩护案”,载司法部官网司法行政(法律服务)案例库,http://alk.12348.gov.cn/LawSelect/Detail? dbID = 40&dbName = LGLD&sysID = 6558。

问:黄某,您好。案子快要开庭了,今天我再来就此案的辩护听听你的意见。

答:好的。

问:先前你跟侦查人员说你本来是准备去自首的,结果在去公安局的路上就被警察给带走了,这话是你说的吗?

答:是的,是这样的,我刚下楼到酒店大厅,就碰上来抓我的警察了。

问:你想去自首,给公安机关打过电话没有?

答:没有。

问:跟别人说过想去自首的事情没有?

答:我跟我老婆说过。

问:还跟什么人说过?

答:没有。

问:你准备去哪个公安机关自首?

答:具体我这事归哪个公安机关管我不知道,不过我打算去洪山派出所自首。

问:为什么想去洪山派出所自首呢?

答:在出门前,我用手机百度地图查了下,最近的派出所是洪山派出所,因此我就打算去那儿。

问:你的手机现在在哪儿?

答:公安机关抓到我后就把我的手机拿走了。

问:先前在检察院审查起诉期间的《认罪认罚具结书》,是你自愿签的吗?

答:是的。

问:你现在还是认罪吗?

答:不认罪也没办法啊,听先前的律师说检察院起诉的案件法院判无罪的不多,认罪还能够少判几个月。我这上有老下有小的,都指望着我生活呢,我就想早点出来。

问:你认为你的行为构成犯罪吗?

答:木山公司欠我的工资款,数额有分歧,我认为有十余万元,公司说只有4万余元,我也不懂刑法,构不构成犯罪我不知道,但我感觉我的行为不应该被定罪,只是现在胳膊拧不过大腿啊。

问:如果我在法庭上给你作无罪辩护,你同意吗?

答:如果你认为我的行为就是无罪,我同意你作无罪辩护。

问:好的,那我准备在法庭上给你作无罪辩护。但是,无罪辩护的意见确实有可能不被法院采纳。所以在法庭上,你是否认罪,你酌情决定。

答:好的,我想好了,在法庭上我继续认罪,您就按照您的专业意见辩护,我相信您。

问:你还有什么问题想问我的吗?

答:没有。我就是想案子能尽快判,不管有罪还是无罪,至少判了之后我可以与家人见面。

问:你的意见,我听清楚了,今天我们的会见就到这儿。

答:好的,辛苦您了。

以上笔录内容我看过,内容与我说的一致。

黄某(签名、捺指印)

——参见陈学权编著:《模拟法庭实验教程》(第4版),高等教育出版社2022年版。

第二节　协助办理刑事自诉案件

知识导图

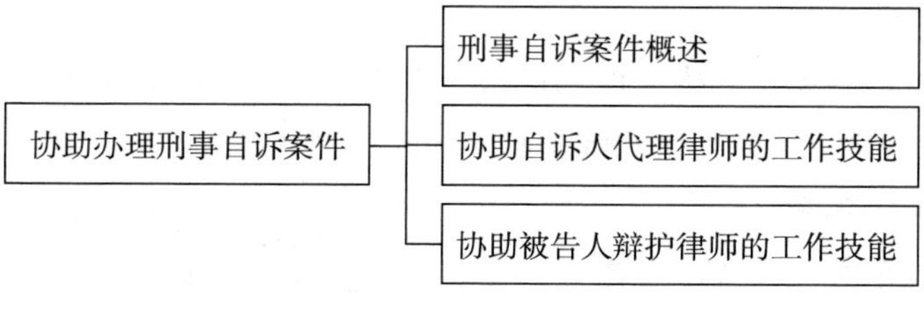

案例引入

2023年4月3日,赵某来到某律师事务所,王律师和实习律师小张一起接待了赵某。赵某声称,某网络平台用户贾某捏造事实、通过网络诽谤赵某且情节严重,拟向法院起诉追究贾某的法律责任,并当场和该律所建立了委托代理关系。

该律师事务所指派王律师承办该起案件，王律师让小张协助自己承办该案。

问题：该案属于何种类型的案件？小张可以协助王律师做哪些工作？

学习目标

1. 熟悉人民法院直接受理的自诉案件的范围
2. 掌握起草刑事自诉状的工作技能
3. 熟悉提起反诉的条件
4. 掌握刑事答辩状的结构

基本知识

一、刑事自诉案件概述

（一）刑事自诉案件与刑事公诉案件的区别

刑事自诉案件是指法律规定的可以由被害人或者其法定代理人、近亲属直接向人民法院起诉要求追究被告人刑事责任，人民法院能够直接受理的刑事案件。

《刑事诉讼法》中的公诉案件和自诉案件，虽然都是刑事案件，但二者之间存在严格区别，主要表现在：

1. 案件来源不同

公诉案件由国家公诉机关即人民检察院提起，自诉案件由被害人，或者其法定代理人、近亲属直接向人民法院提起诉讼。

2. 犯罪性质不同

公诉案件中犯罪行为的性质一般来说比较严重，对社会的危害性也比较大，除公诉机关认为所指控的事实不清，证据不足，不能对被告人定罪和处以刑罚申请撤回起诉，人民法院准许撤回起诉外，其他案件一经起诉，人民法院必须依法进行审判；自诉案件犯罪行为的性质多数不很严重，对社会的危害性也比较小，因此，自诉人在判决宣告前可以同被告人自行和解或撤回自诉，对告诉才处理和有证据证明的轻微刑事案件，可以进行调解。

3. 审查程序不同

公诉案件在开庭前基本上只实行程序性审查，即审查只要符合“起诉书中有明确的指控犯罪事实并且附有证据目录、证人名单和主要证据复印件或照片的”，人民法院就应当决定开庭审判。自诉案件则应经两次审查，第一次审查是立案前的程序审查，审查是否符合立案标准。第二次审查是开庭前的实体审查，审查是否符合“犯罪事实清楚，有足够证据”这一开庭审理的必备条件，如果不符合开庭审理条件，法院应说服自诉人撤回自诉或裁定驳回起诉。

4. 当事人的诉讼权利不完全相同

（1）自诉案件的被告人及其法定代理人在诉讼过程中有权提起反诉；公诉案件的被告人及其法定代理人不能提起反诉。

（2）自诉案件的被害人享有独立的上诉权；公诉案件的被害人没有独立的上诉权，只能请求人民检察院提起抗诉。

5. 当事人的诉讼地位不同

自诉案件中的被害人是自诉人，居原告人地位；公诉案件中公诉机关居原告人地位，被害人则处于证人地位。

6. 举证责任不同

自诉案件的举证责任完全由自诉人承担；公诉案件的举证责任完全由公诉机关承担。

7. 刑罚处罚的轻重不同

自诉案件的刑罚处罚，一般都在 3 年以下有期徒刑、拘役或管制；公诉案件的刑罚处罚可达 10 年以上有期徒刑、无期徒刑甚至死刑。

（二）律师助理协助律师所做的工作

鉴于自诉案件和公诉案件存在诸多区别，律师助理在刑事自诉案件中协助律师所做的工作与其在刑事公诉案件中协助律师所做的工作也有所不同，律师助理在刑事自诉案件中所做工作包括：审查诉讼主体的资格证明、审查案件是否属于自诉案件、审查证据材料是否充分、起草刑事自诉状或答辩状初稿、协助庭前准备、协助参与庭审活动等。

二、协助自诉人代理律师的工作技能

（一）审查诉讼主体的资格证明

《刑事诉讼法》第114条规定："对于自诉案件，被害人有权向人民法院直接起诉。被害人死亡或者丧失行为能力的，被害人的法定代理人、近亲属有权向人民法院起诉。人民法院应当依法受理。"自诉案件的自诉人是被害人，在被害人死亡或者丧失行为能力的情形下，被害人的法定代理人、近亲属可代为起诉。

除自然人外，法人和非法人组织能否成为自诉人？立法对此不明确，理论界的认识也不一致，但在司法实践中，法院认可自诉人既可以是自然人，也可以是法人和其他非法人组织。

(1)自诉人是自然人的，律师助理应审查自诉人的身份证复印件等身份证明材料。

(2)自诉人由自然人的法定代理人代为诉讼的，律师助理除审查自诉人的身份证复印件等身份证明材料外，还应审查法定代理人与自诉人的关系证明和法定代理身份证复印件等身份证明材料。

(3)自诉人是法人或者其他组织的，律师助理应审查其工商或职能机关登记的营业执照或有关登记成立资料复印件、法定代表人（负责人）身份证明书、授权委托书和受委托人身份证复印件或者其他身份证明材料。

自诉人的上述原件经核对无误后，律师助理应当收取复印件，将原件退还自诉人。

（二）审查案件是否属于自诉案件

律师助理应根据最高人民法院《关于适用〈中华人民共和国刑事诉讼法〉的解释》（法释〔2021〕1号）第1条，审查案件是否属于以下三类自诉案件，然后将审查结果向律师汇报。

1. 告诉才处理的案件

(1)侮辱、诽谤案（适用《刑法》第246条，但严重危害社会秩序和国家利益的除外）；

(2)暴力干涉婚姻自由案（适用《刑法》第257条第1款）；

（3）虐待案（适用《刑法》第260条第1款，但被害人没有能力告诉或者因受到强制、威吓无法告诉的除外）；

（4）侵占案（适用《刑法》第270条）。

2. 未被提起公诉，被害人有证据证明的轻微刑事案件

（1）故意伤害案（适用《刑法》第234条第1款）；

（2）非法侵入住宅案（适用《刑法》第245条）；

（3）侵犯通信自由案（适用《刑法》第252条）；

（4）重婚案（适用《刑法》第258条）；

（5）遗弃案（适用《刑法》第261条）；

（6）生产、销售伪劣商品案（适用《刑法》分则第3章第1节，但严重危害社会秩序和国家利益的除外）；

（7）侵犯知识产权案（适用《刑法》分则第3章第7节，但严重危害社会秩序和国家利益的除外）；

（8）《刑法》分则第4章、第5章，可能判处3年有期徒刑以下刑罚的案件。

此项规定的案件，只有证据充分，且被告人可能判处3年有期徒刑以下刑罚的案件法院才会受理。如果证据不充分，或者被告人可能判处3年有期徒刑以上刑罚的，法院不会受理，法院会让被害人向公安机关报案，或者将案件移送公安机关立案侦查。

3. 被害人有证据证明对被告人侵犯自己人身、财产权利的行为应当依法追究刑事责任，且有证据证明曾经提出控告，而公安机关或者人民检察院不予追究被告人刑事责任的案件

这类自诉案件要求被害人既要有证据证明被告人存在侵犯自己人身、财产权利的刑事犯罪行为，还要有证据证明自己曾向公安机关或者人民检察院提出控告，但是公安机关或者人民检察院不予追究被告人刑事责任。

（三）审查证据材料是否充分

自诉案件中的证据是指符合自诉条件的案件的证据。公诉案件的举证责任由检察机关承担，但是自诉案件的举证责任完全由自诉人承担，如果证据材料不充分，案件不会被法院受理。因此，律师助理应特别认真地审查证据材料是否充

分,包括审查证据材料是否有疑点,证据材料之间是否有矛盾,证据材料是否有欠缺,等等。

证据材料包括:

(1)证明自诉人系受被告人犯罪行为侵害,有被告人犯罪事实的证据,如公安机关的相关材料。

(2)证明被告人实施的犯罪行为情节严重,或已达到法定的严重后果。如故意伤害案中的伤势鉴定为轻伤。

(3)自诉人依据《刑事诉讼法》第210条第3项规定起诉的,应提交公安机关或者人民检察院已经作出不予追究的书面决定书。

(4)受诉法院有权管辖的证据材料或事实依据。

律师助理审查完证据材料后,应编制证据目录。证据目录上注明证据名称、份数、是否原件、证明的对象,同时备注自己初步审查结果,然后将审查结果向律师进行汇报。

(四)起草刑事自诉状初稿

律师助理在律师的指导下,撰写刑事自诉状初稿,初稿完成后交由律师审定。刑事自诉状的基本结构分为首部、正文和尾部三个部分。

1. 首部

首部写明诉讼主体的基本情况。诉讼主体是自然人的,应写明姓名、性别、出生年月日、民族、工作单位、户籍所在地或者经常居住地、邮编及联系电话。诉讼主体是法人或者其他组织的,应写明名称、住所地、邮编及联系电话、法定代表人或负责人姓名、职务。

2. 正文

(1)诉讼请求

诉讼请求应具体。例如,被告人张某犯非法侵入住宅罪,请求人民法院依法追究张某的刑事责任。

(2)被告人行为所触犯的何种罪名

罪名应明确,如非法侵入住宅罪、侵占罪、侮辱罪、诽谤罪等。

(3)事实与理由

应写明被告人的犯罪事实,包括时间、地点、手段、危害后果等。

3. 尾部

(1)署名。自诉人是自然人的,应由本人签名。自诉人是法人或者其他组织的,应加盖单位公章。

(2)致送人民法院的名称和具状时间。具状时间要填写准确,自诉状上签署的时间与实际递交诉状时间不一致的,应注明实际递交时间,实际递交诉状的时间为正式起诉时间。

(3)证人的姓名、住址。

(4)附件,包括自诉状副本份数和证据目录。

(五)协助提交自诉材料

在前面工作完成之后,律师助理接下来应该仔细检查以下材料是否齐全:(1)自诉人身份证明文件;(2)刑事自诉状;(3)证据材料及目录;(4)委托书;(5)律师事务所证明;(6)律师执业证书等。

如果上诉材料均齐全,实习律师可以独自去法院提交起诉材料,但是未获得"申请律师执业人员实习证"的其他人员不能独自去法院提交起诉材料,可随同律师一起去法院提交起诉材料。

需要注意的是,对于有共同侵害人,但自诉人只对部分侵害人起诉的,以及有共同被害人,只有部分自诉人提起诉讼的,律师助理应当在律师的指导下,向自诉人提供法律咨询、解释法律规定,告知法律风险及后果。

(六)协助调查取证

我国《刑事诉讼法》规定,代理律师有权收集、查阅与本案有关的材料;有权到人民法院查阅检察院不起诉而被害人起诉后,人民检察院移送到人民法院的有关案卷材料,了解案情。对于无法取得的证据,可以申请人民法院依法调查取证。

(七)协助庭前准备

根据律师的指示,律师助理协助律师做好各项庭前准备工作,包括梳理证据材料、检索法条案例、起草庭审发问提纲等。需要注意的是，律师助理还应向自诉人告知有关自诉案件开庭的法律规定，避免因自诉人拒不到庭或擅自中途退庭导致人民法院按自动撤诉处理的法律后果。

（八）协助参与庭审活动

律师助理中的实习律师可以协助律师参与自诉案件庭审活动，但是不能在庭审时发表意见，只可以做庭审记录之类的辅助工作，其他人员不能参与庭审活动，只能旁听庭审活动。

（九）协助与自诉人进行沟通

在协助律师承办刑事自诉案件的过程中，律师助理应随时和自诉人进行沟通，除了解案情和证据材料外，还要及时就自诉人的各项诉讼权利征求其意见，包括：(1)是否撤回自诉；(2)是否对不予受理、驳回起诉的裁定提起上诉；(3)是否适用简易程序；(4)是否同意和解、撤回自诉；(5)是否对一审判决提起上诉。

三、协助被告人辩护律师的工作技能

律师可以接受自诉案件被告人及其法定代理人或者近亲属的委托担任被告人的辩护律师。律师助理可以协助被告人辩护律师做的工作有：分析案情、梳理证据、起草变更强制措施文书初稿、起草刑事答辩状或反诉状初稿等。

（一）协助会见被告人

对于被羁押的自诉案件被告人，律师助理中的实习律师可由辩护律师带着一起会见被告人，并为其申请变更强制措施，其他人员不能随同辩护律师一起会见被告人。

（二）起草变更强制措施申请书初稿

对于被羁押的自诉案件被告人，辩护律师应当会见，并为其申请变更强制措施。

辩护律师认为被羁押的被告人符合下列取保候审条件的，应当为其申请取保候审:(1)可能判处管制、拘役或者独立适用附加刑的;(2)可能判处有期徒刑以上刑罚,采取取保候审措施不致发生社会危险性的;(3)犯罪嫌疑人、被告人患有严重疾病、生活不能自理,采取取保候审措施不致发生社会危险性的;(4)犯罪嫌疑人、被告人正在怀孕或者哺乳自己的婴儿,采取取保候审措施不致发生社会危险性的;(5)羁押期限届满,案件尚未办结,需要采取取保候审措施的。

被羁押的被告人及其法定代理人、近亲属和律师申请取保候审应当采用书面形式。辩护律师向办案机关书面申请变更、解除强制措施或者释放犯罪嫌疑人、被告人的,应当写明律师事务所名称、律师姓名、通讯地址及联系方式、犯罪嫌疑人、被告人姓名和所涉嫌或指控的罪名、申请事实及理由、保证方式等。注意辩护律师不宜为犯罪嫌疑人、被告人担任保证人。

律师助理可在辩护律师的指导下起草变更强制措施申请书初稿,并由辩护律师审定。

(三)起草答辩状初稿

刑事答辩是指对于被害人提起自诉的案件,被告人也可以针锋相对地进行反驳,以表明自己没有犯罪或情节轻微。

刑事答辩状即被告人进行答辩的书面文书。刑事答辩状的事实和理由部分应针对对方当事人的诉讼请求及其所依据的事实与理由进行反驳与辩解,针对对方当事人的事实、理由、证据和请求事项,全面否定或部分否定其所依据的事实和证据,从而否定其理由和诉讼请求。也就是依据事实证据和法律规定,对起诉人起诉中的不实、捏造或违法的指控进行逐条反驳。答辩中有关举证事项,应写明证据的名称、件数、来源或证据线索。有证人的,应写明证人的姓名、住址。

(四)起草反诉状初稿

1. 反诉的含义

反诉是相对于自诉而言的,是指在自诉过程中,自诉案件的被告人作为被害人控诉自诉人犯有与本案有联系的犯罪行为,向人民法院提出请求,要求追究其刑事责任的诉讼行为。在有反诉发生的自诉案件中,诉讼双方当事人都同时具有双重身份,既是自诉人又是被告人,形成互诉。

2. 反诉的法律依据

《刑事诉讼法》第213条规定:"自诉案件的被告人在诉讼过程中,可以对自诉人提起反诉。反诉适用自诉的规定。"在刑事自诉案件中,被告人依法有权提起反诉。反诉的当事人同样可以委托代理人。反诉案件的代理人,一般都具有双重身份,既是被告人的辩护人,又是反诉的诉讼代理人。因此,必须办理双重委托手续,明确代理权限。

3. 反诉的条件

告诉才处理和被害人有证据证明的轻微刑事案件的被告人或者其法定代理人在诉讼过程中,可以对自诉人提起反诉。反诉必须符合下列条件:(1)反诉的对象必须是本案自诉人;(2)反诉的内容必须是与本案有关的行为;(3)反诉的案件必须符合最高人民法院《关于适用〈中华人民共和国刑事诉讼法〉的解释》第1条第1项和第2项:属于告诉才处理和人民检察院没有提起公诉,被害人有证据证明的轻微刑事案件。

4. 反诉状的结构

对于符合反诉条件的,在律师的指导下,律师助理可以起草反诉状初稿。反诉状的结构同自诉状一样,也包括首部、正文和尾部三部分,律师助理需要注意的是事实和理由部分,提出反诉的根据。以下是刑事自诉案件反诉状参考格式。

刑事自诉案件反诉状

反诉人(本诉被告人):

姓名、性别、出生年月日、民族、籍贯、职业或工作单位和职务、住址等。

被反诉人(本诉自诉人):

姓名、性别、出生年月日等基本情况。

反诉请求:

事实与理由:

被反诉人的罪行事实发生的时间、地点、侵犯客体等具体事实要素,阐明被反诉人罪行的性质及法律依据。

证据和证据来源,证人姓名和地址:

如证据、证人在事实部分已经写明,此处只需要写明名称、证人地址。

此致

××人民法院

反诉人:

年 月 日

附:本反诉状副本××份。

——《刑事自诉案件反诉状》,载韶关市中级人民法院官网 2017 年 9 月 27 日,https://www.sgcourts.gov.cn/web/content?gid=262&lmdm=1014。

引例分析

1. 某网络平台用户贾某捏造事实、通过网络诽谤赵某且情节严重,贾某的行为涉嫌诽谤罪,该案属于刑事自诉案件。

2. 小张可以在王律师的指导下,协助王律师做以下工作:

(1)与自诉人沟通案情和告知诉讼权利。

(2)起草刑事自诉状、代理词、质证意见初稿。

(3)协助王律师调查取证。

(4)做好庭审前的各项准备工作。

(5)随同王律师出庭,从事记录等辅助工作。

(6)案卷整理归档。

沙场练兵

【训练场景】

张某和谢某是邻居,早在谢某父亲年轻的时候,两家人就因宅基地的地界问题结下了仇。一日,张某又因琐事与谢某父亲发生争执并大打出手,张某在争执中吃了亏,见惹不起谢某父亲,便纠集妻儿老小去谢某家常住,一家人不仅吃住在谢某家,还邀请亲朋好友到谢某家喝酒、打牌,闹得谢某家根本无法正常生活。谢某多次好言相劝让其离开,张某都置之不理,后村干部也多次进行劝说,张某始终不肯罢休。对此,检察院没有提起公诉,谢某在忍无可忍之下,向人民法院提起了刑事自诉。

【训练任务】

谢某委托某律师事务所代理本案,律师事务所指派王律师承办该案,王律师安排助理小张起草刑事自诉状。

【训练技能】

小张认真阅读委托人提供的证据材料,并检索相关法律条文后,起草刑事自诉状如下:

刑事自诉状

自诉人:谢某,男,汉族,1986年1月15日生,住××市××县××村,联系方式:131××××8956。

被告人:张某,男,汉族,1960年10月3日生,住××市××县××村,联系方式:151××××3212。

案由:非法侵入住宅。

诉讼请求:被告人张某犯非法侵入住宅罪,请求人民法院依法追究张某的刑事责任。

事实和理由:自诉人和被告人是邻居,多年前自诉人的父亲和被告人就因宅基地的地界问题发生过纠纷,两家为此结仇,关系也向来不和。但自诉人一直视被告人为长辈,对其很尊敬,也从未冒犯过。然而,2021年1月12日,被告人因其孙子被自诉人家门前的一块石头绊倒,就认为是自诉人故意挑事,存心使坏,便在自诉人家门口指桑骂槐。对此,自诉人不愿多生事端,便假装没听见,待在家不出来。恰巧自诉人的父亲路过此地,便和被告人较起劲来,甚至大打出手,被告人个子小吃了亏,见惹不起自诉人的父亲,为了泄愤,便纠集妻儿老小到自诉人家常住,吃、喝、用都在自诉人家,甚至还隔三岔五地把亲朋好友聚集到自诉人家中喝酒、打牌,常常通宵达旦。自诉人多次好言相劝让其离开,被告人都置之不理,后村干部也多次进行劝说,被告人依然我行我素,在自诉人家中肆意妄行,闹得自诉人及家人不得安宁。自诉人的妻子因此患上神经衰弱症，儿子也因家里的事情影响了正常的学习，考试成绩下滑。被告人的行为已经严重影响了自诉人及其家人的正常生活。

住宅不受侵犯是宪法规定的公民基本权利。自诉人依法享有住宅不受侵犯的权利，而被告人不顾自诉人的反对，无故强行入住自诉人家中，吃喝玩乐扰乱自诉人及家人的正常生活，且经自诉人及村干部多次劝说都不离开，其行为影响恶劣，对自诉人及其家人伤害很大。被告人上述违法行为有被告人在自诉人家中居住寻事的物证，邻居、村干部和自诉人儿子的班主任等人证、医院对自诉人的妻子患神经衰弱症的诊断等进行证明。

综上所述，被告人为泄私愤，而不惜去破坏自诉人的正常生活，其行为已触犯了《中华人民共和国刑法》(2020 年修正)第 245 条的规定，构成非法侵入住宅罪，请求依法追究其刑事责任。

证据及其来源，证人姓名和住址：

证据一：自诉人提供的证明被告人在自诉人家中居住、生活、喝酒、打牌的证据；

证据二：证人王某，男，××市××县××村村民，系自诉人邻居；

证据三：证人方某，男，××市××县××村村干部；

证据四：证人钱某，女，某小学教师，××市××县××村村民，系自诉人的儿子的班主任；

证据五：县人民医院的诊断证明 1 份。

此致

××县人民法院

自诉人：谢某

2021 年 3 月 22 日

附：本诉状副本 1 份。

——参见司法文书研究中心编：《律师文书样式、制作与范例》，中国法制出版社 2020 年版，第 141 页。

拓展阅读

刑事答辩状

答辩人:姓名,性别,出生年月,民族,籍贯,文化程度,工作单位,职业,住址。

现因××××一案,提出答辩如下:

答辩请求:要求人民法院驳回起诉;要求人民法院否定自诉人请求之一或全部;要求与自诉人和解;提出反诉请求等。

答辩理由:针对自诉人的指控进行辩解:

1. 写明自诉状中陈述的事实和依据的证据不实之处,提出相反的事实和证据;

2. 写明答辩人的行为合法,或虽违法但不犯罪;

3. 写明自诉人起诉程序不合法,或举证不合法,或不属自诉案件范围;

4. 列举有关法律规定,论证自己主张的正确性,请求人民法院保护自己的合法权益等。

证据和证据来源:写明证据的名称、件数、来源。有证人的,应写明证人的姓名、住址。

此致

××××人民法院

答辩人:×××

××××年××月××日

附:答辩书副本×份。

——参见江西省高级人民法院:《刑事答辩状》,载中国审判流程信息公开网,https://splcgk.court.gov.cn/gzfwww//sszn/details? id=ff8080816a691565016af831b50a03d9。

第三节　协助办理刑事附带民事诉讼案件

知识导图

- 协助办理刑事附带民事诉讼案件
  - 刑事附带民事诉讼概述
  - 协助办理刑事附带民事诉讼案件的工作技能

案例引入

2021年9月20日，李某到家附近的餐馆吃饭，返家行至陈某的商店门口处遇见苗某，双方因琐事发生口角，继而相互对骂和打斗。在打斗过程中，李某持铁片捅刺苗某后背、胸部各一刀，苗某经抢救无效死亡。

该案被检察院提起公诉，法院开庭审理之前，被害人苗某的妻子宋某来到某律师事务所，向王律师咨询是否可以向法院起诉主张李某对其进行民事赔偿。王律师安排助理小张分析该案是否符合刑事附带民事诉讼的起诉条件。

问题：小张应该从哪些方面来分析该案的起诉条件？

学习目标

1. 了解刑事附带民事诉讼的原告人和被告人
2. 熟悉刑事附带民事诉讼的赔偿范围
3. 熟悉刑事附带民事诉讼的起诉条件
4. 掌握起草刑事附带民事起诉状的工作技能

基本知识

一、刑事附带民事诉讼概述

（一）概念

刑事附带民事诉讼，是指在刑事诉讼过程中，在解决被告人刑事责任的同时，附带解决因被告人的犯罪行为所造成的物质损失赔偿问题而进行的诉讼活动。法院审判附带民事诉讼案件，除适用刑事法律外，还应当适用民事法律。

根据《民事诉讼法》的规定，起诉必须符合四个条件：(1)原告是与本案有直接利害关系的公民、法人和其他组织；(2)有明确的被告；(3)有具体的诉讼请求和事实、理由；(4)属于人民法院受理民事诉讼的范围和受诉人民法院管辖。

（二）原告人

刑事附带民事诉讼中的原告人是指有权提起附带民事诉讼的主体，包括以下三类主体：(1)被害人。被害人因人身权利受到犯罪侵犯或者财物被犯罪分子毁坏而遭受物质损失的，有权在刑事诉讼过程中提起附带民事诉讼。(2)被害人及其法定代理人、近亲属。被害人死亡或者丧失行为能力的，其法定代理人、近亲属有权提起附带民事诉讼。(3)人民检察院。国家财产、集体财产遭受损失，受损失的单位未提起附带民事诉讼，人民检察院在提起公诉时提起附带民事诉讼的，人民法院应当受理。人民检察院提起附带民事诉讼的，应当被列为附带民事诉讼原告人。

（三）被告人

刑事附带民事诉讼的被告人通常是刑事诉讼的被告人（包括自然人、法人和其他组织），但在某些特殊情况下，有可能不是承担刑事责任的被告人，而是依法负有赔偿责任的人。

刑事附带民事诉讼的被告人包括以下五类：(1)刑事被告人以及未被追究刑事责任的其他共同侵害人；(2)刑事被告人的监护人；(3)死刑罪犯的遗产继承人；(4)在共同犯罪案件中，案件审结前死亡的被告人的遗产继承人；(5)对被害人的物质损失依法应当承担赔偿责任的其他单位和个人。此外，附带民事诉讼被告人的亲友自愿代为赔偿的,法院可以准许。

(四)赔偿范围

1. 物质损失

对刑事附带民事诉讼作出判决,应当根据犯罪行为造成的物质损失,结合案件具体情况,确定被告人应当赔偿的数额。一般认为指的是直接物质损失。

2. 人身损害

犯罪行为造成被害人人身损害的,应当赔偿医疗费、护理费、交通费等为治疗和康复支付的合理费用,以及因误工减少的收入。造成被害人残疾的,还应当赔偿残疾生活辅助器具费等费用;造成被害人死亡的,还应当赔偿丧葬费等费用。

需要注意的是:(1)除交通肇事刑事案件外,其他刑事附带民事诉讼案件通常不会将残疾赔偿金、死亡赔偿金列入判赔范围,但是双方达成和解、调解协议的,则赔偿范围不受此限。(2)精神损害赔偿一般不列入刑事附带民事诉讼的赔偿范围,但有例外,如未成年人遭受性侵害的,也可以给予一定的精神损害赔偿。

(五)提起诉讼

我国《刑事诉讼法》第 101 条第 1 款规定:“被害人由于被告人的犯罪行为而遭受物质损失的,在刑事诉讼过程中,有权提起附带民事诉讼。被害人死亡或者丧失行为能力的,被害人的法定代理人、近亲属有权提起附带民事诉讼。”这说明,被害人及其法定代理人、近亲属只要在刑事案件立案以后,一审判决宣告以前提起附带民事诉讼,就应当认为是“在刑事诉讼过程中”提起,就没有超过刑事附带民事诉讼提起的时效,而不必受单纯民事诉讼时效的限制。

如果被害人及其法定代理人、近亲属没有在刑事案件第一审期间提起附带民事诉讼,而是在第二审期间提起的,法院可以进行调解;调解不成的,告知当事人可以在刑事判决、裁定生效后另行提起民事诉讼。

刑事案件审理终结后提起民事诉讼的,由法院的民事审判庭审理。被告人在监狱服刑的,法官可以到监狱提讯被告人。

需要注意的是,刑事案件结案后,单独起诉民事赔偿的,被告人不会再接受调解,法院的判决又难以执行,这对原告人不利,所以,原告人应尽量在刑事诉讼阶段提起附带民事诉讼。

（六）案件受理

在侦查、预审、审查起诉阶段，有权提起附带民事诉讼的人向公安机关、人民检察院提出赔偿要求且已经由公安机关、人民检察院记录在案的，刑事案件起诉后，人民法院应当按照附带民事诉讼案件受理。侦查、起诉阶段经公安机关、人民检察院调解，当事人双方达成协议并已经给付，被害人又坚持向人民法院提起附带民事诉讼的，人民法院也可以受理。

如果被害人在侦查阶段和审查起诉阶段提起刑事附带民事诉讼，因这两个阶段不是真正意义的审理案件，所以只能组织双方协商调解。调解不成的，应到法院审判阶段一并作出判决。实践中基本上形成了“和解—调解—刑事判决”的处理机制。

调解无法达成协议或者调解书送达双方当事人之前一方反悔的，附带民事诉讼应当同刑事诉讼一并开庭审理。开庭审理时，一般应当分阶段进行，先审理刑事部分，然后审理附带民事部分，附带民事部分的审理程序参照民事审判程序进行。原告人无正当理由拒不到庭或者未经法庭允许中途退庭的，按撤诉处理；被告人无正当理由不到庭的，可以实行民事拘传。

附带民事诉讼应当同刑事案件一并审判，只有为了防止刑事案件审判的过分迟延，才可以在刑事案件审判后，由同一审判组织继续审理附带民事诉讼。

（七）诉讼费用

法院审理附带民事诉讼案件，不收取诉讼费，但是另行提起民事诉讼，则需要收取诉讼费。这使被害人可以通过权衡两种程序获赔利益的大小，选择有利于自己的诉讼程序。一旦刑事调解不成，被害人往往选择撤回赔偿较少的附带民事诉讼，另行提起民事诉讼，或干脆直接提起民事侵权诉讼，但此时被告方赔偿积极性已因刑罚确定而降低，被害人获赔可能会更难。

二、协助办理刑事附带民事诉讼案件的工作技能

在刑事附带民事诉讼中，律师助理所从事的工作与其在民事诉讼中所从事的

工作大同小异。鉴于第四章“律师助理协助办理民事诉讼业务的工作技能”已对律师助理在民事诉讼中所从事的主要工作进行了介绍，下文将针对刑事附带民事诉讼与民事诉讼的不同之处，重点介绍律师助理在刑事附带民事诉讼中的两项工作技能：协助审查起诉条件和协助起草刑事附带民事诉讼状。

（一）协助审查起诉条件

律师接受委托后，在律师的指导下，律师助理应重点从以下几个方面审查案件是否符合起诉条件：

1. 是否存在刑事诉讼

附带民事诉讼必须以刑事诉讼的存在为前提，如果刑事诉讼不存在，附带民事诉讼也就失去了存在的基础，被害人应当提起独立的民事诉讼，而不能提起刑事附带民事诉讼。

2. 提起刑事附带民事诉讼的时间是否合法

如果是公诉案件，应当在刑事案件立案后至刑事诉讼程序结束之前提起，如果刑事诉讼程序尚未启动，或者刑事诉讼程序已经结束，被害人只能提起独立的民事诉讼，而不能提起附带民事诉讼。

如果是自诉案件，可以随时提起刑事附带民事诉讼。刑事自诉人提起自诉应当提交刑事自诉状；同时提起附带民事诉讼的，应当提交刑事附带民事自诉状。

3. 被告人是否符合法定条件

律师助理在审查被告人是否符合法定条件时，应重点审查以下几点：

（1）是否存在共同侵害人

如果存在共同侵害人，且原告人仅对部分共同侵害人提起附带民事诉讼的，原告人可以对其他没有被追究刑事责任的共同侵害人一并提起附带民事诉讼，但共同犯罪案件中同案犯在逃的除外。被害人或者其法定代理人、近亲属放弃对其他共同侵害人的诉讼权利的，律师助理应根据律师的指示告知其相应法律后果。

（2）是否存在监护人

如果侵害人是未成年人，其监护人应被列为被告人。

（3）是否存在遗产继承人

如果侵害人是死刑罪犯，或者系共同犯罪案件中案件审结前死亡的被告人的，则其遗产继承人应被列为被告人。

(4)是否存在其他责任人

附带民事诉讼并不仅包括侵权法律关系，而且包括雇佣法律关系、代理法律关系、管理法律关系、继承法律关系等所产生的民事赔偿责任，其承担的民事责任有共同赔偿责任、连带责任、垫付责任等。比如，在交通肇事刑事案件中，一般情况下肇事机动车车主即为附带民事诉讼被告人，虽然车主和受害人之间没有侵权法律关系，但车主是肇事机动车的所有权人而承担管理职责和赔偿义务，并不因其不是共同致害人就不参与附带民事诉讼。又如，根据《保险法》的相关规定，保险公司应依法承担先行赔付的民事责任，而不是基于与受害第三者有合同关系或者与被保险人的约定履行合同义务。①

4. 被告人的行为是否与被害人的物质损失之间存在因果关系

由于被害人提起的是刑事附带民事诉讼，诉讼请求是向被告人进行索赔，根据《民法典》侵权责任编的相关规定，被告人(侵害人)的行为与被害人的物质损失之间必须存在因果关系，法院才会支持被害人的索赔要求。

5. 是否符合法定的刑事附带民事诉讼的范围

以下五种情形不能提起刑事附带民事诉讼：

(1)赔偿精神损失。因受到犯罪侵犯，提起附带民事诉讼或者单独提起民事诉讼要求赔偿精神损失的，人民法院一般不予受理。

(2)非法占有、处置。被告人非法占有、处置被害人财产的，应当依法予以追缴或者责令退赔。被害人提起附带民事诉讼的，人民法院不予受理。追缴、退赔的情况，可以作为量刑情节考虑。

(3)国家机关工作人员行使职权。国家机关工作人员在行使职权时，侵犯他人人身、财产权利构成犯罪，被害人或者其法定代理人、近亲属应依法申请国家赔偿，而不应提起附带民事诉讼。

(4)同案犯在逃。共同犯罪案件同案犯在逃的，不应被列为刑事附带民事诉讼被告人，但其他未在逃的被告人，可以被列为被告人；逃跑的同案犯到案后，亦可以被列为被告人，但已经从其他共同犯罪人处获得足额赔偿的除外。

---

① 参见《刑事附带民事诉讼的被告》，载华律网2023年6月5日，https://www.66law.cn/laws/325912.aspx。

(5)已达成调解协议并全部履行。侦查、审查起诉期间,有权提起刑事附带民事诉讼的人提出赔偿要求,经公安机关、人民检察院调解,当事人双方已经达成协议并全部履行,被害人或者其法定代理人、近亲属又提起刑事附带民事诉讼的,人民法院不予受理,但有证据证明调解违反自愿、合法原则的除外。①

律师助理对起诉条件审查完毕后,应及时将审查结果向律师汇报,经律师确认审查结果无误后,再将审查结果和律师的相关建议告知委托人。相关建议包括:如果不符合起诉条件的,建议委托人放弃起诉或者另行提起民事诉讼;如果符合起诉条件,需要增加被告人的,应建议委托人增加被告人;符合起诉条件,但是索赔项目及金额不符合起诉条件的,应建议委托人放弃该索赔项目及金额。如果委托人不接受建议,律师助理应协助律师做好谈话笔录,告知委托人败诉的风险和后果,并做好谈话笔录让委托人签字确认,做好风险防范,或者律师直接拒绝接受该项委托。

(二)协助起草起诉状

律师助理可在律师的指导下,在梳理证据和查阅法律法规的基础上,协助律师起草刑事附带民事起诉状。

刑事附带民事起诉状由首部、正文和尾部组成。

1. 首部

首部应当写明:(1)文书名称,即"刑事附带民事起诉状";(2)附带民事诉讼原告人、附带民事诉讼被告人的姓名、性别、出生年月日、民族、出生地、文化程度、职业或者工作单位和职务、住址。

2. 正文

正文应当写明:诉讼请求、事实与理由、证明损失的证据等。

(1)诉讼请求。应当写明请求附带民事诉讼被告人赔偿的项目和具体数额。

(2)事实与理由。事实应当写明因附带民事诉讼被告人的犯罪行为给被害人、附带民事诉讼原告人造成实际经济损失的情况。理由应当根据有关法律规定,写明为什么应当由附带民事诉讼被告人承担民事责任。

---

① 李鑫:《法律干货|刑事附带民事诉讼案件实务汇总》,载微信公众号"法律人 law"2023 年 5 月 5 日,https://mp.weixin.qq.com/s/6p2EzsiQOOeqPUlTMhpNjg。

（3）证据。应当一一列明证据名称、种类、来源、证明对象和证明目的。

3. 尾部

尾部应当写明：致送人民法院的名称，附带民事起诉状的份数，附带民事诉讼原告人签名或者盖章，具状时间。

由于附带民事诉讼是在刑事诉讼过程中提起的，检察机关已经对犯罪行为提起公诉，因此，刑事附带民事起诉状中应当重点写明被告人的犯罪行为给被害人造成物质损失的情况及有关证据。

律师助理起草完刑事附带民事起诉状初稿后，应提交给律师审阅，律师审阅通过后再将起诉状发给委托人以征求其意见。

引例分析

小张应从以下几个方面分析该案的起诉条件：

1. 李某和苗某在互斗中，李某持铁片将苗某刺伤致死，该案属于刑事案件，且该案已被检察院提起公诉，说明该案存在刑事诉讼。

2. 该案不属于法律禁止提起刑事附带民事诉讼的案件。

3. 该案已被检察院提起公诉，但法院尚未开庭审理，符合刑事附带民事诉讼应在刑事案件立案后至刑事诉讼程序结束之前提起的条件。

4. 诉讼主体适格。宋某是苗某的妻子，在苗某死亡的情况下，宋某有权作为近亲属提起刑事附带民事诉讼。李某是侵害人，是依法负有赔偿责任的主体，为刑事附带民事诉讼的被告人。

5. 李某持铁片将苗某刺伤致死，李某的侵害行为和苗某的死亡之间存在因果关系，且苗某的妻子有权向李某索赔在苗某死亡之前支出的医疗费、护理费、交通费、误工收入，以及在苗某死亡之后支出的丧葬费等费用。死亡赔偿金不会被列入判赔范围，但是如果双方达成和解、调解协议的，则赔偿范围不受限。

经过以上分析，小张认为该案符合刑事附带民事诉讼的起诉条件。

沙场练兵

【训练场景】

田某和苗某是前后院邻居，田某家盖的房子挡住了苗某家的采光，苗某多次交涉，田某不听，反将苗某打成重伤，田某被逮捕。在刑事诉讼过程中，苗某为提起附带民事诉讼，委托某律师事务所王律师为其诉讼代理人。王律师接受委托后，安排助理小张为苗某起草了如下附带民事起诉状：

刑事附带民事起诉状

原告人：苗×，男，34岁，汉族，××公司职员，住址：某市四方区××胡同20号。

诉讼代理人：王×，某市××律师事务所律师。

被告人：田×，男，36岁，汉族，××公司职员，住址：某市四方区××胡同21号。

请求事项：

1. 请求法院依法判处被告人赔偿全部医疗费、误工损失费和伤残补助费；
2. 请求法院判处被告人拆除影响原告人家采光的非法建筑；
3. 请求法院判处被告人赔偿原告人精神损害费4万元。

事实和理由：

被告人田×和原告人系前后院邻居。2023年3月，被告人在房屋改建过程中，不顾邻里关系，新建的房屋后檐离原告人家的前窗只有半米，严重影响了原告人家房屋的采光。原告人多次同被告人交涉，被告人均置之不理。2023年4月1日，原告人再次找被告人交涉时，被告人态度极为恶劣，不但不与原告人交涉，反而拿起铁锹铲原告人，原告人躲闪不及，右脚跟腱被铲断，虽经住院治疗30余天，仍然留下残疾，行走不便，经鉴定为三级伤残。以上事实，有证人××的证言，××医院的诊断证明书，以及××司法鉴定室的鉴定报告为证。

被告人的上述行为，严重侵害了原告人的合法权益，给原告人的身心健康造成了极大的伤害，现向贵院提起刑事附带民事诉讼，请求法院依法判处。

具状人：王×

2023年5月11日

【训练任务】

请你根据刑事附带民事诉讼的法律规定和撰写刑事附带民事诉状的要求，分析上述刑事附带民事起诉状存在的问题，并简要说明理由。

【训练技能】

上述刑事附带民事起诉状存在下列问题：

1. 基本情况部分存在的问题：

未写明原告人和被告人在刑事诉讼中的地位。正确的写法是，在原告人的基本情况后面加上“系田某故意伤害案的被害人”，在被告人的基本情况后面加写“系田某故意伤害案的被告人”。

2. 请求事项部分存在的问题：

(1) 对医疗费、误工损失费和伤残补助费没有写明具体的赔偿数额，因此不符合必须写明具体的诉讼请求的法律要求。

(2) 房屋采光被挡不是由于被告人的犯罪行为所引起的，不属于刑事附带民事诉讼的请求范围，应另行提起民事诉讼，因此，一并要求法院判处被告人拆除挡光建筑的请求不合适。

(3) 根据我国《刑事诉讼法》第101条的规定，刑事附带民事诉讼只解决物质损失的赔偿问题，因此，本诉状中要求被告人赔偿精神损害费的请求也是不合适的。

3. 事实和理由部分存在的问题

对于损失的具体数额没有叙述。应当具体写明共花去医疗费多少元，造成误工损失费多少元，后期继续治疗及伤残补助估计多少元。

4. 结尾部分存在的问题

(1) 没有写明起诉的法律依据，应当写明：“依据《刑事诉讼法》第××条、《民法典》第××条、《民事诉讼法》第××条的规定，向贵院……”。

(2) 没有写明本诉状的致送法院，应当写明“此致四方区人民法院”。

(3) 具状人不应当写诉讼代理人，而应当写原告人苗某，因为在诉讼过程中，诉讼代理人应当以原告人的名义进行诉讼活动。

(4) 本诉状中没有相关证据目录。应当写明：

①证人××的证言；

②××医院的诊断证明书；

③××医院的医药费收据×张；

④原告人的工资证明一份；

⑤××司法鉴定室的鉴定意见一份。

5. 本诉状中没有附注起诉状份数。正确的写法是，在具状人之后写明：

附：刑事附带民事诉状×份

——本案例改编于2003年国家司法考试试卷四

拓展阅读

刑事附带民事答辩状（示例）

答辩人（被告人）：

地址：

法定代表人：

被答辩人（原告人）：

地址：

法定代表人：

附带民事诉讼原告人的《刑事附带民事诉状》，答辩人已于________年____月____日收到，现依法提出答辩意见如下：

答辩事项：

答辩人认为，本案原告人提起附带民事诉讼不符合法定条件，其请求赔偿没有事实根据和法律依据，请法庭依法判决驳回原告人的诉讼请求。

事实和理由：

第一，答辩人不属于刑事侵权人，不应赔偿原告人因被害人________死亡而造成的经济损失。

《中华人民共和国刑法》第36条规定：由于犯罪行为而使被害人遭受经济损失的，对犯罪分子除依法给予刑事处罚外，并应根据情况判处赔偿经济损失。

《中华人民共和国刑事诉讼法》第 101 条规定：被害人由于被告人的犯罪行为而遭受物质损失的，在刑事诉讼过程中，有权提起附带民事诉讼。

1. 答辩人与被害人蔡某某的死亡之间，不存在因果关系。

2. 答辩人的行为不构成刑事侵权，原告人提出刑事附带民事也就失去了法律前提。

第二，原告人的经济损失来自____________的非法行为，与答辩人的行为之间无直接、必然的因果关系。

第三，答辩人对受害人的死亡负有道义上的责任，愿意作出相应的补偿。

第四，原告人提出的________万元赔偿缺乏依据。

原告人要求答辩人承担原告人死亡赔偿金、丧葬费、精神抚慰金、交通费、住宿费等费用计________万元，根据 2021 年最高人民法院《关于适用〈中华人民共和国刑事诉讼法〉的解释》第 175 条："因受到犯罪侵犯，提起附带民事诉讼或者单独提起民事诉讼要求赔偿精神损失的，人民法院一般不予受理"，原告人没有提出明细的费用清单和相应的数额依据，其具体数额难以确定。

综上所述，答辩人认为，本案原告人提起附带民事诉讼不符合法定条件，其请求赔偿没有事实根据和法律依据，请法庭依法判决驳回原告人的诉讼请求。但是，本着解决社会矛盾并抚慰原告人的原则，答辩人愿意承担一定的道义责任，尽自己的努力作出相应的补偿。

此致

________人民法院

答辩人：________

________年____月____日

附：答辩书副本____份；

证据材料____份。

——参见《刑事附带民事答辩状范本》，载微信公众号"合同百科"2020 年 2 月 19 日，https://mp.weixin.qq.com/s/QuluExHulGJ4QtvN－zbWZg。

第六章　律师助理协助办理非诉法律业务的工作技能

第一节　协助合同起草与审查

知识导图

- 协助合同起草与审查
  - 合同的概念、特征以及结构
  - 协助合同起草、审查业务的工作流程
  - 协助合同起草、审查业务的工作技能

案例引入

北京某科技有限责任公司近期计划组织员工开展户外趣味运动会,活动举办期间需要用到海报、宣传页及户外巨幅喷绘背景图等广告材料、设施,并委托北京某广告设计公司提供上述材料、设施的设计、制作、安装事宜。王律师所在的律师事务所作为北京某科技有限责任公司的常年法律顾问,指派王律师就上述交易起草合同,王律师安排助理小张起草合同初稿。

问题:小张如何高质量地完成起草合同初稿的工作流程?

学习目标

1. 熟悉合同的概念、特征以及结构
2. 掌握协助合同起草、审查业务工作流程

3. 掌握协助合同起草、审查业务工作技能

基本知识

一、合同的概念、特征以及结构

(一)概念

合同的类别较多,如劳动法上的合同、行政法上的合同、民法上的合同等,每类合同的含义明显不同。本节中所称合同系指《民法典》合同编所规范的合同,即《民法典》第 464 条第 1 款:“合同是民事主体之间设立、变更、终止民事法律关系的协议。”

(二)特征

1. 合同是双方或者多方的民事法律行为,是自然人、法人、非法人组织之间或相互之间民事主体实施民事法律行为的结果,如买卖合同、借款合同等。

2. 合同以设立、变更、终止民事法律关系为目的。民事主体之间订立合同一般都是为了实现特定的目的。

3. 合同当事人之间的法律地位平等。在合同关系中,各当事人在法律地位上是独立、平等的,享有各自的权利、承担各自的义务,并且平等地受到法律的保护。

4. 合同是各方当事人意思表示一致的结果,各当事人就设立、变更、终止民事法律关系经过协商,达成一致意见后形成的协议。

(三)结构

合同类型多种多样,其结构与条款的设计存在差别,通常包含首部、正文、尾部三部分,有附件的可以添加附件。

1. 合同首部

合同首部一般由合同名称、当事人身份信息、引言组成,在合同最开始的位置。

(1)合同名称

合同名称一般体现合同内容和性质。《民法典》合同编列举了 19 种典型合同,并规定了相应的名称,如买卖合同、借款合同、租赁合同等,在起草时可以根据合同的内容、性质选择适用相应的合同名称,如果合同编没有明确规定的,可以根据合同标的来确定一个名称,可以采用标的 + 类型 + 合同的方式命名。

(2)合同主体的身份信息

合同主体信息用来体现合同当事人的具体信息,用以确定各方当事人,身份栏信息要做到明确且具体。当事人为法人的,一般应当写明法人的全称、统一社会信用代码、住所地;当事人为自然人的,一般应当写明自然人的姓名、身份证号码、住所。

(3)合同引言

合同引言一般用来说明合同签订的背景、目的,对合同内容起到概括说明的作用。

2. 合同正文

从第一个条款到最后一个条款都是合同正文的内容,该部分为合同最重要的部分。《民法典》第 470 条第 1 款规定:"合同的内容由当事人约定,一般包括下列条款:(一)当事人的姓名或者名称和住所;(二)标的;(三)数量;(四)质量;(五)价款或者报酬;(六)履行期限、地点和方式;(七)违约责任;(八)解决争议的方法。"

3. 合同尾部

合同尾部置于合同内容之后,一般有合同的签署信息、附件清单等,但是附件本身不是合同尾部的内容。

4. 合同附件

合同附件一般是对合同正文内容起补充说明的文件,根据需要,合同附件类型多样,如授权委托签署合同的,一般将授权委托材料作为附件置于合同中,有些是为了体现交易的细节将交易明细、产品规格型号等作为附件,有些则是将合同当事人的主体信息(自然人身份证件)作为附件。

二、协助合同起草、审查业务的工作流程

(一)接受委托

律师接受委托人的委托是开展合同起草与审查的业务起点。在接受委托前,律师与律师助理应当向委托人初步了解合同的交易内容、交易背景以及合同目的,根据初步了解的情况向委托人说明可能存在的较为明显的法律风险,委托人仍委托的,律师可以接受委托并以律师事务所的名义和委托人签订委托协议。

(二)业务办理

1. 搜集相关法律法规、了解合同所涉行业相关专业知识。

2. 合同起草与审查的过程中注重与委托人的沟通,使起草和修改更有针对性。

3. 对起草、审查合同过程中知悉的国家秘密、商业秘密、个人隐私应当保密。

(三)成果交付

按照委托合同的约定,完成合同起草的,向委托人交付起草完成的合同,并就所起草合同的重要事项向委托人说明,如需要注意的法律风险、所涉法律法规的运用。完成合同审查的,向委托人出具合同审查法律意见书,并可根据委托人的要求提供痕迹版、清洁版的合同。

(四)资料归档

律师助理完成合同起草、审查业务后,应对相关资料进行归集整理后存档。

三、协助合同起草、审查业务的工作技能

(一)协助起草、审查合同的基本要求

1. 合同应具合规性

民事合同奉行当事人意思自治的原则,当事人针对合同交易事项自由地进行约定,但应当符合法律的规定,才能保证合同的有效且对各方当事人具有约

束力。

(1)主体的合规性

合同主体的合规性体现在合同当事人应当具备相应的民事行为能力以及具备完成合同义务的相应资质。如果合同当事人不具备相应的民事行为能力,则会影响其签署的合同的效力,可能会出现被确认无效或者被撤销的情形。有些合同要求合同的当事人具备从事某种行为的特定资格,需要通过行政许可授予从事该种行为的证明文件,如施工资质、测绘资质等,如果不具备该特定资质,虽不必然导致合同无效,但可能会影响合同目的的实现。

(2)内容的合规性

首先,合同应当符合法律、行政法规、地方性法规、规章、规范性文件以及党的政策、行政政策等的要求,违反法律、行政法规效力性强制性规定的会导致合同无效,违反法律、行政法规管理性强制性规定的不必然导致合同无效,但可能给当事人带来一定的法律风险。其次,合同应符合单位内部章程及内部管理制度等,违反内部规定的要求,虽然对外不必然导致无效,但也应尽可能地排除此类风险。

2. 合同条款应齐备

合同条款是合同当事人之间关于交易事项的约定,在起草或者审查合同时,首先根据《民法典》第470条规定的内容起草合同条款,然后要根据交易事项的性质对合同条款进行相应的补充。

3. 合同应具可操作性

合同条款所规定的内容应当明确且方便实施。对于合同各方当事人的权利义务应当明确约定,对需要双方共同处理或确认的事项要明确处理的方式方法。合同作为书面法律文件,其条款的表述应当符合规范、准确的标准,要注意具体语句、字词、标点符号均应当规范、准确,避免产生歧义。

4. 合同应具公平性

合同系平等主体之间达成的,合同当事人之间在确定彼此的权利义务时要公平合理,大致平衡,具体包括确定双方权利义务、分配风险、确定违约责任等方面。合同可以具有适度的倾向性,但行为人所获利益不应超出法律准许的限度,显失公平条款属于可撤销条款。

(二)起草、审查合同的工作技能

1. 合同主体条款

合同主体也就是合同的当事人,是合同的必备条款,任何合同都需要有明确的主体。合同主体名称要准确、唯一。合同主体为自然人的,应注意审查主体姓名与身份证上的名字是否一致,其中姓名、住所地、身份证号为必备信息。合同主体为法人或者其他组织的,应注意使用营业执照或者其他权威证照上的名称,避免使用简称,基本信息应包括名称、住所地、法定代表人或者负责人、统一社会信用代码。合同中对合同主体的资质有一定要求的,需要注意该主体是否具备相应的资质。合同主体的履约能力也应当注意,这直接影响到合同能否顺利完成,关系到合同目的能否顺利实现。履约能力是合同主体内在的体现,在审查时可以核查该主体是否涉诉,是否被列入失信名单,注册资本情况等。

2. 合同标的条款

合同标的是合同中权利义务指向的对象,合同中若无标的,则该合同也将失去意义。

一是标的应具有明确性,包括名称的明确性和数量的明确性。在合同标的是物的情况下,其名称应当使用规范的正式名称,如合同标的为×××。合同标的为权利时,标的名称应尽可能地反映该权利的特征和性质,并尽可能使用法律规范的语言,如购买土地使用权,则不能写成土地权,购买股权则不宜用投资权益以及投资权利;合同标的为行为时,合同标的应概括地反映该标的主要内容,如土地划拨地测量服务,不宜写为土地测量服务。就标的数量而言,首先,要有明确的数量或者明确的计量方式,明确的数量如购买一部手机、三台电脑等,明确的计量方式如约定最终结算以送货单载明的数量为准。其次,要有明确的计量单位,如超市购买水果,用“斤”还是用“公斤”作为计量单位,要明确。

二是标的应具有合法性,合同标的本身应被法律允许交易,且合同的当事人对于合同标的具有合法的处置权。

三是标的应具有特定性,在具体的合同中,标的必须是明确的、特定的。比如,在标的为物的合同中,规格、型号、颜色、产地、等级均可能存在差异,则需要更加细致地对合同标的进行锁定;在标的为服务的合同中,应列明服务的内容、方式以及标准。

3. 合同质量条款

标的质量直接关系到当事人合同目的能否实现，质量条款是合同的核心条款，约定合同标的所应具备的质量或者品质。在起草或者审查合同时应注意以下几点：

（1）质量标准应明确

质量标准多种多样，根据《民法典》《标准化法》，质量标准可分为国家标准、行业标准、地方标准、团体标准、企业标准、通常标准和特定标准。合同中应对质量标准进行约定，并对约定进行进一步的明确。

对于物品的质量标准应当客观、准确。对于有强制性标准的应使用强制性标准，没有强制性标准的可以使用推荐性标准或者约定标准。在选择适用的标准时应有完整的标准名称以及标准代号。

对于服务质量标准，有统一标准的应使用统一的标准，有些则没有统一的质量标准，通常需要当事人约定，服务购买人对所期望获得的服务进行描述，服务提供方根据自身情况对能够提供的服务作出承诺，在此基础上当事人之间达成一致。

对于权利类质量标准，往往需要结合法律规定及实务经验进行约定，总体来说，应注意权利作为标的应具有完整性或者在法律上该权利可以处置。比如，股权转让合同，股权作为合同的标的，应注意是否已经在工商部门登记、是否登记在转让方名下、是否存在股权质押、其他股东是否放弃优先购买权等问题。

（2）检验及异议期应明确、合理

对于物品类标的，在约定明确的质量标准的基础上应进一步约定货物检验以及质量异议等内容。

检验条款应明确、具有可操作性。对于质量检验条款、检验程序应明确、合理且具有可操作性，根据检验难易程度可以约定单方检验、双方检验、委托第三方检验。委托第三方检验的，可以约定检验机构的选取方式。检验的期限也应当具有合理性，约定的检验期限过短，买受人难以完成全面检验。

异议条款应当明确、合理。对于质量异议条款要注意异议期限，应当根据检验的难易程度设定异议期间。对于异议的责任承担应进行约定，如根据异议成立与否来承担损失。

4. 权利义务条款

合同权利是合同一方依据合同而享有的请求对方为一定行为或不为一定行为的权利,合同义务则是合同一方当事人基于合同约定而应向另一方为一定行为或不为一定行为的义务。

从合同的整体来看,合同权利义务即是合同的主要内容。不论是标的、数量条款,还是质量、价款履行方式等条款都是双方权利义务的体现,在对合同权利义务条款起草、审查时,应充分了解合同当事人的目的,根据合同目的进行权利义务条款的设计或审查。

5. 违约责任条款

根据《民法典》第 577 条的规定,当事人一方不履行合同义务或者履行合同义务不符合约定的,应当承担继续履行、采取补救措施或者赔偿损失等违约责任。该条款可以促使当事人按约定履行合同义务,当一方违约时可以使守约方免受或少受损失。违约责任的具体形态一般包括继续履行、采取补救措施、赔偿损失、支付违约金、定金责任等。在起草或者审查合同时,应根据违约责任条款的功能、违约责任形态及适用条件进行设计或审查。

6. 其他程序性条款

(1)鉴于条款起草与审查要点

鉴于条款有三种:一是目的型鉴于条款,介绍合同签订的背景及目的;二是背景型鉴于条款,介绍合同签订的背景;三是标的型条款,介绍合同标的基本信息。起草鉴于条款时应注意言简意赅,并且要有高度的概括性,一般不体现合同的细节。

(2)免责条款

免责条款是基于法律规定或者合同当事人约定,用以限制或者免除当事人责任的条款。免责条款可分为法定免责条款与约定免责条款。

法定免责条款是合同当事人根据法律的相关规定而免责的条款,可以不在合同中约定。比如,《民法典》第 590 条第 1 款规定:"当事人一方因不可抗力不能履行合同的,根据不可抗力的影响,部分或者全部免除责任,但是法律另有规定的除外。因不可抗力不能履行合同的,应当及时通知对方,以减轻可能给对方造成的损失,并应当在合理期限内提供证明。”不可抗力作为法定免责条款,在条件成就时可以直接援引。

约定免责条款是合同当事人在合同中约定的,当在合同履行过程中发生约定的情形时可以减轻或者免除一方当事人责任的条款。合同的当事人在签订合同时可以根据需要约定免责的情形,但是约定的免责情形不得违反法律的规定。《民法典》第506条规定:“合同中的下列免责条款无效:(一)造成对方人身损害的;(二)因故意或者重大过失造成对方财产损失的。”由此可见,约定造成对方人身损害以及因故意或者重大过失造成对方财产损失免责的条款无效。

(3)通知与送达条款

合同中的通知与送达条款应当将双方的联系信息填写完整,包括联系地址、联系人、联系电话等。

(4)争议解决条款

争议解决条款是合同当事人之间就合同发生争议后应如何解决而约定的条款,争议解决的方式一般有协商、调解、仲裁、诉讼等,实务中常用的则是仲裁与诉讼。在起草或审查合同时,应注意是否明确约定争议解决的方式,不能既约定仲裁又约定诉讼。

若约定争议解决的方式为仲裁,必须要约定明确的仲裁机构。

若约定争议解决的方式为诉讼,则需要注意管辖法院的选择。《民事诉讼法》中规定,合同或者其他财产权益纠纷的当事人可以书面协议选择被告住所地、合同履行地、合同签订地、原告住所地、标的物所在地等与争议有实际联系的地点的人民法院管辖,但不得违反《民事诉讼法》对级别管辖和专属管辖的规定。实务中合同当事人需要基于自身的谈判地位选择有利于己方的法院管辖。

(三)合同排版与文字表达

1. 合同排版应统一、规范

合同排版应统一规范,要求合同中称谓要前后统一规范,标点符号也应统一规范。

称谓前后统一,若合同首部以“甲”“乙”指代合同的双方主体,则整个合同中均应用“甲”“乙”表述双方主体。比如,在建设工程施工合同中,如果用“甲”“乙”

表述了，则后边的合同文本中不应再用“发包方”“承包方”这样的称谓。

标点符号的前后统一。合同条款的标号可以采用“一、(一)、1. (1)”这样的方式，也可以采用“1、1.1、1.1.1”的方式，但不应混杂使用，除此之外，还应运用规范，可以参照《标点符号用法》(GB/T 15834—2011)规范标点符号的使用。标点符号的统一，主要是在各并列款项中，如果某条下的并列款项都用“；”，则除了最后一款用“。”外，其余并列款项宜均用“；”；如果某条款下的并列款项都用“。”，则各并列款项均用“。”。

2. 文字表达应专业、准确

(1)使用法言法语

法言法语是合同表述的法律专业用语，其特点是注意含义精确而不考虑生动效果。法言法语的目的是实现高效率、低差错的信息传递，从而降低争议，在合同中应尽量使用法言法语，并避免口语化。

(2)封闭性表述

封闭性表述指履行义务的条件、时间等是确定的。比如，在涉及时间的条款中，应采用“　　后　　日之内”“　　年　　月　　日前”这类的表述，而不宜采用“　　之后”之类的表述，“之内”“前”属于封闭性表述，而“之后”则属于开放性表述。

(3)避免歧义

避免歧义，应使合同的表述准确，根据文义只能产生一种解释结果。在实务中有很多合同纠纷是因为对某个条款的理解不一致而导致的。比如，甲向乙借款20万元，约定年利息按一分六厘计算，该利息约定就存在较大争议，若发生争议，出借人主张一分六厘是指年利率16%，而借款人则主张年利率为1.6%，差异巨大。

引例分析

经过前面几章的学习，小张对于合同起草有了一定的知识储备，学习了合同的结构、应当包含的条款等知识，如何将知识运用到具体的工作中，小张心中充满了期待，就该项合同起草做了下列工作。

(一)起草合同初稿

小张根据了解的相关情况起草合同初稿,首先进行了相关准备工作,研究委托公司提供的资料,查找相关法律规定以及行业相关知识,然后按照合同的一般结构进行了如下设计:

1. 合同首部

通过学习,小张知道了合同首部由合同名称、身份栏、引言组成。关于合同名称,小张根据合同交易的性质以及合同目的将合同名称确定为"广告制作服务合同"。关于身份栏,小张先列明了双方的主体信息,包括名称、统一社会信用代码、住所地、法定代表人、联系方式等信息,然后通过国家企业信用信息公示系统网站查询了某广告公司的工商注册信息,了解了该公司的注册资本、经营范围、登记状态等情况,通过中国裁判文书网查询了该公司有无涉诉情况以及通过中国执行信息公开网查询该公司是否被列入被执行人,通过这些查询,了解到该公司并无异常,主体适格且违约风险较小。关于合同引言,小张就合同签订的背景及目的进行了简要说明。

2. 合同正文

该合同为广告制作服务合同,小张了解到在交易习惯中一般流程为:受托方就委托方提出的要求进行设计,委托方确认后进行制作,并按照时间及场地要求进行安装,待活动结束后完成撤场工作。北京某科技公司要举办运动比赛活动,对于时间节点的要求较为严格,小张就举办时间以及举办地点与北京某广告设计公司进行了充分沟通,同时还询问了具体需要制作哪些品类的广告设施,以及相应的规格、材质、数量、金额等信息。就正文部分,小张认为应包含以下条款:(1)广告制作内容及相应标准,并就各品类名称、规格、数量、价款形成表格作为合同附件;广告内容设计、制作、安装以及撤场的时间要求。(2)合同的价款以及付款时间。(3)广告设施的具体摆放要求。(4)双方的权利义务。(5)知识产权。(6)违约条款。(7)争议解决的约定。

3. 合同尾部

该部分主要为签署栏,写明双方主体信息、签署日期以及所附附件。

(二)提交律师审定

完成上述内容后,小张就合同条款进行了审查,确认不存在漏项的情况,然后对合同文本进行校对,避免出现表述有歧义、有错别字的情况,最后将撰写的初稿提交给律师审定。

(三)向委托人交付合同

小张将经律师审定后的合同按照北京某科技有限公司要求的形式向该公司进行了交付,并就合同所涉重要事项进行了简要说明。

(四)资料归档

小张将其在合同起草过程中接收的资料以及查找的相关信息进行装订归档,交律所档案室保存。

沙场练兵

【训练场景】

北京某科技公司因办公需要,需要采购一批办公家具,下面是卖方某家具公司提供的合同文本,该科技公司请求某律师事务所的王律师就该合同进行审查,并提出合同审查意见。

办公家具采购合同

甲方:北京某科技有限责任公司

乙方:北京某家具有限公司

根据《中华人民共和国民法典》的规定,双方就买卖家具事宜,经协商一致,达成合同,以资共同遵守。

一、货物名称

序号	家具名称	规格	单价(元)	数量	金额(元)
1	办公桌	1500×900×750	900	10	9000
2	办公椅		400	10	4000
3	办公沙发	1600×800×400	3200	2	6400
合　计					19400

二、付款时间及付款方式

1. 甲方应在家具验收合格后5日内向乙方结清款项；

2. 款项结算采用转账的方式。

三、送货方式及时间

乙方在本合同签订后20日内将家具送货上门并安装妥当。

四、质量条款

乙方向甲方提供的家具应符合国家标准，应为环保家具。

五、售后服务条款

1. 乙方保证产品质量，承诺自安装完毕起一年内保证质量；

2. 质量保证期内，家具出现质量问题，乙方应免费维修或者更换。

六、违约责任

1. 甲方逾期付款的，每逾期一日按照家具总额的2‰支付违约金；

2. 乙方逾期交付家具的，每逾期一日按照未交付家具的2‰支付违约金。

七、争议条款

因合同产生的纠纷，双方应协商解决，协商不成的由北京仲裁委员会裁决或者向人民法院起诉。

甲方：(盖章)　　　　乙方：(盖章)

法定代表人：　　　　法定代表人：

日期：　　　　日期：

【训练任务】

王律师安排小张对该合同进行审查，并起草合同审查意见初稿。

【训练技能】

小张经过仔细阅读合同条款后，运用所学的《民法典》合同编相关知识，起草如下合同审查意见初稿：

1. 合同主体及合同内容具有合法性

签约双方均具有签约资格，合同条款符合《民法典》合同编相关规定，且未违反公序良俗，因此，该合同如果经双方签字盖章后，将成立并生效。

2. 部分合同条款需要进行修订

(1) 合同主体条款过于简略，除法人名称外，还应列明统一社会信用代码，法人住所地、联系人及联系电话。

(2) 标的条款以及质量条款，应就家具的品牌、型号、规格等作详尽说明，所涉国家标准也应详细列明。

(3) 付款时间及付款方式条款，应写明乙方的收款账号、开户行及开户地址。

(4) 争议条款，不能既约定争议可以向仲裁机构申请仲裁又约定可以向人民法院起诉，且约定的仲裁机构以及管辖法院也不明确，应明确争议解决途径是申请仲裁还是向法院起诉，以及仲裁机构、仲裁规则或者管辖法院。

(5) 签字盖章条款，应在"法定代表人"处增加"(或授权代表)"，因为除法定代表人外，授权代表也可以在合同上签字。

针对上述问题，小张在该合同文本中进行批注版修改并作出法律风险提示，连同合同审查意见，一并提交给王律师进行审阅。

拓展阅读

合同内在质量的审查。合同的内在质量，是指合同条款所约定的权利义务，包括合同签订及履行中的实体问题及程序问题的约定，与现行《民法典》合同编及其他法律相符合的程度。它既要解决交易主体、标的物的合法性问题，也要解决合同约定义务的合法性问题。

根据前述归纳，这类问题可分为以下几项：

1. 合同主体合格性的审查。合同主体是否具备签订及履行合同的资格，是合同审查中首先要注意的问题，这涉及交易是否合法、合同是否有效的问题。如果签约主体是法人，这一方面的审查要点至少包括以下内容：是否拥有企业法人营业执照,企业法人营业执照是否合法、有效,包括是否经过年检;企业法人营业执照中的经营范围、经营方式是否与合同相适应;对于某些限制经营、特许经营等特别行业,是否有相应的经营许可;法律是否对标的物有经营上的限制、是否可以合法流通。

2. 合同内容合法性的审查。这里所说的合法性,是指合同内容的约定应尽可能与法律的规定相符,涉及合同名称、约定的条款、术语等方面,目的主要是要避免合同里的这些内容与法律规定相冲突。包括以下内容:(1)合同名称是否与合同的性质相符,是否会引起对合同性质的误解。(2)合同条款的约定是否与法定强制性义务相冲突。(3)合同所用术语的含义是否与相关法条、司法解释、技术规范等完全相符。(4)引用的法规或技术规范是否仍旧有效、是否为最新版本。

3. 合同条款实用性的审查。条款实用性强的合同,不仅具备交易所必需的基本条款,还包括结合合同标的、合同性质、合同目的、对方特点、合同背景等因素制定的条款,这些条款是合同基本条款的细化和延伸,是前瞻性地预见可能发生的问题并事先加以约定的。实用条款主要包括以下内容:(1)审查有无针对交易特有风险而设立的实用性条款。(2)审查有无根据违约特点而设立的实用性条款。(3)审查有无根据标的特性而设立的实用性条款。(4)审查有无根据交易对象的特点而设立的实用性条款。(5)审查有无提高争议管辖地点实用性的条款。

4. 权利义务明确性的审查。权利义务不明确是合同的隐患,严重影响交易的安全性。因此必须审查条款间的配合性,使权利义务的表述、违约的范畴、违约制裁、归责方式等条款明确且配合得当。主要侧重审查以下要点:(1)条款间的配合是否良好,即是否有冲突及衔接不良。(2)表述的内涵外延是否得当,以及是否有没有实际法律意义的条款。(3)推理中的假设是否已经穷尽所有可能、没有遗漏。(4)权利义务、违约是否有可识别性,即可以通过简单判断得出结论。(5)附件能否将正文中的权利义务补充明确。

——参见李贵兴:《从合同的缺陷谈合同的起草与审查》,载《办公室业务》2016年第14期。

第二节 协助法律尽职调查

知识导图

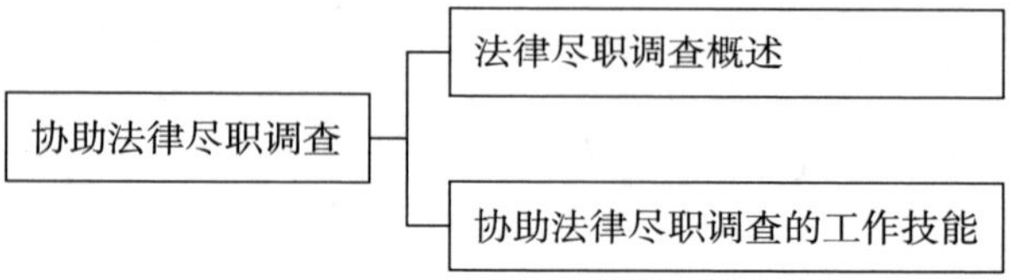

案例引入

律师助理小张在协助王律师办理了几个月的诉讼业务后,有一天,王律师安排小张从事一项非诉业务的协助工作——法律尽职调查。小张刚听到这个专业名词时兴奋不已,法律尽职调查是企业IPO上市、私募基金管理人设立发债等高端非诉法律业务必须开展的业务,接触到法律尽职调查就可以了解到一些高端的非诉业务,这对于实现其最初的梦想"跳槽到一家规模大、名气也大的律师事务所"具有极大的帮助,这是"天上掉馅饼"做梦都会笑醒的节奏。但是,小张也有疑惑,法律尽职调查到底是什么?作为一名律师助理,能够为王律师提供怎样的协助?一系列问题萦绕在小张脑海中。

问题:小张在正式参与法律尽职调查之前应当做好哪些知识储备和工作计划?

学习目标

1. 了解法律尽职调查的概念、内涵和种类
2. 掌握协助法律尽职调查的方式方法
3. 掌握协助法律尽职调查的工作流程
4. 掌握协助法律尽职调查的注意事项
5. 了解法律尽职调查常用检索网站

基本知识

一、法律尽职调查概述

(一)法律尽职调查的概念内涵

尽职调查又称"审慎调查",英文为"due diligence",原意为"适当的或应有的勤勉",指尽职调查机构接受委托方之委托,采用书面审查、现场校验、当面访谈、实地调查、网络查询等方式方法,对目标企业[①]从注册成立至今的主体、资产、财务、经营、诉讼、人员等各方面进行全面深入调查了解,为委托方开展经营活动或进行经营决策提供参考的一项业务活动。[②]

(二)法律尽职调查的基本种类

1. 根据调查的地点不同,法律尽职调查可以分为现场法律尽职调查与非现场法律尽职调查。

现场法律尽职调查主要包括现场走访、实地查验、当面沟通、访谈交流等方式。

非现场法律尽职调查主要包括向有关单位的书面函证、网络检索查询、线上询问(包括文字沟通、电话/语音沟通、视频交流)、委托调查等多种方式。

作为律师助理,在律师时间紧张的情况下,可以在与律师沟通确认内容清单、访谈内容的前提下,独立完成接收被调查方提供的书面材料,校验被调查方所提供资料复印件与原件一致性,核验书面材料是否加盖被调查方公章,是否有法定代表人、公司实际控制人签字或加盖人名章,以及与被调查方相关人员进行面对面访谈等业务事项,一方面为执业律师减轻工作负担,另一方面通过训练养成细心、严谨的工作作风。

2. 根据调查的完整性与委托方的要求,法律尽职调查可以分为专项法律尽职调查和综合法律尽职调查。

专项法律尽职调查是指根据委托方的要求,针对被调查方的某一特定内容进

---

① 目标企业,指接受法律尽职调查的企业。

② 李俭编著:《法律尽职调查完全手册》(第2版),法律出版社2019年版,第3~4页。

行的调查,如资产、劳动人事、知识产权、诉讼仲裁、数据合规、环保、安全生产、税务、保险等专项法律尽职调查项目。

综合法律尽职调查是指根据委托方的要求与交易类型的不同所开展的全面调查。

作为律师助理,需要提前对被调查方基本情况进行调查,如知识产权类专项法律尽职调查。

律师助理可提前学习知识产权权利取得、权利许可转让、侵权维权等基础知识,检索收集知识产权相关法律法规,明晰检索知识产权的官方网站与提高工作效率的第三方检索平台,做好扎实的理论知识储备,总结好相应的实务操作经验,为执业律师进行知识产权法律尽职调查业务活动提供协助。

3. 根据调查的范围和调查的侧重点不同,法律尽职调查还可以分为股权融资法律尽职调查和债权融资法律尽职调查。

股权融资法律尽职调查需要对被调查方的股权价值予以准确评估,故该项调查工作涉及被调查方从注册成立到经营至今的多个方面,包括但不限于资产、债权债务、人力资源、税收、抵押担保等。

债权融资法律尽职调查需要对被调查方借贷期间的偿还能力予以有效评估,故该项调查工作主要侧重于调查被调查方的财务情况,主要包括被调查方的资产状况、业务板块、经营情况、财务情况、抵押担保等。

作为律师助理,在日常工作中,要关注律师事务所的业务领域是否涉及股权融资、债权融资的法律尽职调查,及早做好相应的理论知识与实务知识储备,以防"书到用时方恨少"。

(三)法律尽职调查的目的作用

法律尽职调查的目的是律师通过调查工作,了解被调查方是否存在现存或潜在的不适于委托方拟进行的商业、经济活动的法律障碍,并对被调查方有关情况的合法性、合规性作出客观评价,进而向委托方提供风险提示与法律意见。

(四)法律尽职调查的原则要求

法律尽职调查的基本原则主要包括勤勉谨慎原则、保密性原则、客观性原则、独立性原则、全面和重点相结合原则等。①

法律尽职调查的原则是律师在开展尽职调查工作过程中所必须遵循的指导准则，亦是律师助理在协助过程中需要严格遵循的指导准则。

律师助理在协助律师开展尽职调查工作时，应该按照律师的要求勤勉尽责，认真审慎履行资料检索、文件核查与验证等工作内容。

律师助理在协助律师或自行开展法律尽职调查部分工作的过程中需要符合以下基本要求：第一，要求委托方如实陈述与所受理的非诉讼法律业务相关的一切事实，并提供相应的书面证据；第二，合法、客观、全面、及时进行尽职调查，并就业务事项是否与法律相关、是否应当履行法律专业人士特别注意义务作出分析、判断，有结论后须及时与承办律师进行确认；第三，在收集相关复印件或电子材料时，需要与原件进行仔细核实，纸质复印文本要求相关主体签字盖章确认，电子材料可现场录制查询或核对视频；第四，认为需要公证认证的文件，应及时告知委托方予以处理；第五，在尽职调查工作完成后应当尽快对所有底稿材料进行整理，完毕后可与承办律师确认并归档。

二、协助法律尽职调查的工作技能

（一）协助法律尽职调查的工作流程

1. 协助法律尽职调查前的工作

在开展现场或非现场法律尽职调查前，律师助理需要协助律师完成委托方需求的确认，尽职调查对象与范围的确认，委托服务合同的起草，尽职调查计划的拟定，相关法律法规、政策与标准的检索，尽职调查清单的制作等工作内容。②

（1）律师助理需要向承办律师乃至于委托方确定本次尽职调查的实际需求、对象与范围等内容。

（2）律师助理可先自行起草委托服务合同初稿，并与承办律师沟通、修改、完善。

（3）协助承办律师拟定尽职调查计划。在签订委托服务合同后，律师助理需

---

① 惠增强、路娜编著：《财务、法律、业务尽职调查全流程实务操作指南》，人民邮电出版社2022年版，第107～108页。

② 乔文骏主编：《法律尽职调查实务》，北京大学出版社2021年版，第95～103页。

要协助承办律师完成尽职调查计划的拟定工作。

(4)检索梳理相关的法律法规、政策、标准,并制作相应的资料库。律师助理在对委托方需求、尽职调查对象与范围、尽职调查计划详尽了解的情况下可独自进行法律法规、政策、标准的检索梳理工作。

(5)尽职调查清单的制作。为配合实现委托方的交易目的与商业要求,同时提高向被调查方收集与获取相关资料、文本、证书等材料的效率,承办律师应当设计与制作相应的尽职调查清单,律师助理在此环节仍然是履行协助义务。

(6)访谈清单的制作。根据律师开展尽职调查工作的实际需求,有时可能需要对尽职调查清单中无法调取和了解的一些情况,向被调查方有关人员进行现场访谈确认,此时,便需要提前制作访谈清单。

2. 协助法律尽职调查阶段的工作

律师在进行现场法律尽职调查时,通常需要完成以下工作内容:

(1)接收、校验被调查方提供的相关资料。律师在约定的进场时间前往被调查方住所地,接收其准备的尽职调查清单上的资料、文件,并将上述资料、文件与其原件进行一致性校验与核对。

(2)对被调查方的相关人员进行现场访谈。针对本次法律尽职调查项目所遗留的一些问题,律师可能需要进一步对被调查方的法定代表人、实际控制人、股东、技术研发人员等进行现场访谈,并相应地制作访谈笔录,并要求被访谈对象在访谈笔录上签字确认,同时加盖被调查方公章确认。

(3)勘察、测验被调查企业或目标项目的现场情况。通常情况下律师需要对被调查方的住所地、办公场所、仓库、生产现场、在建工程等进行现场勘察,并采用拍照、录像或制作勘察笔录等方式进行留痕,以更为清晰地反映被调查方的客观情况,进而更为客观、公正地进行法律判断并得出法律结论。

(4)到本次法律尽职调查有关单位进行现场调查。律师根据尽职调查的需求可能还会前往被调查方开户银行、地方市场监督管理局、地方税务局等有关机关进行现场调查,并对调查过程进行拍照、录像留痕(需要与有关单位沟通确认是否允许拍照、录像)。

在律师开展现场法律尽职调查时,作为律师助理,可以在律师的指派下独立完成以下几项工作:

第一项工作任务，包括接收材料、一致性校对、确认签字盖章等。

第二项工作任务，律师助理应当按照律师的要求，参照访谈清单内容与现场访谈的实际情况，制作访谈笔录并让被访谈对象签字确认。

第三项工作任务，律师助理可以协助律师完成现场勘验、测验，主要工作内容是拍照、录像进行留痕处理。

律师助理在协助律师处理上述工作任务时，一定要谨记认真、细致、严谨的工作态度与作风，同时在完成每一项工作任务后均需要与律师及时进行沟通确认，以防造成无法弥补的问题。

3. 协助法律尽职调查后的工作

在完成上述法律尽职调查后，作为律师助理，可复印一份收集的资料，然后进行资料的整理分析，可以先根据自身知识储备与法律检索，草拟一份法律问题清单，然后主动向律师沟通确认。

在完成法律问题清单后，律师助理可以先通过日常法律检索工具，找寻一些法律尽职调查报告模板，先自行起草一份法律尽职调查报告。

通常而言，撰写法律尽职调查报告需要内容全面且重点突出、撰写视角客观中立、用词造句严谨易懂，一份法律尽职调查报告包括背景介绍（主要是被调查方情况介绍、有关项目的概述、尽职调查目的等）、尽职调查报告的范围（本次尽职调查报告是基于哪些材料完成的）、尽职调查报告的内容（简要阐述尽职调查报告的大致内容）、调查基准日、尽职调查的主要内容、基于尽职调查内容梳理的法律问题与风险防范建议、免责声明，等等，律师助理在完成尽职调查报告后可向律师汇报，并与律师撰写的版本进行比对，查找自己所存在的问题进行查漏补缺。

最后，律师助理可主动向律师要求独立进行尽职调查项目的整卷归档工作，该项工作可以帮助律师助理站在一个更为全局、全面的视角来审视法律尽职调查工作，是一项十分重要的工作任务。

（二）协助法律尽职调查的方式方法

1. 书面核查

书面核查是法律尽职调查中最原始和最常用的方法。律师助理可采取该调查方式独立完成相应的调查工作，在进行书面核查时，律师助理需要重点关注被调查方提供文件的真实性、文件上签字盖章的真实性、文件与待证事实之间的关系、文件复印件与原件的一致性等内容，核查完毕后可与律师沟通确认相关底稿，并要求被调查方签字盖章确认。

2. 公开渠道查询

公开渠道查询是法律尽职调查中一种有效的尽职调查补充方式，该调查方式亦是律师助理可采用并独立完成调查工作的一种。公开渠道包括但不限于国家企业信用信息系统、国家知识产权局官网、中国裁判文书网、中国证监会网站、各省市级市场监督管理局网站、巨潮网、企查查、天眼查等，律师助理可在上述网站查询被调查方的基本工商信息、股权架构、知识产权、涉诉情况等。但需要注意的是，像国家企业信用信息系统等国家政府官网检索的信息可直接作为尽职调查依据，而诸如企查查、巨潮网等第三方平台检索的信息只可作为尽职调查的参考依据。律师助理在采用该调查方式时，注意标明各信息的来源，以便律师最终确认哪些信息可直接使用或仅作为参考。

3. 实地走访

在开展尽职调查工作过程中，可能需要对被调查方实际办公地点、办公环境、生产工厂、研发基地等进行调查，此时，律师助理可以采取实地走访的调查方式。实地走访的调查方式有利于了解被调查方的真实情况与现状，亦有利于判断被调查方提供文件或陈述内容是否属实或存在遗漏。在采用该种调查方式开展尽职调查时，律师助理应时刻注意对走访地点与调查内容进行拍照、录像，并根据具体情况撰写相应的书面记录，最后将上述内容与律师确认后一并存入工作底稿。

4. 现场访谈

现场访谈是法律尽职调查的调查方式的重要补充，可对被调查方提供的文件材料作进一步核实与确认。律师助理在律师采取现场访谈调查方式情况下，可协助完成制作访谈提纲、访谈笔录等工作内容，并要求被访谈对象提供相应的身份证明，以及对访谈笔录进行签字确认。在采取该种调查方式时，为防止访谈笔录记录内容不完整，律师助理可提前准备好设备，对整个访谈过程进行录像，针对访谈中被访谈对象陈述的内容与被调查方提供文件材料或相关陈述不一致的，需要重点关注并及时告知律师。

5. 声明与承诺

在开展法律尽职调查的过程中，对于核查后仍存在疑虑的事项，可根据具体情况向被调查方提出由其相关人员出具声明与承诺，对整个尽职调查内容进行兜底性保障。律师助理可事先拟制“声明与承诺”的内容，与律师商议确定，采用此尽职调查方式时，需要注意在尽职调查报告中进行风险提示，明确表明采用此调查方式可能存在“声明与承诺”中内容不真实的风险。

6. 向第三方主体验证

在开展法律尽职调查的过程中，可能需要向有关政府机关、与被调查方存在关联的第三方主体（如被调查方客户、供应商）等进一步调查了解被调查方的真实情况，比如，向有关政府机关函询被调查方的相关情况并取得书面的函复证明，向被调查方供应商询问被调查方是否存在欠债情况等。律师助理在律师采取该调查方式时需要做好实时记录，并将该内容一并放置于本次尽职调查工作底稿中。

（三）协助法律尽职调查的注意事项

法律尽职调查主要是对被调查方的主体资格，设立、存续与历史沿革，组织机构，经营情况，财务和内部控制制度，资产情况，税务情况，重大合同情况，环境保护情况，劳动人事情况，以及其诉讼、仲裁与行政处罚情况等内容进行调查。

律师助理在协助律师开展相关尽职调查工作时，需要注意以下事项：

（1）协助调查主要主体资格时，需要关注注册地址与实际经营场所是否一致、被调查方是否依法设立、被调查方在经营过程中是否存在违法违规行为等；

（2）协助调查被调查方设立、存续与历史沿革情况时，须审查确认被调查方设立、注册登记是否真实合法等；

（3）协助调查被调查方的组织机构时，须协助审查权力机构、执行机构、监督机构设立、委派、设定、选举是否符合法律规定等；

（4）协助调查被调查方经营情况时，须注意审查被调查方经营业务是否属于国家限制或禁止经营的项目，被调查方是否具备经营所需的必要资质等；

（5）协助调查被调查方财务和内部控制制度时，须注意查看被调查方注册资本的情况及成长性、资产的管理情况、企业资产负债率和各项流动性比率等；

(6)协助调查被调查方资产状况时，尤其需要注意对知识产权等确权难、维权难的无形资产进行法律审查；

(7)协助调查被调查方税务状况时，需要注意确定被调查方自设立以来是否依法缴纳税款、是否存在税务相关的违法行为等；

(8)协助调查被调查方重大合同情况时，需要重点关注合同有效期、合同主要条款、被调查方的法律责任、合同中的违约责任条款等内容；

(9)协助调查被调查方环境保护情况时，需要重点关注被调查方生产工艺与流程是否符合环境保护相关法律规定等；

(10)协助调查被调查方劳动人事情况时，需要重点关注被调查方的劳动人事制度，被调查方与已离职、被辞退和现有员工的劳动合同，被调查方与员工的劳动仲裁、诉讼证明文件等；①

(11)协助调查被调查方诉讼、仲裁情况时，需要主要审查被调查方涉诉讼、仲裁的案件和被调查方受到行政强制或行政处罚的情况。

(四)法律尽职调查常用的检索网站

表6－1为法律尽职调查常用的检索网站。

表6－1　目标企业具体情况查询网站

检索内容	序号	网站名称	网站地址
主体资格与股权情况查询（目标企业主体资格股权结构历史沿革股权质押及股东情况）	1	国家企业信用信息公示系统②	http://www.gsxt.gov.cn/index.html
	2	各省市级市场监督管理局网站	例如，北京市市场监督管理局：http://scjgj.beijing.gov.cn/cxfw/

① 乔文骏主编：《法律尽职调查实务》，北京大学出版社2021年版，第238～244页。

② 国家企业信用信息公示系统可以具体到各个省市，但要检索全部信息需要先进行注册。

续表

检索内容	序号	网站名称	网站地址
投融资证券业务情况	1	巨潮网(上市公司公示系统)①	http://www. cninfo. com. cn/new/index
	2	中国证监会网站(证监会行政处罚及市场禁入情况查询)	http://www. csrc. gov. cn/pub/newsite/
	3	上海证券交易所官网(上海证券交易所监管措施查询独立董事董秘等查询系统)	http://www. sse. com. cn/disclosure/credibility/supervision/measures/; http://www. sse. com. cn/services/training/participants/independent/
	4	深圳证券交易所查询	http://www. szse. cn/index/index. html
	5	全国中小企业股份转让系统(新三板)	http://www. neeq. com. cn/
	6	中国银行间市场交易商协会	http://www. nafmii. org. cn/
	7	中国外汇交易中心②	http://www. chinamoney. com. cn/
	8	北京金融资产交易所③	http://www. cfae. cn/
关联方情况(公司关联方及关联方主营业务)	1	国家企业信用信息公示系统	http://www. gsxt. gov. cn/index. html
	2	目标企业官方网站	视具体情况而定
	3	关联公司官方网站	视具体情况而定

① 巨潮网是中国证监会指定的上市公示信息披露网站,上市公司公告年报基本信息 IPO 申报材料均可以在此网站上查询到。在巨潮网上查询上市公司公告时,注意选择公告日期,避免遗漏。

② 中国外汇交易中心,是中国人民银行直属事业单位,为银行间外汇市场、货币市场、债券市场等现货及衍生产品提供发行交易、交易后处理信息基准和培训服务,承担市场交易的日常监测工作,并为中国人民银行货币政策操作与传导市场自律机制提供支持和服务。

③ 北京金融资产交易所是中国人民银行批准的债券发行交易平台,是中国人民银行批准的中国银行间市场交易商协会指定交易平台,是财政部指定的金融类国有资产交易平台。在交易商协会的领导下,北京金融资产交易所为市场提供债券发行与交易债权融资计划、委托债权投资计划、企业股权债权和抵债资产交易等服务,为各类金融资产提供从备案挂牌信息披露、信息记载交易到结算的一站直通式服务。

续表

检索内容	序号	网站名称	网站地址
诉讼仲裁情况（查询目标企业或公司董监高涉诉情况失信被执行人限制消费人员司法拍卖等信息）	1	中国裁判文书网①	http://wenshu.court.gov.cn/
	2	各省级高院网站	例如，北京法院网： http://bjgy.chinacourt.org/ 上海市高级人民法院网： http://www.hshfy.sh.cn/ 浙江法院网： http://www.zjcourt.cn/
	3	中国执行信息公开网	http://zxgk.court.gov.cn/
	4	人民法院公告网	https://rmfygg.court.gov.cn/
	5	人民法院诉讼资产网	https://www.rmfysszc.gov.cn/
税务情况（缴税信息税务合规性与行政处罚信息）	1	增值税一般纳税人资格查询	http//www.foochen.com/zty/ybnsr/yiban-nashuiren.html
	2	国家税务总局及各省市电子税务局②	http://www.chinatax.gov.cn/
知识产权情况（境内外商标专利版权信息）	1	国家知识产权局商标局中国商标网	http://sbj.cnipa.gov.cn/sbj/index.html
	2	国家知识产权局（中国及多国专利审查信息查询）	http://cpquery.cnipa.gov.cn/
	3	中国版权保护中心（全国作品登记信息数据库管理平台）	http://qgzpdj.ccopyright.com.cn/
	4	知识产权第三方查询平台	例如，权某师（可以检索查询到商标发明专利软件著作权的信息）： http://www.quandashi.com/ 某腾（专利检索）： http://so.baiten.cn/ 摩某轮： https://www.mozlen.com/gymzl

① 中国裁判文书网是最高人民法院公布的官方查询平台，可供经办律师查询企业自然人诉讼情况。

② 直接在百度等浏览器中输入国家税务总局某省/市电子税务局即可进一步检索当地企业缴税信息。

续表

检索内容	序号	网站名称	网站地址
	5	香港特别行政区政府知识产权署网上查询系统	http://ipsearch.ipd.gov.hk/index.html
	6	欧盟商标查询	https://euipo.europa.eu/ohimportal/en/
	7	美国知识产权查询	https://www.uspto.gov/
行政资质情况	1	中华人民共和国住房和城乡建设部（建筑工程相关资质）	https://www.mohurd.gov.cn/
	2	国家市场监督管理总局（食品药品行业相关资质）	https://zwfw.samr.gov.cn/needSearch
	3	工业和信息化部 ICP/IP 地址/域名信息备案管理系统（ICP/IP 地址/域名信息查询）	https://beian.miit.gov.cn/#/Integrated/index

引例分析

通过对本节前述内容的学习，小张明白了在协助王律师进行法律尽职调查之前自己应当进行的知识储备与工作内容，具体如下：

知识储备包括：

1. 了解、学习和掌握法律尽职调查的概念内涵、种类划分、目的作用、原则要求、工作流程、方式方法、调查内容、审核重点、注意事项，开展尽职调查工作中的实用工具等与法律尽职调查密切相关的知识。

2. 学习财务、税务等与法律关联不太大，但在法律尽职调查工作中必能用到的知识，至少在开展尽职调查工作中不存在对财务、税务专业名词不认识情况。

3. 广泛收集与法律尽职调查相关的政策要求、法律规定、行业规范，并制作相应的政策、法规、行业规范库，以便于开展尽职调查时使用。

4. 广泛查询、存储与法律尽职调查相关的范本，如委托服务合同、法律尽职调查清单、现场访谈清单、法律尽职调查报告范本，等等。

5. 收集总结与法律尽职调查相关的实用工具，如最直接的检索查询被调查公司的企业信息需要在哪个平台上查询，能做到律师需要时可以及时给予协助。

在做好上述知识储备的情况下，小张还需要为本次法律尽职调查制订详细的工作计划，工作计划可以从以下方面考虑：

1. 先向王律师了解本次法律尽职调查的目的，以目的为导向开展后续工作。

2. 参考之前收集的法律尽职调查清单，初步拟制适用于本次尽职调查工作的法律尽职调查清单。

3. 思考本次调查工作需要采用的法律尽职调查方式，能在公开渠道查询的就先进行检索，针对需要现场访谈的便先起草访谈清单与访谈笔录，针对需要现场调查的提前拟定需要携带的材料清单，针对需要被调查方有关人员声明与承诺的提前起草相应文件。

4. 与被调查方联系人员沟通好进场尽职调查的具体时间，准备好去被调查方开展尽职调查的全部设备［手机、录音笔、相机（如需）］、材料（律师证原件与复印件、身份证原件与复印件、法律尽职调查清单、声明与承诺书等），若需要出差去外地开展尽职调查，小张还需要提前预订酒店与机票等。

5. 前往被调查方现场开展尽职调查。

6. 在收集与确认好全部材料后对文件进行审阅，起草主要法律问题清单，与被调查方进行沟通确认是否有遗漏与补充。

7. 起草法律尽职调查报告初稿，并与王律师沟通确认，完成后盖章交付给委托方。

8. 对本次法律尽职调查材料进行整理归档。

沙场练兵

【训练场景】

上海某法院在2015年就A公司与自然人甲之间的商品房预售合同纠纷案作出了（2015）杨民四（民）初字第××××号一审民事判决书，判决A公司于判决生效之日起10日内支付原告甲补偿款2万元人民币，且于判决生效之日起20日内对相关物业进行修复。根据被调查方陈述与披露，上述民事判决书项下A公司的法律责任已全部履行完毕，但未向承办律师提供履行完毕的书面凭证。与此同时,被调查方向承办律师提供了一份该法院于2016年就A公司与×××一案[案号:(2016)沪(0110)民初第××××号]的民事判决书,该判决书下A公司被判赔原告1万元人民币,被调查方提供的民事上诉状与案件进展信息显示,该上诉案件法院尚未审理,另外,律师助理在中国裁判文书网、中国执行信息公开网上查询了A公司的执行案件信息,查询得到A公司存在一件执行案件,并查询到了相应的立案时间、执行标的,但未查询到该案件的执行状态,根据被调查方陈述,此案件即为其与甲的案件,且执行款已全部履行完毕,但亦未提供任何支付凭证。

【训练任务】

简要分析律师助理在本次法律尽职调查中接下来应做的工作要点。

【训练技能】

在本案中,律师助理通过公开渠道查询无法准确、全面检索到A公司所涉诉讼、仲裁、行政处罚以及潜在争议情况,故针对上述A公司作为被执行人的执行情况,律师助理无法进一步核实、判断与确认,进而无法完全排除A公司存在其他未予陈述与披露的诉讼、仲裁与行政处罚或潜在争议的情况。

律师助理应将上述查询情况及时向承办律师反馈,根据承办律师的指示,律师助理可与委托方进行沟通,建议委托方在与A公司的交易文件中要求其作出声明与承诺,承诺其不存在除法律尽职调查报告中列示的诉讼、仲裁、行政处罚以外的任何涉及争议情况,并要求A公司在交易文件中确认,若因A公司未如实陈述与披露,导致委托方开展相应的交易后受到任何处罚或遭受任何损失的,由A公司承担全部损害赔偿责任。

拓展阅读

人工智能技术在法律尽职调查领域的应用

在法律尽职调查领域,人工智能的应用在目前已经取得了一定程度的飞速发展,且在未来有望被赋予更多的可能性。萨斯金在其著作《明日律师》中,将商业交易中律师的工作拆分为九个组成部分,分别为尽职调查、法律检索、交易管理、模板筛选、商务谈判、商业条款定制、文件管理、法律意见、风险控制。他认为其中大部分的工作都是常规、重复且具有行政性质的,此类工作极有可能在不久的将来实现完全智能化。就尽职调查而言,尽职调查的完成也依赖于其他八个部分的协作配合,下面就尽职调查的各个部分是否可以实现完全人工智能化进行现实分析和未来畅想。

1. 目前市场可用于尽职调查的智能应用分析

(1)智能法律检索

在人工智能技术快速发展的当下,智能法律检索早已不是一个新鲜的名词,基于传统的关键词检索的数据库系统多如繁星,如中国裁判文书网、北大法宝等法律检索数据库。但是,基于关键词的传统法律检索并没有达到现在法律行业所要求的智能化程度,基于关键词生成的松散数据结果还是需要律师进行多次筛查、选取和整理,工作量没有根本性减少。目前,人工智能检索软件已经迈入能够进行自然语言处理和深度学习的新阶段:一是智能化地理解人类语言进行消化;二是自动化地就人类语言阐述的法律问题进行分析,自动生成检索结果。例如,ROSS 智能机器人就是基于人类语言进行消化理解,生成与律师问题最相关和紧密的数据,从而减少律师的工作量,真正让律师从法律检索的重担下解脱出来。

(2)法律文件自动审阅

审阅客户提供的大量纸质资料,从中提取关键的信息及条款进行法律问题分析是尽职调查过程中任务非常繁重的一个环节。团队律师往往要对客户提供的上百份合同进行逐个筛查,摘取其中重要条款进行法律分析,在有限的工作时间内,律师势必要在时间成本的计算和审阅的全面性二者之间进行斟酌考虑,一方面要尽可能保证重要信息全部摘取到,另一方面要在有限的时间内完成任务,这对律师的工作效率提出了很高的要求。法律文件自动审阅软件的应用为律师审阅文件节省了大量的时间,且相较于人工的脑力有限性,人工智能为审阅的全面性及质量提供了更好的保障。例如,2016 年,世界四大会计师事务所之一的德勤(Deloitte)和人工智能企业 Kira Systems 共同合作开发了法律文件自动审阅系统 Kira Systems,在会计、审计、税务等领域代替人工进行合同审阅。实验表明,Kira Systems 的审阅速度远远超过人类律师,人类律师需要耗费 12 小时才能审阅完成的合同,Kira Systems 15 分钟就能审阅完成,且能从中摘取重要的信息提供给律师和其他专业人员进行分析。目前,法律科技市场上提供此类法律文件自动审阅服务的软件也越来越多,如 Law Geex、RAVN 等。

2. 尚待开发的尽职调查软件——尽职调查报告自动生成软件

萨斯金在其著作《明日律师》中对法律服务的演变历程提出了这样的观点:未来法律服务的发展方向就是从每个客户的标准定制化逐步走向系统化,最后走向标准化和商品化,大多数的法律服务不需要特别定制的服务,而是通过标准化和自动化的流程就可以完成客户的需求,尽职调查报告也在其列。对于经常提供法律尽职调查服务的团队来说,一套标准的团队法律尽职调查报告模板是团队服务质量的基本保证。在人工智能广泛应用于法律服务行业的背景下,法律文书的模板化向法律文书模板自动生成化发展是满足法律行业期待的发展方向,目前看来这个期待已经在市场上有所依托。例如,美国的一家律师事务所 Fenwick & West 就为拟上市的创业公司准备全套所需上市文件开发了一个上市文件自动生成的软件,用于在短时间内准备一套完整的上市文件,从而大大减少了律师的工作时间,提高了律师的工作效率。在国内的法律尽职调查领域,某网络科技公司研发了专门的法律尽职调查报告自动生成软件,该软件突破了市场上其他软件仅提供公开信息的数据堆积的现状,通过连接国家企业信用信息公示系统、中国裁判文书网等公开数据库,就尽职调查中的数据收集、数据分析、法律问题线索挖掘进行一体化的检索,并根据所有对目标公司的公开数据等信息进行的法律问题分析、系统提供的法律尽职调查报告模板,创新性地自动生成初步的法律尽职调查报告,为律师或客户进行后续的沟通、判断及修改提供法律文本基础,从而大大减少律师书写法律尽职调查报告初稿的时间,提高律师的工作效率。就复杂的线下交易场景,如法律尽职调查中的客户访谈、现场勘察等非电子化信息,该软件的开发方向是通过线下尽职调查中的沟通,由用户将其获得的信息输入系统中,系统就用户提供的新的线下信息进行进一步的电子化,生成初步的模板化法律分析,归纳进法律尽职调查报告中,从而减少律师就客户访谈中的问题进行逐步的问题提炼、法律问题分析、法律意见的提供等步骤,为法律尽职调查报告的修改和完善提供更加便捷的途径。

——参见乔文骏主编:《法律尽职调查实务》,北京大学出版社 2021 年版,第 321 ~ 326 页。

第三节　协助破产管理人工作

知识导图

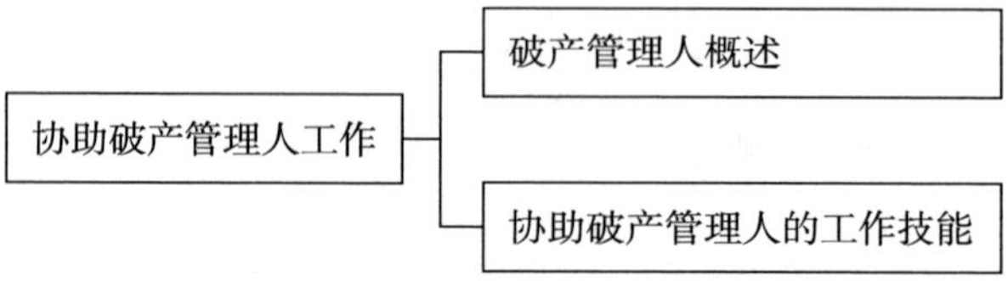

案例引入

小张所在的律师事务所具有破产管理人资质，可以从事破产管理人的业务。最近，北京市第一中级人民法院破产法庭通过摇号指定该律师事务所作为A公司的破产管理人。小张的带教律师王律师被指定为该项目破产管理人的负责人，小张作为律师助理以破产管理人团队成员的身份参与破产业务。考虑到破产业务较为复杂、专业程度较高，能够接触破产业务也是一个难得的机会，小张想通过这次参与提升自己的能力，也更好地为破产企业提供法律服务，维护各方的合法权益。这不，法院马上就要召开第一次债权人会议，小张又有点儿挠头了，觉得事情烦琐复杂，每天忙忙碌碌，也没个头绪。

问题：小张在第一次债权人会议召开之前需要协助王律师做哪些工作？

学习目标

1. 了解破产管理人的含义和特征
2. 熟悉召开债权人会议、调查财产、核查债权的工作流程
3. 掌握办理破产管理人刻制印章、开立账户、接管财产的工作技能

基本知识

一、破产管理人概述

(一)破产管理人的含义

破产管理人,是指在破产程序中,由人民法院指定,在法院监督下对破产企业进行全面接管,并负责债务人必要的业务经营、事务管理,对破产财产进行管理、处置、分配等各项破产事务的专门机构。破产管理人在破产程序中的角色十分特殊,它一方面要维护债务人的利益,当破产程序启动后就要接管债务人的财产,并全面管理破产事务;另一方面要为债权人利益进行管理、评估、处分、分配破产财产,同时它还要向法院负责并报告工作。破产管理人制度是我国企业破产法的重大创新,它确立了专业化、市场化的破产管理人,更加尊重债权人意思自治,可以保证破产程序公正高效进行。

(二)破产管理人的特征

1. 破产管理人职责具有法定性

《企业破产法》(自 2007 年 6 月 1 日施行)第 25 条第 1 款集中规定了管理人的九种法定职责:接管债务人的财产、印章和账簿、文书等资料;调查债务人财产状况,制作财产状况报告;决定债务人的内部管理事务;决定债务人的日常开支和其他必要开支;在第一次债权人会议召开之前,决定继续或者停止债务人的营业;管理和处分债务人的财产;代表债务人参加诉讼、仲裁或者其他法律程序;提议召开债权人会议;人民法院认为管理人应当履行的其他职责。职责的法定性有利于保证管理人的相对独立地位,使其免受债权人、债务人和法院的不当或过度干预。

2. 破产管理人地位具有中立性

在破产程序中债务人、债权人、股东等利益往往存在明显冲突,但管理人不代表任何一方的单方利益,在行使职责过程中不具有利益倾向性,而是兼顾债权人、债务人和社会公共利益,其地位具有中立性。

3. 破产管理人存续具有临时性

管理人在破产程序开始时接受专门指定并依法履行职责,在破产程序终止时或者重整计划执行监督期满时自动退出，并不是破产企业永久的管理人。

4. 破产管理人制度的适用具有多重性

我国破产管理人制度不仅适用于破产清算，而且适用于破产和解及破产重整程序，并发挥公平清算、利益平衡、经营管理和程序监督等多重作用。

（三）破产管理人的工作

自人民法院裁定受理破产清算申请时起，人民法院应当指定管理人依法履行破产清算职责。破产管理人既可以由有关机构或部门的人员组成的清算组担任，也可以由依法设立的律师事务所、会计师事务所、破产清算事务所等社会中介机构和个人担任。就破产清算案件而言，管理人的工作自被法院指定担任破产企业的管理人之时起，至管理人终止职务之时止，包括接管债务人、审查债权、调查、管理债务人财产，列席债权人会议、参加衍生诉讼、处置、分配破产企业财产、注销破产企业等工作。如果债务人企业涉及重整、和解，管理人还要参与重整、和解工作。

破产管理人的工作内容具有广泛的事务性特点，大量具体事务的处理并不需要工作人员具备执业律师或者实习律师身份，因此，只要律师助理和律师事务所之间存在劳动合同关系，且系破产管理人团队成员，即使律师助理没有通过法律职业资格考试，律师助理也可以协助律师履行管理人职责，因此，律师助理辅助管理人执行破产事务工作大有可为。

需要说明的是，限于本书篇幅，在本书中仅介绍律师助理辅助管理人履行破产清算职责的工作技能，不涉及律师助理辅助管理人履行破产重整、和解职责的工作技能。

二、协助破产管理人的工作技能

（一）律师助理在破产案件受理初期的工作技能

1. 协助查询管理人回避情形

律师助理所在的律师事务所经人民法院随机确定或者接受人民法院公告邀请参与竞争选任管理人时，律师助理首先应当查询律师事务所及拟组建团队人员与该案是否存在利益冲突关系。

依照最高人民法院《关于审理企业破产案件指定管理人的规定》(自2007年6月1日起施行)的规定,对本机构和拟出任管理人团队人员查询的内容为:是否与债务人、债权人有未了结的债权债务关系;是否在人民法院受理破产申请前3年内,曾为债务人提供相对固定的中介服务;是否现在是或者在人民法院受理破产申请前3年内曾经是债务人、债权人的控股股东或者实际控制人;是否现在担任或者在人民法院受理破产申请前3年内曾经担任债务人、债权人的财务顾问、法律顾问;其他可能影响忠实履行管理人职责的情形。

此外,对拟出任管理人团队人员还要进一步查询:是否现在担任或者在人民法院受理破产申请前3年内曾经担任债务人、债权人的董事、监事、高级管理人员;是否与债权人或者债务人的控股股东、董事、监事、高级管理人员存在夫妻、直系血亲、三代以内旁系血亲或者近姻亲关系。如果发现本机构具有上述情形之一的,律师助理根据律师的指示,起草回避申请书,并书面说明情况;如果发现拟出任管理人团队人员具有上述情形之一的,律师助理应当及时报告律师调整更换拟出任管理人团队人员。收到人民法院指定管理人决定书后,律师助理根据律师的指示,一般应当在3日内将团队负责人、联系人以及其他组成人员名单附执业资格证明或者身份证明材料后向管理人负责人提交,经负责人审定后,报人民法院备案。

2. 协助刻制管理人印章

管理人接受人民法院指定后,律师助理根据管理人的授权,一般应在5日内凭人民法院受理破产申请的裁定书、人民法院指定管理人的决定书和人民法院致公安机关刻制管理人印章的函件等材料,协助律师前往经公安机关审批具备公章刻制资质的企业,刻制管理人公章及管理人财务章,印文分别为"×××(债务人名称)管理人"及"×××(债务人名称)管理人财务专用章"。律师助理应到公安机关指定的刻章点进行刻章,虽然刻章费用较高,但可以保证刻章安全和防范风险。律师助理办理时除法院出具的手续外,还要准备和提供律师事务所执业许可证副本复印件、管理人负责人身份证复印件、刻章备案委托书、办理人员的身份证复印件,刻制的印章至少应包括管理人公章、财务章和负责人章。

管理人印章刻制完成后,律师助理根据律师的指示,应当将印章交人民法院封样备案后方可启用。管理人可指令由律师助理保管印章并使用登记台账,印章不得在所涉破产事务之外的任何场合使用。

3. 协助开立管理人账户

管理人印章刻制后，经管理人授权，律师助理可持人民法院受理破产申请的裁定书、人民法院指定管理人的决定书和管理人的授权书及律师助理的身份证明等文件材料，协助律师到银行申请开立管理人账户。银行为管理人开立的账户通常为临时存款账户，律师助理办理开立手续时须提醒管理人负责人及时接听银行工作人员的核实电话。

管理人账户开立后，根据律师的指示，律师助理应妥善保管好开户许可证及电子支付口令，将债务人的银行存款划入已经开立的管理人账户。

律师助理还应根据律师的指示，记录银行账户开立时间和到期时间，并提前办理账户续期手续。

4. 协助履行管理人通知职责

根据律师的指示，律师助理应将受理破产申请裁定书送达债务人注册登记的市场监督管理部门，并告知需要其配合停止债务人公司变更登记工作等事项；通知债务人的开户银行停止债务人的账户支出，债务人的日常开支和其他必要开支由管理人审查批准并通知银行；通知已知普通债权人申报债权；通知税务机关申报税收债权；通知社保机关申报社保债权；通知债务人及其法定代表人、董事、监事、高级管理人员等有关人员配合做好接管工作，并告知在债务人破产程序中应当承担的法律义务和相应法律责任；通知有关单位解除对债务人财产的保全措施并将有关财产移交管理人；协助起草申请书，以管理人的名义向相关人民法院申请中止有关债务人的诉讼、仲裁或者执行程序，待管理人接管债务人财产后，再申请恢复诉讼或者仲裁或者执行程序。

律师助理应当特别注意要依托全国企业破产重整案件信息网，及时公开案件信息，积极运用电子邮件、即时通讯工具以及其他线上方式等信息化手段提高工作效率，在工作期间完整记录工作情况。

此外，根据律师的指示，律师助理可起草管理人书面履职报告初稿，经管理人团队审阅通过后，向人民法院提交管理人书面履职报告。

(二)律师助理协助接管债务人的工作技能

1. 协助接管债务人

接受人民法院指定后,根据律师的指示,律师助理应当做好接管债务人的准备工作。接管准备工作包括:赴人民法院复制破产案卷并通过阅卷了解破产案件的基本情况,以及向破产申请人、债务人的有关人员了解情况等。为了有计划地接管,律师助理可以起草接管方案初稿,经管理人审定后根据接管方案协助律师进行接管。

接管的物品一般可分为六大类:财产类、证照类、印章类、财务资料类、文件资料类及其他物品。律师助理对债务人有了基本了解后,可以协助律师对债务人进行全面接管,也可以协助律师根据实际情况进行分期、分批接管。律师助理在协助接管债务人的财产、印章和账簿、文书等资料前,应当将拟接管的内容和范围告知债务人的有关人员,要求其做好交接准备,并告知其违反交接义务应该承担的法律责任。

律师助理协助管理人接管的债务人的财产、印章和账簿、文书等资料,主要包括:债务人的包括动产和不动产在内的实物财产及其权利凭证,债务人的现金、有价证券、银行账户印签、银行票据,债务人的知识产权、对外投资、特许权等无形资产的权利凭证,债务人的公章、财务专用章、合同专用章、法定代表人人名章及其他印章,债务人的法人营业执照、税务登记、经营资质文件等与债务人经营业务相关的批准、许可或授权文件,债务人的总账、明细账、会计凭证、重要空白凭证、会计报表等财务账簿及债务人审计报告、评估报告等资料,债务人的章程、管理制度、股东名册、股东会决议、董事会决议、监事会决议以及债务人内部会议记录等档案文件,债务人的各类合同协议及相关债权、债务文书等文件资料,债务人诉讼、仲裁案件的裁决文书及其案件材料,债务人的人事档案文件,债务人的电子数据和授权密码,债务人的其他资料。

此外,不属于债务人所有但由债务人占有或者管理的其他人的财产、印章和账簿、文书等资料,以及债务人分支机构的财产、印章和账簿、文书等资料,管理人也应一并接管。

律师助理协助管理人接管债务人财产时,发现债务人财产在人民法院受理破产申请前被依法采取保全措施，在人民法院受理破产申请后仍未解除的，或发现债务人财产在法院受理破产申请前被依法采取执行措施，但在法院受理破产申请后仍未中止的，律师助理应根据律师的指示，通知有关人民法院解除保全措施或者中止执行措施，以便管理人有效地接管该项财产。

管理人认为有必要申请受理破产案件的人民法院通知有关人民法院予以解除保全措施或者中止执行措施的，律师助理可根据律师的指示，起草申请书初稿，经管理人审定后，向裁定受理破产申请的人民法院提交解除保全措施或者中止执行措施申请书。

接管工作结束时，律师助理应当协助律师与债务人的有关人员办理交接手续，并由参与接管工作的律师、律师助理和债务人的有关人员在交接清单上共同签字确认。

2. 协助管理债务人内部事务

管理人接管债务人财产、印章和账簿、文书等资料前，一般情况下债务人的内部管理事务仍由债务人依法管理。此时律师助理应当尽快了解和熟悉债务人情况，特别是职工情况、财产情况和营业情况，为接管债务人企业做好准备。

管理人接管债务人财产、印章和账簿、文书等资料后，债务人的内部事务由管理人接手管理。在债务人没有完全停止经营的情况下，管理人对债务人企业可以只是先行接管与生产经营无关的部分，其他与具体生产经营活动相关的内部管理事务可以仍由债务人依法管理。在债务人存在自行管理其内部管理事务情形时，根据律师的指示，律师助理应协助律师对债务人的管理活动进行监督，并要求债务人及时向管理人报告其内部事务管理情况，发现债务人不当管理其内部事务的，应立即向律师汇报，并协助律师对债务人的不当管理行为予以制止和纠正。

为了有效地规范债务人的内部事务管理，律师助理可以在律师的指导下制定债务人内部事务管理规则初稿，经管理人审定后发给相关人员遵照执行。

管理人接管破产企业后，对债务人开展清算活动的日常开支属于破产费用。存在债务人生产管理人员自行经手日常开支和其他必要开支情形的，根据律师的指示，律师助理应要求债务人及时报告相关情况。律师助理发现债务人不当开支情形的，应及时报告给律师并协助律师进行纠正。

（三）律师助理协助审查债权的工作技能

债权申报及审查是债权人参加破产程序并行使权利的前提，也是从根本上保障债权人和债务人利益的有效手段，对破产程序的顺利进行起着至关重要的作用。在此阶段，律师助理协助律师对申报债权不仅需要形式审查，而且需要初步的实质性审查。

1. 协助调查和公示职工债权

在职工劳动债权调查和处理的过程中，律师助理应注意协助律师维护债务人企业职工合法权益，在不违反法律、法规和政策的前提下，应尽可能为职工提供便利。

首先，律师助理可在律师的指导下，梳理债务人的自有档案资料，如劳动合同、企业职工参加社会保险的名单、企业职工花名册及考勤表、工资审批单及发放单、企业统一开立的工资账户等；其次，律师助理应当协助律师向对企业履行管理职能的机构进行调查，如在社会保险管理部门登记备案并参加社会保险的具体职工名单和缴费详细情况、劳动就业管理部门登记备案的企业用工信息和个人求职信息等。

《企业破产法》第 48 条第 2 款明确规定职工债权无须申报，由管理人调查核实后列出清单予以公示。因此，在职工劳动债权调查工作结束后，律师助理可在律师的指导下，起草职工债权初稿，经管理人审定后对职工债权进行公示，公示的方式和地点可以采用登报公示、全国企业破产重整案件信息网站公示、法院公告栏公示、破产企业的住所地公示等，根据破产企业的实际情况可以同时采用不同的公示方式，以最大限度地通知当事职工和其他债权人为原则。对于破产企业职工人数较多的，要考虑到职工分散流失、信息不对称等因素，尽量通过多种渠道广泛宣传公示信息，如可以开通管理人微信公众号、开设职工专线等，通过互联网的传播优势，确保职工权益得到应有保障。公示的内容包括劳动债权审查情况、公示的期限、公示异议处理，公示效力、管理人联系方式、职工债权表等，对劳动债权提出异议的期限应不少于 15 日。

2. 协助通知、接收和审查社保债权、税收债权和残疾人就业保障金债权

针对社保债权，律师助理应当根据律师的指示，向社会保险事业管理中心寄

送债权申报的相关材料，还可以到债务人企业所属的社保分中心调取单位参加城镇社会保险基本情况，查询债务人企业的欠缴社保情况。律师助理一般应携带人民法院受理破产申请的民事裁定书和指定管理人的决定书的原件、复印件、管理人公章、管理人授权委托书及律所介绍信，具体材料以各分中心要求为准。值得注意的是，一些债务人企业的实际参保地与债务人企业的注册地址并不完全一致，如可能在债务人企业的实际经营地参保等。

针对税收债权，律师助理应当根据律师的指示，向债务人企业所属税务机关法制部门寄送债权申报的相关材料，还可以通过纳税服务热线“12366”查询债务人的税务专管员，事先向其了解债务人企业的欠缴税款情况。但律师助理应当注意，法院裁定破产清算受理日后产生的税款不属于破产债权。

针对社会保险费中的残疾人就业保障金，律师助理应当根据律师的指示向残疾人就业服务中心寄送债权申报的相关材料，由残疾人就业服务中心申报。值得注意的是，实践中有些地方如北京市，残疾人就业保障金由税务机关代收，因此同时应当通知债务人企业所属税务机关代为申报。

律师助理协助律师审查上述债权时应当注意，债务人企业欠缴的单位应缴纳部分的社会保险费属于社保债权，而个人应缴纳部分的社会保险费则属于职工债权，因此，在审查社保征管机关提交的申报材料时应对单位缴纳部分和个人缴纳部分加以区别。此外，律师助理还应当注意，残疾人就业保障金属于普通破产债权，债务人企业在破产案件受理前因欠缴税款产生的滞纳金和因欠缴劳动保险金产生的滞纳金，也属于普通破产债权；在破产案件受理后因欠缴税款和劳动保险金产生的滞纳金则不属于破产债权，税务等行政、司法机关对债务人企业应收取的罚款、罚金亦不属于破产债权。

3. 协助通知、接收和审查其他已知债权人申报债权

《企业破产法》第14条明确规定了由人民法院通知已知债权人申报债权并予以公告，但是律师助理应该注意，在实践中人民法院由于人员紧缺，一般情况下都是委托破产管理人以法院名义通知已知债权人。律师助理应根据律师的指示，将《已知债权人申报通知书》《债权申报表》《债权申报所需提供材料》一并与相关法律文书送达给已知债权人，这样债权人对如何提交申报资料就会一目了然，管理人的工作就能事半功倍。律师助理还应将送达凭证妥善装订保管，对送达或退函

情况一一登记。由于该项工作属于人民法院职责范围，无论是人民法院通知，还是委托管理人代为履行通知职责，律师助理均需要将有关通知材料协助律师交由人民法院装订入卷。

律师助理在收取债权人申报材料时，应当向债权人收取申报书原件，同时对债权证明材料在确认与原件无误的情况下收取复印件。律师助理应当对债权人申报的债权登记造册，还可以根据律师的指示，通知债权人在规定期限内补充材料。

律师助理协助律师审查债权人申报材料时，可以参照最高人民法院发布的《关于民事诉讼证据的若干规定》，重点审查申报资料的来源是否合法、内容是否真实、与申报的债权有无关联性，并对相关材料的证明力进行调查、分析和判断。申报债权附有利息、罚息、违约金、滞纳金的，则破产申请受理后的利息、罚息、违约金、滞纳金停止计算。对于债权人申报的对债务人的特定财产享有担保权的债权，律师助理应当协助管理人严格依法审查，审查的内容包括担保权的法律效力、同一担保财产有多项担保权存在的受偿顺序、提供的担保是否有可以依法撤销的法定情形、担保财产的价值、担保权的受偿范围等。担保财产的价值小于担保债权金额的，以担保财产的价值为限，债权金额超过担保财产价值的债权部分作为普通债权。

4. 协助编制债权表

对申报债权进行形式和实质的审查后，根据律师的指示，律师助理可编制债权表，债权可分为予以确认的债权、不予确认的债权及暂缓确认的债权三类，同时债权表还可以按已审查确定的有财产担保的债权、无财产担保的债权、附条件或者附期限的债权、尚在诉讼和仲裁中的未决债权等分类记载，并在各类债权下分别记载各项债权的债权人名称、债权金额、债权原因及相关说明等，有财产担保的债权应当同时列明担保财产的名称。债权表作为人民法院直接裁定确认的依据，其内容应当完整、具体。

律师助理应当协助律师将债权表提交第一次债权人会议进行核查。债权人、债务人对债权表记载的债权无异议的，由人民法院通过裁定的形式予以确认；债权人、债务人对债权表记载的债权有异议的，可以向受理破产案件的人民法院提起确认债权之诉。

（四）律师助理协助调查和管理债务人财产的工作技能

1. 协助调查债务人财产状况并草拟财产状况报告

管理人接受人民法院指定后，在律师的指导下，律师助理可对债务人财产状况进行调查，调查的范围包括但不限于：债务人的出资情况，即出资人名册、出资协议、公司章程、验资报告及实际出资情况、财产权属登记和证明文件、注册资本变动情况及相应的验资报告等；债务人的货币财产状况，即现金存款、银行存款及其他货币资金等；债务人的债权状况，即债权的具体内容、相关证据、形成原因、形成时间、履行期限、催收情况、诉讼时效或者除斥期间情况、诉讼或者仲裁情况等；债务人的动产状况，即动产的性质、权属及相关凭证、状态、存放地点、价值、数量等情况；债务人的不动产状况，即土地、房屋、在建工程、其他构筑物等的立项文件、相关许可、工程进度、状态状况等；债务人的对外投资状况，即各种证券投资、股权投资情况等；债务人分支机构状况，即无法人资格的分公司、工厂、办事处等分支机构的资产等情况；债务人的无形资产状况，即专利权、商标权、著作权等无形资产、政府或者商业特许经营权情况；债务人的其他状况，即债务人的营业状况、债务人未履行完毕的合同情况等。

根据律师的指示，律师助理可要求债务人的有关人员协助对债务人财产状况进行调查，债务人的有关人员拒绝协助的，律师可请求人民法院强制有关人员协助调查。非自身原因无法全面调查债务人财产状况的，律师应当就无法调查的情况在债务人财产状况报告中作出说明。

债务人财产状况调查完成后，在律师的指导下，律师助理可制作债务人财产状况报告初稿，债务人财产状况报告应当能反映债务人各项财产的权属状况、实际现状和账面价值等基本情况，管理人审阅通过报告后，律师助理应及时将报告提交给人民法院、债权人会议或债权人委员会。

2. 协助办理债务人营业继续或者停止以及债务人生效合同的解除或者继续履行事宜

在第一次债权人会议召开之前，管理人决定债务人营业继续或者停止的，律师助理应在律师的指导下，就债务人营业的实际状况以及继续或者停止营业的决定及其理由起草报告初稿，管理人审定后提交给人民法院，并取得人民法院的同意;在第一次债权人大会召开之后,律师助理应在律师的指导下,对于债务人营业事务的继续或者停止营业事宜起草建议初稿,管理人审定后将该建议及其理由报告给债权人会议,由债权人会议决定债务人是否继续或者停止营业。管理人建议债务人继续营业的,律师助理应在律师的指导下,提交书面申请并附分析报告和营业管理方案初稿,一般应保留必要的生产和经营管理人员,管理人审定后将申请和报告一并提交给债权人会议讨论表决决定。

管理人接管债务人财产后,对于债务人与对方当事人在破产申请受理前成立而均未履行完毕的合同,根据律师的指示,律师助理可起草解除或者继续履行的决定初稿。管理人决定继续履行合同的,律师助理应当根据律师的指示,自破产申请受理之日起 2 个月内,或者自收到对方当事人催告之日起 30 日内,将书面通知送达对方当事人。第一次债权人会议召开之后,对于债务人与对方当事人在破产申请受理前成立而未履行完毕的合同,管理人认为有必要继续履行合同的,应当作出继续履行合同的决定,律师助理应及时将该决定报告债权人委员会。未设立债权人委员会的,律师助理应及时将该决定向人民法院报告。

对于管理人已决定并已通知对方当事人继续履行的合同,如果对方当事人要求管理人提供继续履行合同的担保,则律师助理应当根据律师安排书面通知对方当事人,告知所提供的保证人或者担保物的具体情况。管理人提供继续履行合同的担保属于处分《企业破产法》第 69 条规定的债务人重大财产的行为,应当事先制作担保方案,并提交债权人会议表决,债权人会议表决未通过且人民法院未依照《企业破产法》第 65 条规定裁定确认的,不得进行处分。如果决定解除或者继续履行未履行完毕合同的事项与决定停止或者继续债务人营业的事项直接相关,则决定解除或者继续履行未履行完毕合同的事项,视同于决定停止或者继续债务人营业的事项,更应当报告人民法院或债权人会议决定。即使是担保方案获得通过或者批准,管理人在具体实施处分行为前也应谨慎行事,律师助理可在律师的指导下起草书面报告初稿,由管理人审定后提前 10 日先行书面报告债权人或者人民法院,无须再进行债权人会议表决或者申请人民法院批准。

因合同解除而产生的对方当事人对债务人的债务的,或因合同解除对方当事人应当向债务人交付财产的,根据律师的指示,律师助理可在合同解除后通知对方当事人清偿债务或者交付财产。对方当事人因合同解除而产生的对债务人的损害赔偿请求权,管理人不能直接偿付,律师助理应协助律师告知对方当事人可以申报债权。

3. 协助接收和追回债务人财产

(1)协助接收债务人财产

债务人的债务人在人民法院受理破产申请后向管理人清偿债务的,或者债务人的财产持有人在人民法院受理破产申请后向管理人交付财产的,律师助理应当协助律师及时接收。如果管理人还没有接管债务人财产,同时又不具备接收债务清偿或者财产交付条件的,律师助理应根据律师的指示告知债务人自行接收。

管理人接管债务人财产后,应当书面通知债务人的债务人及时向管理人清偿债务。律师助理可在律师的指导下起草书面通知,书面通知的内容应当载明:人民法院受理破产申请的时间、债务人的债务人应当清偿的债务金额、限定清偿债务的时间和方式、不清偿债务的法律责任等。债务人的债务人拒绝清偿债务的,管理人有权代表债务人向人民法院起诉。

管理人接管债务人财产后,应当书面通知债务人的财产持有人及时向管理人交付财产。律师助理可在律师的指导下起草书面通知,书面通知的内容应当载明:人民法院受理破产申请的时间、债务人的财产持有人应当交付的财产品名、规格、数量及状况、限定交付财产的时间和方式、不交付财产的法律责任等。

(2)协助追回可撤销行为涉及的财产

律师助理应当注意,针对人民法院受理破产申请前 1 年内债务人所从事的以下可撤销行为,律师助理可协助管理人追回相应财产:无偿转让财产的、以明显不合理的价格进行交易的、对没有财产担保的债务提供财产担保的、对未到期的债务提前清偿的、放弃债权的。

(3)协助追回个别清偿涉及的财产

律师助理应当注意,针对人民法院受理破产申请前 6 个月内,债务人在不能清偿到期债务并且资产不足以清偿全部债务或者明显缺乏清偿能力的情形下,仍对个别债权人进行清偿的,律师助理可协助管理人追回相应财产。但是,个别清偿使债务人财产受益的财产除外。

(4)协助追回无效行为涉及的财产

律师助理应当注意,针对债务人所从事的以下无效行为,律师助理可以协助管理人追回相应财产:为逃避债务而隐匿、转移财产的虚构债务或者承认不真实的债务的。

(5)协助追回出资,债务人董事、监事和高级管理人员非正常收入和侵占的财产

律师助理应当注意,针对债务人的出资人、董事、监事和高级管理人员的以下违法行为,律师助理可协助管理人追回相应财产:债务人的出资人尚未完全履行出资义务,或者出资后又抽逃出资的;债务人的董事、监事和高级管理人员利用职权从债务人处获取非正常收入和侵占债务人财产的,如在债务人出现破产原因时其董事、监事和高级管理人员利用职权获取的绩效奖金、普遍拖欠职工工资情况下获取的工资性收入以及其他非正常收入等。

管理人通知相对人返还财产或者清偿债务,相对人拒绝返还或者清偿债务的,律师助理可协助管理人向人民法院提起诉讼;债务人有法律规定的可撤销行为,损害债权人利益的,律师助理可协助管理人向人民法院提起诉讼,请求相关责任人承担赔偿责任。

4. 协助管理债务人的财产

(1)协助起草债务人财产管理方案

律师助理可在律师的指导下起草财产管理方案初稿,列明已接管财产情况,其中房产、银行存款、车辆、证券、存货、各类知识产权等财产可分列说明,并就每项财产说明管理人已采取和拟采取的管理措施,包括人员聘用和预计可能会发生的共益债务等。其中,债务人的财产闲置并具备对外出租条件的,经人民法院许可或者债权人会议同意,可以对外出租;债务人的财产易于流失的,应当指定专人负责和保管;债务人的财产易损、易腐、价值易于减少、不适合保管或者保管费用较高的,应当依法及时变卖;对于债务人的现金、银行存款及有价证券等,应当指定专人保管与核算;债务人出资拥有的股权股份资产,应当及时通知被投资企业,并依法行使出资人权利;债务人的财产权利如不依法登记或者及时行使可能会丧失的,应当及时予以登记或者行使;债务人的财产需要办理保险的,应当办理必要的保险手续。

律师助理应协助管理人将审定后的财产管理方案提交给债权人会议表决。债权人会议表决没有通过的财产管理方案,律师助理可根据律师的指示,起草提请法院进行裁定确认的报告的初稿,经管理人审定后再将报告提交法院。法院裁

定认可该方案后,律师助理再协助管理人具体执行该方案。

(2)协助取回质物、留置物

管理人接管债务人财产后,为了提高债务人财产价值及债权人清偿比例,管理人应当通过清偿债务或者提供担保的方式,取回质物、留置物。律师助理可在律师的指导下,协助律师向相应担保权人送达通知书,告知其担保物的具体名称和数量、清偿方式或者替代担保方式等内容。若采取取回担保物或者与担保权人协议以担保物折价清偿债务等方式实施对债权人利益有重大影响的财产处分行为的,管理人应事先取得人民法院的许可或者债权人会议同意。

(3)协助返还权利人财产

管理人接管债务人财产后,对于债务人占有的不属于债务人的财产,该财产的权利人向管理人要求取回的,律师助理应当协助律师进行审查,如确认权利人的请求无误,报经管理人同意可以将该财产返还给权利人;权利人要求取回的财产是债务人合法占有的,律师助理应当根据律师的指示,同时要求权利人清偿因其取回财产而产生的债务。

(4)协助债务人债权债务抵销

债权人向管理人提出债权、债务抵销主张的,律师助理应当协助管理人审查抵销主张是否合法。依法不得抵销的债权包括:①债务人的债务人在破产申请受理后取得他人对债务人的债权;②债权人已知债务人有不能清偿到期债务或者破产申请的事实,对债务人承担债务的;但是,债权人因为法律规定或者有破产申请1年前所发生的原因而承担债务的除外;③债务人的债务人已知债务人有不能清偿到期债务或者破产申请的事实,对债务人取得的债权,但债务人的债务人因为法律规定或者有破产申请1年前所发生的原因而取得债权的除外。

(五)律师助理协助债权人会议召开的工作技能

债权人会议是全体债权人参加破产程序、实现权利保障的自治性临时机构,行使决议职能和监督职能。管理人顺利召开债权人会议对于做好破产管理工作至为关键。

1. 协助组织召开债权人会议

在诸多债权人会议中,开好第一次债权人会议尤为重要。如果第一次会议不能有效完成核查债权、通过债权人会议议事规则等任务，将直接影响整个破产程序。

《企业破产法》第14条第1款规定："人民法院应当自裁定受理破产申请之日起二十五日内通知已知债权人，并予以公告。"通知和公告应当载明的事项包括"第一次债权人会议召开的时间和地点"。《企业破产法》第62条第1款规定："第一次债权人会议由人民法院召集，自债权申报期限届满之日起十五日内召开。"此时，律师还没有真正进行资产和债务的调查和核实，对于债权人的数量情况也还未完全掌握，因此，在人民法院组织召开第一次债权人会议时，律师助理需要辅助律师充分、理性考虑，讲求效率，尽快完成召开债权人会议的基础工作，严格遵守法律规定，保证能够完成程序任务，不能错过法定期限，造成不利影响。

后续的债权人会议，在人民法院认为必要时，或者管理人、债权人委员会、占债权总额1/4以上的债权人向债权人会议主席提议时召开。律师助理应当根据律师的指示，与债权人会议主席及时沟通债权人会议召开事宜。

2. 协助做好债权人会议准备工作

第一次债权人会议由人民法院召集。在会议召开前，根据律师的指示，律师助理应当协助管理人做好以下准备工作：

(1)在会议议题确定之后，律师助理起草会议议程初稿，并由管理人审定。

(2)提前15天向应当参会的债权人发出会议通知，律师助理应当掌握债权人完整有效的信息，仔细确认送达地址、联系电话、微信、邮箱等，对于通知的内容和形式，可以格式化统一印制。为确保通知到位，争取更多债权人能够准时参加会议，在开会日期的前一天，律师助理还应进行确认、通知、提示。

(3)通知债务人的法定代表人以及其他应当到场的债务人管理人员到会。

(4)必要时邀请管理人聘请的会计师事务所、资产评估机构等中介机构列席会议。

(5)起草债权人会议主席侯选名单。

(6)提前查看会场，如果法院的审判庭、会议室(厅)不能容纳足够多的债权人，律师助理应及时和法院进行沟通，建议法院更换会场。

(7)打印、装订足够份数的会议文件。

(8)其他需要事先准备的事项。

第二次及之后的债权人会议，由债权人会议主席召集。律师助理需要做的债权人会议召开前的准备工作和第一次债权人会议召开前的准备工作大致相同。但是，由于会议召集人发生了变化，律师助理需要沟通的人员由法院相关人员变成了债权人会议主席。

3. 协助准备和发放债权人会议文件

根据律师的安排，律师助理应当为债权人会议准备以下会议文件：

(1)程序类。如会议通知、会议议程表、债权人签到表、列席会议人员签到表、表决票、表决票统计表等。

(2)报告类。管理人工作报告、债务人财产状况报告、债权审查报告、债权表、审计报告、资产评估报告等。

(3)议案类。债权人会议议事规则、债务人财产管理方案、破产财产变价处置方案、破产财产分配方案、职工安置方案、债权人会议主席候选名单、管理人报酬方案等。

分发给债权人的资料袋一般包括：会议通知、会议须知、议事规则、会议议程、债权人会议职权、债权人会议主席职权、法院相关裁定书和决定书、清算工作报告、债权汇总表、特殊事项说明、财产分配方案、财务审计报告、资产评估报告、资产拍卖报告等。材料应当有序编排，统一印制，整本装订，避免散乱。

会议召开前，律师助理除了认真准备上述资料外，还要逐项审查文件，如文件是否存在遗漏或错误，发生变化的数据是否已经更新，复杂事项有无相应说明等，如果发现文件存在疑问，应及时向律师汇报。

4. 协助提供会议服务保障

债权人会议采用线下方式召开时，为保障债权人会议的顺利举行，律师助理可根据律师的安排，提供以下会议服务保障：

在公交地铁站牌、附近路口、会议举办地大门口、大厅、楼(电)梯入口、楼(电)梯出口、会场门口张贴会场指引路标，如果有可能还要在路标上写明询问电话，以方便债权人电话询问。

为债权人座位贴上座号，这对债权人较多的会议非常必要，除了方便表决统计外，还能保证债权人进入会场时有序入座。每个座席适当分隔，每个座席分别编号，确定到人，专人专座。座号可以根据债权性质分区按序排列，标明序号及名称，张贴在座位前明显位置。债权人到达后可引导他们找到自己的位置，避免发生抢座位、换座位等情况，表决时根据座号也可很快计算票数及所占债权份额。

在会场门口做好到会人员核对、登记工作，查验身份证件，准备签到表用于本人签名确认。代理人参加会议的，须核对代理人的身份、代理事项、权限、期限等相关信息。对于接受债权人申报债权时个别未能及时核对申报人身份证件、债权凭证原件的，在到会登记时务必补充核对。迟到的债权人签名时须注明实际到会时间，对到会的债权人送达有关材料，发给编号牌（手举牌），告知有关事项和使用方法。

债权人会议是集中体现全体债权人意志的临时性决议和监督机构，需要讨论决定的事项范围广泛，律师助理应事先准备好辅助工具，如计算器、电脑、显示屏等，在会议中落实人员身份识别、发放表决票、监票、计票，包括人数统计、表决债权额统计等相关辅助工作，也可用大型投影仪、显示屏等，公开显示会议实况以及表决、处理等信息情况，甚至还可探索引入电子表决器投票、即时通讯工具投票等现代化表决系统。

上述辅助工作，律师助理做得越扎实，债权人会议的工作效率就越高，效果就越好，进而为处理好破产案件打下良好的基础。

（六）律师助理协助处置和分配破产财产的工作技能

1. 协助变价处置破产财产

人民法院裁定宣告破产后，管理人应及时拟定破产财产的变价方案并提交给债权人会议讨论通过。变价出售破产财产一般应当通过拍卖进行，对于不适宜拍卖的破产财产，律师助理可在律师的指导下，起草管理人拟定破产财产变价方案初稿，在方案中提出招标转让、协议转让、委托出售或者在破产分配时直接进行实物分配等变价方式，并由管理人审定。

管理人根据债权人会议通过或者人民法院裁定认可的破产财产变价方案，适时变价出售破产财产。律师助理可根据律师的指示，联系拍卖人和辅助拍卖人。

2. 协助分配破产财产

管理人应及时拟定破产财产分配方案。律师助理可在律师的指导下，起草破产财产分配方案初稿，破产财产分配方案的内容应当载明：参加破产财产分配的债权人名称或者姓名、住所，参加破产财产分配的债权额，可供分配的破产财产数额，破产财产分配的顺序、比例及数额，实施破产财产分配的方法等。

债权人会议通过破产财产分配方案的，管理人应提请人民法院裁定认可该方案，律师助理可协助律师办理申请的草拟、提交事宜；债权人会议没有通过的，管理人应要求债权人进行二次表决，律师助理可协助律师办理二次表决文件的草拟和发布；债权人会议二次表决仍不通过或者拒绝表决的，管理人应提请人民法院裁定认可破产财产分配方案，律师助理可协助律师办理相关申请手续。

律师助理可协助管理人公告本次分配的财产额和债权额。管理人实施最后分配的，应当在公告中指明，并载明所提存的分配额以及在最后分配公告日的交付或者分配情况。

（七）律师助理协助管理人终止职务的工作技能

1. 协助终结破产程序

自破产财产最后分配完结之日起10日内，律师助理可在律师的指导下，起草书面报告，并说明破产财产分配的执行情况，经管理人审定后，请求人民法院裁定终结破产程序。

破产企业无财产可供分配的，律师助理可在律师的指导下，起草书面报告，并说明破产财产状况以及破产费用、共益债务的清偿情况，经管理人审定后，请求人民法院裁定终结破产程序。

2. 协助办理破产企业注销手续

根据管理人的授权，律师助理应当自破产程序终结之日起7日内，持终结破产程序的裁定书和管理人授权委托书，向税务机关办结税务注销手续，领取税务注销证明。税务机关一般即时出具清税文书，予以税务注销，并按照有关规定核销“死欠”。

根据管理人的授权，律师助理应当自破产程序终结之日起10日内，持终结破产程序的裁定书和管理人授权委托书，协助律师向破产企业的原登记机关办理工商注销登记。

适用快速审理的破产案件，根据管理人的授权，律师助理应当自破产程序终结之日起5日内协助律师办理上述事项。

3. 协助管理人移交破产企业档案

破产程序终结后，根据管理人的授权，律师助理可将破产企业的账簿、文书等资料移交档案部门保存，保管费用可以作为破产费用在破产财产分配方案中预留。破产企业的财产不足以清偿破产费用，且无人代为清偿或者予以垫付的，根据管理人的授权，律师助理可以协助律师将上述资料移交破产企业股东等有关人员保存。

4. 协助管理人终止执行职务

管理人办理完毕破产企业注销登记手续后，在律师的指导下，律师助理可起草终止执行职务的报告初稿，经管理人审定后，向人民法院提交终止执行职务的报告，管理人于注销完毕的次日起终止执行职务。但存在诉讼或者仲裁未决情况的，管理人自诉讼或者仲裁程序所涉事项全部办理完毕之次日终止执行职务。

管理人终止执行职务后，根据管理人的授权，律师助理应当协助律师将管理人印章交公安机关销毁，并将销毁证明送交人民法院。

引例分析

1. 小张应尽快完成召开债权人会议的准备工作。包括：起草会议议程初稿，发出会议通知和提示，协助拟定债权人会议主席候选名单，提前查看会场和安排会议记录设备，打印、装订足够份数的会议文件等。

2. 小张应协助做好常规的会议服务工作。包括：开会当天提前张贴会场指引路标，为债权人座位贴上座号，在会场门口对到会人员进行核对、登记，向到会的债权人发送材料等。

3. 小张应重点做好会议表决的辅助工作。包括：准备好计算器、电脑、显示屏，发放表决票，进行人数、表决债权额统计等。

沙场练兵

【训练场景】

小张是某律师事务所王律师的助理。最近，法院受理了甲公司破产清算案，小张所在律师事务所被法院指定为甲公司的破产管理人，王律师系破产管理人团队成员之一，该案目前处于债权申报阶段。

【训练任务】

王律师安排小张对已申报的债权提出初步审查意见。

【训练技能】

小张应对债权的性质、数额、有无担保、是否超过诉讼时效期间、是否超过强制执行期间等情况进行审查。对于债权人申报的对债务人特定财产享有担保权的债权，审查内容还应包括担保权的法律效力、同一担保财产有多项担保权存在的受偿顺序、提供担保是否具有依法可以撤销的情形、担保权的受偿范围等。具体审查的内容主要为：

1. 主体审查

小张应协助审查债权申报主体身份证明文件是否齐备、是否符合法律规定的要求等。

2. 时效和除斥期间审查

小张应协助审查债权是否超过诉讼时效、是否超过强制执行期间等。

3. 事实和证据审查

小张应协助王律师对债权发生的时间、依据等进行全面的实质审查。根据我国《民事诉讼法》及《企业破产法》等法律规定，重点对债权证明材料的真实性、合法性、关联性进行审查，证明材料必须能真实、准确、充分地反映债权数额和债权性质。小张还应特别关注债权有无财产担保或者法定优先权的情况。

拓展阅读

第二次债权人会议议程

时间：20××年××月××日

地点：××市中级人民法院第一审判庭

主持人：债权人会议主席×××

会议议程：

一、债权人会议主席宣读债权人到会情况

二、债权人会议主席宣读债权人会议召开提议情况
三、管理人做执行职务工作报告
四、债权人会议主席宣读本次债权人会议的议题
1. 提请债权人会议审议《管理人报酬方案》
2. 提请债权人会议审议《债权表》
3. 提请债权人会议审议《破产财产变价方案》
4. 提请债权人会议审议《破产财产分配方案》
5. 提请债权人会议审议《债权清收方案》
五、债权人投票表决
六、确定投票表决监票人(6 名)
七、进行表决
八、债权人会议主席宣布表决情况
九、债权人发言与提问
十、宣布休会

——参见孙创前主编:《破产管理人实务操作》(第 2 版),法律出版社 2018 年版,第 303 页。

第四节　协助提供法律顾问服务

知识导图

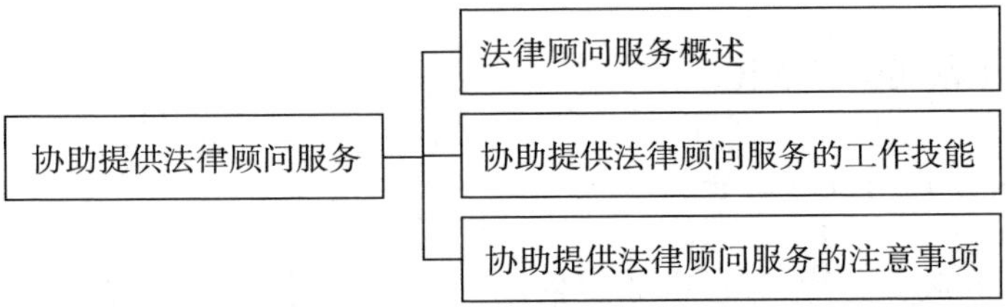

案例引入

甲公司是一家规模较大的国有企业，与小张所在的律师事务所签订了常年法律顾问服务合同，王律师安排律师助理小张负责与甲公司日常业务对接。这天，甲公司风控部门的小柯联系小张，称公司从国外进口一批安格斯母牛，进口后向当地政府申请了财政补贴。甲公司考虑到养牛成本、人力、草场、养殖基地承载规模、扶贫等情况，遂决定与当地牧户寻求合作。合作模式有寄养和买卖两种方案，甲公司要求王律师出具相关分析意见，王律师安排小张起草法律意见书初稿。

小张在起草法律意见书之前，仔细查看了相关补贴政策文件，发现若甲公司申请了进口牛政府补贴，则该牛在5年内不得再次进行买卖，若一定需要买卖，则需要经当地政府有关部门备案批准，同时还要退回补贴款。

问题：小张在起草法律意见书初稿时，需要注意哪些问题？

学习目标

1. 了解法律顾问服务的含义和模式

2. 熟悉律师助理协助解决争议纠纷的工作技能和提供法律顾问服务的注意事项

3. 掌握律师助理协助起草法律文书和内部规章制度的工作技能

基本知识

一、法律顾问服务概述

（一）法律顾问服务的含义

法律顾问服务，是指律师事务所依法接受聘请，指定律师以其专业知识和技能，为法人、其他组织和自然人在约定的工作范围和工作期间提供多方面法律服务的专业性活动。律师助理可以协助律师提供法律顾问服务。

在现代社会中，对于参与管理活动、经营活动的机关、企业、事业单位而言，不可避免地会涉及合规管理、权利维护、风险防范、提升效率等重大发展问题，机关、企业事业单位对法律顾问的需求与日俱增。

2016年中共中央办公厅、国务院办公厅印发的《关于推行法律顾问制度和公职律师公司律师制度的意见》，积极推行法律顾问制度，充分发挥法律顾问、公职律师、公司律师的作用，以此提高依法执政、依法行政、依法经营、依法管理的能力水平，促进依法办事。

（二）法律顾问的分类

1. 根据聘方性质进行分类

根据聘方性质之不同，法律顾问可以划分为国家机关法律顾问、企业法律顾问、事业单位法律顾问、社会团体法律顾问和自然人法律顾问等类型。

2. 根据聘期进行分类

根据法律顾问合同是否约定聘期之不同，律师法律顾问可以划分为定期法律顾问与项目法律顾问两种类型。

3. 根据服务领域进行分类

根据法律顾问服务领域之不同，律师法律顾问有专业法律顾问与综合法律顾问之分。专业法律顾问的专业分工很细，仅对聘方特定领域的事项提供法律顾问服务。综合法律顾问则不分专业，类似于医院的“全科医生”，对聘方所有领域的涉法事项提供法律顾问服务。

4. 根据服务内容进行分类

按法律顾问服务内容是否包含诉讼代理之不同，法律顾问还可以分为含诉讼代理的法律顾问和不含诉讼代理的法律顾问。

（三）法律顾问的服务模式

在具体的法律顾问服务实现过程中，可分为提供上门服务的顾问模式以及由客户上门提交工作指示的顾问模式，以及远程服务和定期到场服务等模式，具体根据当事人的需求以及律师事务所的律师及助理资源情况协商而定。

由此可见，法律顾问服务的内容具有广泛性和事务性的特点，法律顾问的服务模式也呈现多样化的特点，大量具体事务的处理并不需要工作人员具备执业律师身份,甚至不需要通过法律职业资格考试。因此,律师助理辅助律师提供法律顾问服务大有可为。

二、协助提供法律顾问服务的工作技能

尽管因顾问单位的不同,律师助理协助律师担任法律顾问所需要的工作技能也有所不同,但总体而言,律师助理协助律师担任法律顾问的工作技能主要体现在以下几个方面:

(一)协助做好服务准备的工作技能

1. 了解顾问单位的性质和业务

在正式提供法律顾问服务前,律师助理应辅助律师调查、沟通、了解所服务顾问单位的法律性质,比如是有限公司、股份公司还是合伙企业,是私营、集体还是国有控股,是机关法人、企业法人还是捐助法人,职责或者经营范围及主要业务发展方向如何等,凡此种种,是了解顾问单位基本状况及法人治理结构所必需的基础。

律师助理开展上述准备工作的路径可以是查询行政事业单位的“三定方案”、职责清单或者企业单位的工商档案等基本信息,也可以通过调查、座谈等方式了解顾问单位的规章制度、产品资料和发展规划,了解顾问单位在所在地区、行业或系统中的位置和作用,了解顾问单位的隶属关系、主管行政部门及其他相关部门,了解顾问单位的服务对象、竞争对手、日常业务往来和经营状况,了解顾问单位经常遇到的法律纠纷和法律问题,等等,尽力收集保存相关资料。

2. 了解法律顾问服务的背景情况

律师处理顾问单位的法律事务时,由于并不参与顾问单位的行政或商业计划及其方案的决策和实施,对顾问单位的行政管理和商业运作的目标、程序难免存在隔阂,使律师容易仅从法律问题本身看待问题,割裂了法律问题与行政或商业运作的关系。

因此,律师助理应根据律师的安排,主动、充分地获得相关法律服务的背景材料,以便律师在具体的顾问服务工作中有的放矢,对症“施策”,能够从顾问单位的整体利益出发,快捷、精确地选择解决问题的方法途径。

3. 起草法律顾问服务合同初稿

律师在提供法律顾问服务前，律师助理应当根据律师的指示，尽快起草法律顾问服务合同初稿，并报律师审定。

法律顾问合同的条款必须具体、合法、切实可行，其主要内容如下：

（1）合同主体情况。包括双方的名称或姓名、地址，合同双方法定代表人的姓名、职务，受聘律师的姓名、性别、职务、住址等。

（2）法律顾问的工作范围和职责。双方应以法律规定为基础，以顾问单位实际需要为条件，在合同中明确规定法律顾问的具体工作内容，责任界限清晰明确，以免履行中发生争议。

（3）法律顾问服务的酬金数额及付酬方式。

（4）双方的权利义务和违约责任。

（5）受聘律师提供法律顾问服务的期限。

最后，由双方代表人或者负责人签名盖章，写明签约年月日。

（二）协助起草内部规章制度的工作技能

顾问单位内部的规章制度，对于管理的标准化、科学化起着重要作用。律师助理应当根据律师的安排，起草顾问单位内部各项规章制度初稿，对已有的规章制度提出修订意见，并提交律师进行审定。

单位内部规章制度一般包括以下四类：

1. 基本管理制度

即与顾问单位内部治理结构相关的机构职能设置、各类会议的决策事项、议事规则、表决方式等方面的规章制度，目的是规范顾问单位在决策、治理方面的秩序和权限，并促进其法治化和规范化。

2. 业务规范体系制度

即将顾问单位在计划、采购、生产、销售以及广告、知识产权、技术开发、人力资源、财务与资产管理、公共关系、企业文化等方面的工作内容加以法治化、规范化和体系化而形成的制度。

3. 行为规范体系制度

即按顾问单位组织结构体系，明确各部门、各职位的工作内容、责任范围等的划分而形成的制度。

4. 合规管理制度

即从合规管理的视角，针对虽未发生但极有可能发生的法律风险等合规后果，采取系统梳理、制定预防措施和植入现有管理制度、管理流程、各类文本的方式，以管理手段系统、全面地解决合规风险问题，并提升顾问单位的管理水平和管理效率的制度。

（三）协助起草法律文书的工作技能

顾问单位工作中涉及的法律文书既包括诉讼法律文书，也包括非诉讼法律文书，律师通常会让律师助理起草和审查法律文书的初稿。为此，律师助理应当有意识地训练自己起草和审查各类法律文书的工作技能。

1. 了解事实情况

律师助理在起草和审查法律文书之前一定要与客户充分沟通，全面、准确地了解基础事实。律师助理应当根据文书性质选择在文书正文、附件或者工作底稿中全面列举顾问单位所提供的资料，包括邮件及其附件、书面文件、聊天记录、截图等。

2. 检索法条案例

只有做好法律检索才能起草高质量的法律文书。律师助理在进行法律检索时，既要保证来源的权威性，也要进行效力和适用范围的甄别，特别需要注意确定检索到的法律规定是否已经被废止或者更新。此外，律师助理在进行案例检索时要注意层级问题，首选最高人民法院判例（包括指导性案例、公报案例和其他案例），其次是本地高级人民法院的判例，最后是其他人民法院的判例。

3. 多方沟通请教

律师助理应当清醒地意识到自己处理法律事务经验和技能的缺乏，为此应当多方沟通请教。沟通请教的对象既包括对私咨询，如可充分利用私人关系和人脉，询问主办律师以及作为朋友、同事、同学或师长的监管机关负责人员、资深律师、法官、教授、银行券商等实务工作人员等；也包括对公咨询，如根据电话、网络等公开途径，查询房屋、土地、市场监管等国家机关的联系方式，沟通以获取相关专业信息等。

4.起草法律文书

起草法律文书是法律顾问服务中的常态化工作，既包括诉讼类文书，如起诉状、上诉状、仲裁申请书、答辩状、代理词等；也包括非诉讼类文书，如合同、声明、委托书、章程、法律意见书等。法律文书的名称和性质不同，其内容和写作重点也不同，但在文书结构上一般都具有规范化、固定化、程式化的特点，基本结构格式往往由首部、正文、结尾三部分构成。其中，首部一般包括机关名称、文种、编号、当事人主体情况、案由等，正文一般包括事实和证据、法律依据、综合分析、结论和建议等，尾部一般包括出具人签署、日期、印章以及附注说明等。

律师助理起草的法律文书应当注意符合法律文书的格式规范要求，注意使用法律规范用语。

（四）协助解决争议纠纷的工作技能

顾问单位经济、管理活动的广泛性和复杂性，决定了顾问单位所涉及的纠纷和争议的复杂性和多样性。针对顾问单位与他人发生的争议，律师助理应当协助律师根据纠纷的性质、情节和内容等具体情况，分别采取谈判、出具律师函、和解、调解、仲裁或者诉讼等方式解决，在方式选择上尽量考虑较为稳妥的解决方案，并注意相关证据的留存、收集和诉讼时效、除斥期间的截止期限。

律师助理应当根据律师的安排，协助律师参与顾问单位所涉及的谈判、和解、调解、诉讼或者仲裁活动，起草相关调解书、律师函、诉讼文书、仲裁文书等法律文件初稿。

（五）协助参与会谈磋商的工作技能

律师助理应当根据律师的安排，协助律师参与会谈和磋商。例如，在会谈前，理解会谈的内容和委托人的意图，明确详细的工作目的，搜集与会谈有关的法律、政策资料，草拟会谈所需要的各种法律文书初稿等；在会谈中，根据会谈情况制作会谈记录；在会谈后，制作有关法律文书初稿，并协助律师办理合同的审批、公证等手续。

（六）协助进行法治宣传的工作技能

律师可以利用自己在法律知识方面的优势，积极向顾问单位的管理者、经营者以及普通员工普及法律常识，尤其是从事与顾问单位经济管理活动直接相关的法律知识，如对销售人员进行合同等方面的法律知识培训，培养顾问单位职员的合规法律意识，为企业培养具备法律素养的人才，使其能够胜任工作，促进顾问单位管理、经营活动的开展。

律师助理应当根据律师的安排，收集法律资料，起草培训讲义初稿，制作培训讲座 PPT，辅助律师进行法治宣传。

三、协助提供法律顾问服务的注意事项

（一）充分揭示法律风险

顾问单位对法律顾问的意见往往高度依赖，法律顾问如果没有有效识别、提示风险并提出应对的建议措施，则后续一旦发生风险或损失，将可能承担相应的责任。为此，律师助理协助律师提供法律服务时，应当向顾问单位充分揭示风险，强调律师提供法律服务的基础是相关人介绍的事实情况及其提供的相关证据材料，如果法律服务所需的材料不全，应当向顾问单位提出补充，而不能凭不完整的文件或客户的言语片段进行推测，否则就可能会影响法律服务的准确性。律师助理协助作出的风险提示应当注意留存记录，包括邮件及其附件、书面文件、即时通信记录、截图等。同时，律师助理对于实践中存有争议的问题，应当及时向律师汇报，协助律师建议顾问单位谨慎对待。

（二）规范严谨地使用语言文字

律师助理在根据律师的安排为顾问单位提供法律服务时，发表的口头表述和起草的书面文书力求严谨、准确、朴实，在结构和段落安排上注重逻辑性，在文风和语言上注意使用法律规范用语，避免夸张和情绪化表达，不能出现文字解释的异议和错别字，字体、字号、行间距等应统一，标点符号亦不应有明显错误，两个重复符号、引号打反、全角与半角符号混用等问题均要避免，尤其是在使用文书模板时应当特别注意清除上一个项目的所有痕迹，避免所出具的文书存在与项目不对应的情形。

（三）谨守本职不能越俎代庖

律师助理的职责是协助律师处理法律业务，既不能直接代表律师对顾问单位

发表法律意见，更不能直接替顾问单位进行决策。例如，顾问单位的某个重要客户有违约行为，顾问单位就是否起诉这个问题向律师助理征求意见时，律师助理应将此问题及时向律师进行反馈，查找相关事实证据材料，进行法律和判例检索，协助律师进行分析、论证，而不能自行就该问题直接向顾问单位发表意见或建议。

（四）建立法律顾问服务工作台账

法律顾问服务具有周期长和事项琐碎的特点，律师助理应当注意建立工作台账，内容一般包括服务日期、服务事项、律师及律师助理姓名、成果文件、工作小时数等。律师助理应当意识到，常年法律顾问服务律师相较于临时委托的"救火员"律师，具备的一个得天独厚的优势就是了解和掌握顾问单位法律事务的长期基础数据。通过建立法律顾问工作台账，能够在相对漫长的服务周期中将顾问单位的所有法律服务事项，按照类别和顺序进行记录和总结，从而将日常无形化的法律服务实体化为有形的法律服务实时记录，并以周报、月报、季报、年终总结等形式向客户进行呈现。工作台账既可以作为"考勤表"让顾问单位体会到法律顾问服务中律师及律师助理付出的心血和品质，也有利于统计和发现顾问单位开展业务过程中涉及的法律合规风险点，还可以让律师助理更加直接、方便地发现自己的不足。

引例分析

小张在起草法律意见书初稿时，应注意以下问题：

1. 小张应向甲公司的相关人员全面了解事情的背景、经过、预期目的及特别需要注意的事项。

2. 小张应依据国家补贴政策相关文件，分析甲公司若采取买卖的合作方式将可能产生的法律风险，并提出防范法律风险的建议。

3. 小张在起草法律意见书初稿时，应注意格式规范、用词准确、语义明晰、条理清楚。

4. 小张应将法律意见初稿提交王律师审阅，并根据王律师的意见进行修订。

沙场练兵

【训练场景】

A公司与B律师事务所签订了1年期的常年法律顾问服务合同,B律师事务所指派王律师为A公司提供日常法律服务。最近,A公司因人事政策变化需要裁撤部分人员。相关人员年龄结构存在差异,同时,存在一部分人员与A公司签订劳动合同、另一部分人员与劳务派遣公司签订劳务合同的情况。A公司要求B律师事务所配合A公司法务及人力资源部门,妥善、合规、平稳地处理本次人员裁撤事项。

【训练任务】

王律师安排律师助理小张负责与A公司法务专员小李进行日常沟通咨询,小张应该怎么做?

【训练技能】

1. 小张应就每次沟通咨询做好工作记录,及时、准确地将工作情况向王律师汇报。在沟通咨询中,需要注意往来文件的发送与接收均应使用工作邮箱保存记录。

2. 就本次法律服务中可能涉及的关于劳动关系及劳务关系的法律规范、相关指引进行梳理,检索相关案例,为平稳、合规办理相关事项准备充分的法律依据。

3. 在与顾问单位相关人员的工作沟通咨询中,小张要注意自己的语言表达方式、做事态度、专业能力培养,以更好地为客户服务,维护与顾问单位的良好信任和合作关系。

拓展阅读

法律意见书起草指引(节选)

二、法律意见书结构

(一)首部

首部包括标题和文件编号,标题一般采用"××律师事务所关于××事项的法律意见书”的形式，编号可以采用本所编号规范。

（二）主文

主文部分一般应包括引言、正文。

1. 引言

一般包括四部分内容：

（1）第一部分是律师事务所出具法律意见书所依据的委托关系，说明律师具有出具该法律意见书的合法身份。

（2）第二部分是出具法律意见书所引用的法律依据。

（3）第三部分是出具法律意见书所引用的证据材料。该证据材料须是与出具法律意见书相关的如下材料：依法调查取得的文件，委托人或其他相关主体提供并证明其来源真实、合法的文件，经被调查人签字确认的谈话记录，其他可以作为证据使用的材料。应当对证据材料来源进行说明。

（4）第四部分是律师声明事项。对于律师出具法律意见过程中受到条件或资料等局限，以致可能影响法律意见的全面性或准确性的，律师应当作出相应的声明。

2. 正文

在法律意见书的正文部分，律师应根据出具法律意见书所针对的法律行为、法律事实或法律文书，就其所涉及的具体法律问题分别进行表述。正文内容具体如何写，要根据法律意见书具体阐述的法律问题决定。

以国企增资扩股的法律意见书为例，根据具体情况，正文大体包含主体资格、增资扩股程序、后续事项和结论意见四部分。

（三）结尾

结尾供法律意见书的签署之用，应当说明法律意见书的文本份数，加盖律师事务所公章、由经办律师加盖人名章（或采用打印律师姓名加律师签字的形式），并注明出具日期。

（四）附件

法律意见书如有附件，应在正文之后列出附件名称，并编好顺序。

——参见佚名：《法律意见书起草指引（标准版）》，载“百度文库”网，https://eduai.baidu.com/view/cf3dabe1d2f34693daef5ef7ba0d4a7303766c4f。

参 考 文 献

1. 洪祥星:《美国律师助理制度研究(下)——兼论对中国的启示》,载《安徽警官职业学院学报》2005 年第 6 期。
2. 吴焰:《优秀律师助理必备的六大职业素养》,载微信公众号"吴律说"2021 年 1 月 8 日,https://mp.weixin.qq.com/s/rqotis4GnxoZv2XtwvTXmw。
3. 孙筱颖、张一帆:《律师助理办案 Tips》,载微信公众号"文康法律观察"2021 年 8 月 30 日,https://mp.weixin.qq.com/s/1w1c3e94AF11C7y0xbq_jA。
4. 牛健:《刑事辩护领域,我们如何做好助理工作?》,载微信公众号"温度法律圈"2022 年 2 月 11 日,https://mp.weixin.qq.com/s/9fG7urUsmeJVsanbOh0ftA。
5. 张小康:《浅论我国律师职业道德建设》,载《法制博览》2019 年第 3 期。
6. 李洪涛:《坚守律师职业伦理是律师执业最硬的底线!》,载微信公众号"江南刑辩人"2022 年 1 月 25 日,https://mp.weixin.qq.com/s/k-NkxZLG8L0efSsQkG7TkA。
7. 吴炼:《论律师的执业行为规范》,载《大经贸》2019 年第 9 期。
8. 魏徽徽:《助理私吞"代理费"被追讨曝出律所违规代理潜规则》,载新浪新闻网,https://news.sina.com.cn/c/2013-12-24/070029064741.shtml。
9. 陈龙:《员工个人聘请的助理与单位是否构成劳动关系》,载中国法院网 2020 年 5 月 8 日,https://www.chinacourt.org/article/detail/2020/05/id/5190565.shtml。
10. 徐会展:《律师助理与律所之间是劳动关系吗?》,载"知乎"网 2022 年 5 月 7 日,https://zhuanlan.zhihu.com/p/510883878。
11. 佚名:《律师和律所不形成劳动关系? 这些关系得好好理一理》,载微信公众号"四川法治报"2020 年 5 月 28 日,https://mp.weixin.qq.com/s/_xGO3T-Wn5R18MTRatVizQ。
12. 谢长宇著:《在路上:从律师助理到成功执业》,法律出版社 2010 年版。
13. 曾小柒:《律师律助,彼此为镜,明鉴己身,合作共赢|杂谭天地》,载微信公众号"康浩 U 法"2020 年 12 月 28 日,https://mp.weixin.qq.com/s/pKgnttxOI39zqfaTr9skMA。
14.《询问了千余人,精选出 27 条有关律所黑白名单/师徒制的看法》,载微信公众号"蛋饼律师”2021 年 1 月 15 日,https://mp. weixin. qq. com/s/Ldh01XGScyLAmq8D - ybVXA。

15. 薛晓蔚著:《实习律师指南》(第 3 版),法律出版社 2020 年版。

16. 张洪:《律师解答法律咨询注意事项》(上),载微信公众号“法之行”2019 年 2 月 10 日,https://mp. weixin. qq. com/s/arVjQTA4nMA8lG9wydTdtQ。

17. 张洪:《律师解答法律咨询注意事项》(下),载微信公众号“法之行”2019 年 2 月 10 日,https://mp. weixin. qq. com/s/XlNRvgYUL_JfvStBjDzqsg。

18. 杨洪浦著:《法律检索牵星术——律师法律检索指南》,中国法制出版社 2021 年版。

19. 黄文旭:《法律检索在合同起草中的应用》,大数据与法律检索课件。

20.《[实务经验]调档的那些事儿》,载微信公众号“土木法研社”2021 年 4 月 27 日,https://mp. weixin. qq. com/s/8B4mPiiGTZ21SV1ME8EzEA。

21. 蓝天高山大海:《尽职调查工具一览表(最新! 最全!)》,载微信公众号“个人图书馆”2022 年 8 月 17 日,http://www. 360doc. com/content/22/0817/08/21132_1044192587. shtml。

22.《微信调查取证流程及注意事项(2022 版)|微信调查取证须知 + 律师持令调查取证 + 法官持证调查取证 + 微信支付线上取证》,载微信公众号“张涛律师”2022 年 3 月 24 日,https://mp. weixin. qq. com/s/0nNV0XATXuAtPQ8IgxK69Q。

23. 张倩倩:《一项事半功倍的尽职调查,因为律师助理做了这些》,载微信公众号“拓维法讯”2019 年 6 月 17 日,https://mp. weixin. qq. com/s/ - CWq6PB7cvWcJH4yxad1kw。

24. 陈淦:《62 个最实用的尽职调查网站汇总》,载微信公众号“iCourt 法秀”2017 年 5 月 29 日,https://mp. weixin. qq. com/s/nv4RlOsDa_6MH6q96HiQdg。

25. 阚清华著:《诉讼有方——年轻律师修炼手册》,法律出版社 2020 年版。

26. 郭林虎主编:《法律文书情境写作教程》(第 6 版),法律出版社 2022 年版。

27. 张洪:《(十一)如何制作民事答辩状》,载微信公众号“法之行”2018 年 12 月 24 日,https://mp. weixin. qq. com/s/HtlhrISIvvNZv2wMbh1axQ。

28. 许晓峰编著:《民事案件处理实务》,知识产权出版社 2021 年版。

29. 杜军辉:《如何归纳案件争议焦点——正确的提出问题往往比解决问题还重要》,载微信公众号“企业法律风险防控”2021 年 2 月 23 日,https://mp. weixin. qq. com/s/jcHiL_0HC3qicAx14fN - QQ。

30. 段清泉:《要件诉讼九步法操作指南》,载微信公众号“民法学人”2018 年 3 月 5 日。

31. 吴香香著:《请求权基础——方法、体系与实例》,北京大学出版社 2021 年版。

32. 孔祥俊著:《法官如何裁判》,中国法制出版社 2017 年版。

33. 齐树洁著:《民事上诉制度研究》,法律出版社 2006 年版。
34. 谢雪晴:《民事判决遗漏救济研究》,上海师范大学 2019 年硕士学位论文。
35. 郁佳佳:《浅谈我国民事审级制度之改革——从民事诉讼程序视角分析》,载《法制博览》2018 年第 28 期。
36. 何健:《法官眼中,理想的上诉状应该怎么写?》,载微信公众号“庭前独角兽”2022 年 2 月 22 日,https://mp. weixin. qq. com/s/NNYb4J1rKJ - 5Agb7WRLGeQ。
37. 肖建国主编:《民事执行法》,中国人民大学出版社 2014 年版。
38.《怎样取得被执行人的财产线索》,载华律网 2023 年 6 月 1 日,https://www. 66law. cn/laws/433812. aspx。
39.《老赖总没钱,多半是装的,看完这个就好了》,载微信公众号“A 资产”2016 年 4 月 19 日,https://mp. weixin. qq. com/s/6gsHB7b6K68F5YVsdjHeAw。
40.《【执行实务】自助查询被执行人财产线索方法一览》,载微信公众号“以法自绳”2023 年 3 月 26 日,https://mp. weixin. qq. com/s/721nkwsQV8aiaWZ9pwKOOg。
41.《【财产线索】如何查找被执行人的车辆?》,载知乎网 2023 年 3 月 19 日,https://zhuanlan. zhihu. com/p/612361892。
42. 孟繁丽、孟繁茂:《盈科观点|执行案件中的财产线索查找思路》,载微信公众号“盈科洛阳律师事务所”2021 年 7 月 27 日,https://mp. weixin. qq. com/s/zuDAW4lwKYyJCCC6R7TrnA。
43. 潘庆林著:《中国民事再审程序运行状况实证研究》,法律出版社 2017 年版。
44. 谢文溪:《我国民事再审程序启动研究——以主体为中心》,西南大学 2021 年硕士学位论文。
45. 高亿霞:《论民事再审程序中“新的证据”》,苏州大学 2021 年硕士学位论文。
46. 柳一舟:《为什么去律所实习,他们都让你先整理案卷?》,载微信公众号“律途漫漫”2016 年 7 月 22 日,https://mp. weixin. qq. com/s/O9HPBxv51oW5EXg5AzxlSA。
47. 田文昌主编:《刑事辩护教程(理论篇)》,北京大学出版社 2023 年版。
48. 徐宗新等著:《刑事辩护全流程质量控制与十项技能解析》,法律出版社 2022 年版。
49. 司法文书研究中心编著:《律师文书样式、制作与范例》,中国法制出版社 2020 年版。
50. 叶明主编:《青年律师成长指引》,法律出版社 2021 年版。
51. 邵磊、马景顺主编:《律师业务实训简明教程》,武汉大学出版社 2022 年版。
52. 刘树桥、曾郁主编:《司法助理工作实务》,中国政法大学出版社 2020 年版。
53. 中华全国律师协会编:《律师职业基本技能》,北京大学出版社 2009 年版。

54. 刘平凡主编:《刑事辩护规范化:文书卷宗示范》,法律出版社 2018 年版。
55. 王亚林著:《精细化辩护:标准流程与文书写作》(第 2 版),法律出版社 2020 年版。
56. 陈学权编著:《模拟法庭实验教程》(第 4 版),高等教育出版社 2022 年版。
57. 上海市律师协会刑事业务研究委员会主编:《刑事辩护进阶律师实务》,法律出版社 2020 年版。
58. 重庆市律师协会:《律师办理刑事案件指引》(2022 年 11 月发布)。
59. 南宁市律师协会:《律师办理刑事案件实务参考》(2022 年 1 月发布)。
60. 无锡市律师协会:《律师会见操作指引》(2021 年 10 月发布)。
61.《刑事附带民事答辩状范本》,载微信公众号"合同百科"2020 年 2 月 19 日,https://mp.weixin.qq.com/s/QuluExHulGJ4QtvN-zbWZg。
62. 崔建远主编:《合同法》,法律出版社 2021 年版。
63. 何力、常金光等著:《合同起草审查指南:三观四步法》,法律出版社 2020 年版。
64. 吴江水著:《完美的合同:合同的基本原理及审查与修改》,北京大学出版社 2020 年版。
65. 李俭编著:《法律尽职调查完全手册》(第 2 版),法律出版社 2019 年版。
66. 惠增强、路娜编著:《财务、法律、业务尽职调查全流程实务操作指南》,人民邮电出版社 2022 年版。
67. 乔文骏主编:《法律尽职调查实务》,北京大学出版社 2021 年版。
68. 周光、邹永迪主编:《破产管理人办案手册》,法律出版社 2020 年版。
69. 孙创前主编:《破产管理人实务操作》(第 2 版),法律出版社 2018 年版。
70. 张善斌主编:《营商环境背景下破产制度的完善》,武汉大学出版社 2020 年版。
71. 任慧芳:《破产管理人制度下律所管理制度面临的挑战及应对》,载《法制博览》2022 年第 23 期。
72. 张倩倩:《企业治理中法律顾问制度存在的问题及对策》,载《法制博览》2022 年第 30 期。
73. 张秀芹:《完善法律顾问制度　服务法治政府建设》,载《人大建设》2021 年第 11 期。
74. 马成龙:《浅谈企业法律顾问与企业合规管理的关系》,载《现代企业》2021 年第 6 期。
75. 佚名:《法律意见书起草指引(标准版)》,载百度文库网,https://eduai.baidu.com/view/cf3dabe1d2f34693daef5ef7ba0d4a7303766c4f。